产品规划管理指南

从市场洞察到产品竞争力

重塑产品策略，打造明星产品

The Guide to Product Planning Management

任彭枞 —— 编著

走出产品失败困境，
规划核心竞争力，让利润源源不断

超过300家研发型企业的经验总结

3 历时3年，精心打磨

1 套系统打法，高效可落地

9 大管理模块，化繁为简

100+ 个图表工具，拿来即用

机械工业出版社
CHINA MACHINE PRESS

本书以理论联系实际，结合行业头部企业的大量案例，重点讲解市场洞察、细分市场管理、战略规划、年度业务规划、产品组合规划、路标开发流程、项目任务书开发流程等产品规划相关业务活动中的方法、流程和工具，帮助读者深刻理解产品规划过程，领悟如何才能"做正确的事"。

本书的特色是通过大量经过实战检验过的流程表格、方法、工具帮助读者快速上手。书中总结了快速成长型企业常见的产品规划问题和改进方法，强调"实战"，方法可借鉴，工具上手即用。

本书建议的读者对象为公司的董事长、总经理、研发总监、产品总监等高层管理人员，以及从事公司战略管理、市场管理、研发管理、产品管理等相关业务的管理人员。

图书在版编目（CIP）数据

产品规划管理指南：从市场洞察到产品竞争力/ 任彭枞编著. — 北京：机械工业出版社，2023.12
ISBN 978-7-111-74556-3

Ⅰ.①产… Ⅱ.①任… Ⅲ.①产品管理 Ⅳ.①F273.2

中国国家版本馆CIP数据核字（2024）第032328号

机械工业出版社（北京市百万庄大街22号 邮政编码100037）
策划编辑：蔡欣欣　　　　　责任编辑：蔡欣欣
责任校对：杜丹丹　张　征　责任印制：邓　博
北京盛通印刷股份有限公司印刷
2024年7月第1版第1次印刷
169mm×239mm · 22印张 · 341千字
标准书号：ISBN 978-7-111-74556-3
定价：108.00元

电话服务　　　　　　　　　网络服务
客服电话：010-88361066　　机 工 官 网：www.cmpbook.com
　　　　　010-88379833　　机 工 官 博：weibo.com/cmp1952
　　　　　010-68326294　　金 书 网：www.golden-book.com
封底无防伪标均为盗版　　　机工教育服务网：www.cmpedu.com

前　言

笔者走访了很多公司，发现了一个较为普遍的现象，很多公司当年开发的产品中只有20%左右的产品贡献了当年的利润，余下80%的产品都是不赚钱或者亏本的，甚至笔者遇到一家企业当年不盈利的产品占比高达95%。企业新产品开发失败意味着研发投资效率降低、市场机会丢失，同时大量滞销产品会导致公司现金流紧张，需要用更多其他产品赚取的利润来填补亏空。而且现阶段国内大多数行业已经进入存量市场，早已不是随便研发一个产品就能成功的时代，但市场上仍然有很多企业的新产品开发靠"跟随"战术，竞争对手开发什么产品就跟随开发什么产品，产品的竞争力不强；或者靠"机海"战术，广撒网，用战术上的勤奋来掩盖战略上的懒惰，不仅导致研发团队超负荷工作，还导致新规划的产品研发项目由于缺乏研发资源投入被迫不断延期。

进一步深入了解，笔者发现这些企业产品开发的特点是比较随意，每年新立项进行研发的产品很多，企业却不怎么关心新产品的竞争力和投资回报，到年底总结才发现投入的研发费用和广告费用一样，有一大半是未能奏效的，关键问题是事前并不知道哪些投入是无效的。营销团队也觉得事倍功半，跟随新产品上市花出去的营销费用效果有限。由于新立项的产品成功率不高，还导致公司在激烈的市场竞争中错失不少机会，让竞争对手"弯道超车"。再大的公司的资金/资源都是有限的，不可能对所有潜在机会的产品都投资进行研发。

对于各行各业不同营收规模的研发类企业而言，或多或少都遇到过以下问题：

- 每年应该拿出多少营收作为研发投入？确定的研发投入在产品开发和技术创新中应该如何分配？
- 公司在售产品有的是行业领先者，有的是行业追随者或新进入者，研发投资策略应该怎么设计？或者公司同时有以上这几种状态的产品组合，该如何分配这些产品的研发费用？如何投入才是相对合理、方向大致正确的？
- 如何进行有效的产品组合规划？如何在激烈的"红海"市场中找到"蓝海"细分市场？
- 如何规划和提高产品的核心竞争力？如何提高新产品的成功率，尽量减少"不成功"的产品？
- 如何提高研发团队的资源利用率，避免出现"忙时忙死、闲时闲死"的情况？
- 除了公司已有产品组合所在产业，有没有更好的产业选择？如果进入新的产业，应该如何进行产品规划以降低风险？举个例子，比如当前的主流手机厂商为什么都扎堆造车？造车的研发费用如何分配比较合适？
- 竞争对手当期在做些什么？他们的研发投入效率会不会超过本公司？
- 所在行业里的新技术如何及时获取并及时跟进，从而避免被竞争对手"弯道超车"？

研发投资是很难管理的，因为并不是所有的研发投入都能有回报，也不是所有的回报都是立竿见影的。一方面，只要给足预算，研发部门总是能够找到需求特性将预算用完，这一点跟人力资源部门很像，给多少人都可以找到事情去做；另一方面，如果在竞争的关键时期不做持续压强投入，那么市场窗口期来临时可能就因为能力不足而错失机会，就像开车过程中踩油门和踩刹车一样，油门踩多了虽然可以提速，但也可能出现事故，还可能被罚款；刹车踩多了又容易被别人超过。

如果研发投资出现失误还会导致公司付出时间上的机会成本。比亚迪董事长王传福曾向小米董事长雷军喊话："50亿元对雷总不算啥，1000亿元也不是事，关键是浪费了三年时间,这三年时间值多少钱?"大致意思是最大的损失不是造车失败带来的沉没成本,而是可能会丢失主业的时间机会窗口。王总认为对企业而言战略方向的选择很重要,好的战略方向会让企业少走弯路,不好的战略方向会让入局者丢失 3 年甚至是更多的时间,在激烈的市场竞争中可能就掉队了。

  总的来说,在市场竞争激烈、客户需求多变的时代,"做正确的事"比"正确地做事㊀"显得更为重要。产品规划是"做正确的事",是公司战略落实到产品战略上的具体体现,如何组合产品和进行产品定位,不同发展阶段应该采取何种营销策略,通过产品组合管理对投资机会进行优先级排序,确立公司某一个时间段应该"聚焦"哪些产品、"重点突破"哪些产品、"布局"哪些产品等,并在产品开发的每个阶段从商业视角而不是从技术或研发的视角对产品开发进行财务、市场、技术等方面的评估,确保产品投资回报的实现。产品规划就像一幅作战地图,有好的方向才能夺取一个又一个的堡垒直至赢得最后的胜利。如果作战地图出现战略失误,无论我们多么骁勇善战,都有可能全军覆没。对任何企业来说,产品规划工作都是至关重要的事情,是每个企业中高层管理者(如公司高层领导、研发主管、市场主管、营销主管和产品经理等)应重点关注和思考的课题。企业中高层管理者可以通过有效的产品规划,分析与评估企业关键成功要素和产品结构,帮助企业明确优势产品领域,明确公司的产品发展方向与产品线战略,同时建立科学的绩效考核机制,不断优化产品组合结构,持续提升企业竞争力,取得产品在市场上的持续成功,确保公司战略目标的实现。

  要想提高产品规划和研发投资的成功率,应该考虑哪些因素?怎样能持续推动公司不断规划命中率高的新产品?现在广告已经做到基于数据的精准投放和按效果付费了,很多企业希望产品规划和对应的研发投资也能总结出一套行之有效的管理方法,尽量科学化。如果能找到一套行之有效的办法,并能"固化"经验到企业的流程中,每年滚动执行有效的产品规划,就能让公司持续有造血能力、持续前行。

㊀ 如何"正确地做事"请参考作者的《产品开发管理方法·流程·工具》一书。

图 1 为笔者总结的产品规划的整体框架，该框架从市场洞察入手，通过市场洞察为细分市场管理和战略规划（Strategy Plan，SP）提供输入。SP 和细分市场识别牵引年度业务计划（Annual Business Plan，BP[⊖]），SP 和 BP 指导公司的产业商业计划。产业商业计划是站在单个产业视角开展的中长期（一般是未来 3 年）商业计划。技术/产品组合规划支撑产业商业计划，并指导产品组合的路标开发。路标开发指导年度的项目任务书（Charter）开发。需求管理支撑构建产品竞争力，持续为以上这些业务活动提供有效输入。在 SP 周期里，应面向 1~3 年的战略方向制订解决方案和产品组合、产品和专项价值特性的中长期发展规划。在 BP 周期里，应面向下一年度细化和刷新产品组合规划，确定年度解决方案和产品研发清单，制订项目任务书开发计划和产品开发计划。

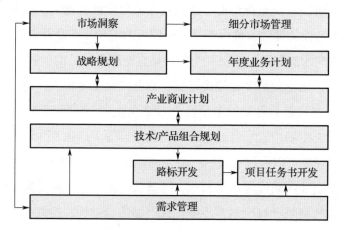

图 1　产品规划整体框架

本书以理论联系实际，结合案例重点讲解市场洞察、细分市场管理、战略规划、年度业务计划、产品组合规划、路标开发流程、任务书开发流程等产品规划相关业务活动中的方法、流程和工具，回答上文中的问题，帮助读者朋友们深刻理解产品规划的过程，领悟如何才能"做正确的事"。

"人最害怕的是不知道自己不知道，我们所赚的每一块钱，都是我们对这个世界认知的变现；我们所亏的每一块钱，也都是因为对这个世界认知有缺陷而造

⊖　此处业内约定俗成简称为 BP，而不是 ABP。

成的。我们永远挣不到认知范围以外的钱，除非靠运气。但是靠运气赚到的钱，最后往往又会亏掉，这是一种必然的趋势。虽然大家生活在同一个世界，但是每个人所感知到的世界却是不一样的，这是因为每个人的认知水平不同，认知水平的不同会导致最终的决策也会有所不同。"笔者很喜欢这段话，在这里分享给读者朋友们，企业研发投资和产品规划领域的道理亦如此。希望本书在读者朋友们进行研发投资和产品规划过程中能够提供一点认知和帮助，减少机会成本损失。

本书建议的读者对象为公司董事长、总经理、研发总监、产品总监等高层管理人员，以及从事公司战略管理、市场管理、研发管理、产品管理等相关业务管理人员。

目 录

前言

第一章 概述

1.1 产品规划相关背景 / 001
  1.1.1 产业目录简介 / 001
  1.1.2 产品规划相关的重量级团队定义 / 005
  1.1.3 产品规划相关组织架构设计 / 009
  1.1.4 产品管理部 / 011
  1.1.5 产品规划的颗粒度 / 012
1.2 PMT 基础知识 / 013
  1.2.1 PMT 职责 / 013
  1.2.2 PMT 成员及职责 / 014
  1.2.3 PMT 会议运作与管理 / 016
  1.2.4 PMT 议题范围 / 017
1.3 其他专题内容 / 018
  1.3.1 研发投入比例 / 018
  1.3.2 产品管理职责 / 020
  1.3.3 产品管理工作清单 / 020

第二章 市场洞察与细分市场管理

2.1 市场洞察常见的问题 / 025
2.2 市场洞察组织 / 026
  2.2.1 市场洞察部 / 026
  2.2.2 需求洞察团队 / 026
2.3 看宏观 / 027
  2.3.1 宏观环境 / 028
  2.3.2 技术洞察 / 031
2.4 看市场 / 036
  2.4.1 市场细分 / 036
  2.4.2 市场空间 / 041
  2.4.3 产业链 / 价值链分析 / 043
  2.4.4 产业链价值趋势转移 / 045
2.5 看竞争 / 046
  2.5.1 解读竞争对手 / 046
  2.5.2 竞争对手 10 维度分析 / 049

2.5.3 颠覆性力量分析 / 051

2.6 看客户 / 052
2.6.1 客户细分 / 052
2.6.2 客户行为分析 / 054
2.6.3 客户声音研究 / 056
2.6.4 客户体验测量 / 056
2.6.5 社交媒体分析 / 057
2.6.6 消费者洞察 / 058

2.7 洞察与细分市场专题 / 060
2.7.1 洞察成熟度模型 / 060
2.7.2 专题洞察过程 / 062
2.7.3 细分市场排序与选择 / 063
2.7.4 洞察与战略的关系 / 067
2.7.5 洞察与需求的关系 / 068

2.8 需求洞察流程 / 071
2.8.1 需求洞察流程图 / 071
2.8.2 洞察规划阶段流程说明 / 071
2.8.3 专题立项阶段流程说明 / 072
2.8.4 洞察分析阶段流程说明 / 072
2.8.5 商业构想阶段流程说明 / 073

2.9 洞察相关模板 / 074
2.9.1 市场洞察报告 / 074
2.9.2 洞察分析与商业构想报告 / 074
2.9.3 重大市场需求 / 075

2.10 洞察相关问题 / 076
2.10.1 市场洞察中的看行业要分到多细 / 076
2.10.2 如何区分市场洞察与需求洞察 / 076
2.10.3 如何判断洞察信息的准确性 / 076
2.10.4 怎样具体通过战略研讨和联合创新理解客户 / 077
2.10.5 如何规避市场的不确定性和复杂性风险，以及如何应对黑天鹅事件 / 077
2.10.6 如何匹配战略洞察和节奏 / 078

第三章 需求管理

3.1 需求管理常见的问题 / 081

3.2 需求管理组织 / 083
3.2.1 需求管理组织结构 / 083
3.2.2 RMT 职责 / 083
3.2.3 RAT 职责 / 085
3.2.4 RMT/RAT 设置规则 / 087
3.2.5 RMT 运作规则 / 088
3.2.6 RAT 运作规则 / 090
3.2.7 RME 工作内容 / 091

3.3 需求架构模型 / 092
3.3.1 需求架构模型一 / 092
3.3.2 需求架构模型二 / 094
3.3.3 需求架构模型二的需求传递过程 / 098
3.3.4 两种需求架构模型的对应关系 / 103

3.4 需求管理流程 / 105

    3.4.1 需求管理流程图 / 105

    3.4.2 需求收集阶段流程说明 / 105

    3.4.3 需求分析阶段流程说明 / 106

    3.4.4 需求分发阶段流程说明 / 109

    3.4.5 需求实现阶段流程说明 / 110

    3.4.6 需求验证阶段流程说明 / 110

3.5 需求管理专题 / 111

    3.5.1 产品包需求定义 / 111

    3.5.2 DFX 需求 / 112

    3.5.3 需求排序 / 115

    3.5.4 需求冲突升级机制 / 123

    3.5.5 需求变更管理 / 124

    3.5.6 需求管理度量 / 127

3.6 需求管理相关模板 / 127

    3.6.1 原始需求模板 / 127

    3.6.2 初始需求模板 / 128

    3.6.3 RAT 汇报模板 / 130

3.7 需求管理相关问题 / 131

    3.7.1 常见的需求来源 / 131

    3.7.2 谁适合担任 RMT/RAT 组长 / 132

    3.7.3 需求决策需要考虑哪些因素 / 133

    3.7.4 为什么要做需求确认 / 133

第四章 战略管理

4.1 战略管理常见的问题 / 136

4.2 SP/BP 组织 / 137

4.3 SP/BP 流程 / 140

    4.3.1 战略管理流程图 / 140

    4.3.2 战略规划阶段流程说明 / 140

    4.3.3 年度业务计划阶段流程说明 / 142

    4.3.4 执行与监控阶段流程说明 / 144

4.4 战略规划 / 146

    4.4.1 战略规划概述 / 146

    4.4.2 战略审视 / 149

    4.4.3 战略规划方法：业务领导力模型 / 152

    4.4.4 战略解码 / 169

    4.4.5 战略解码方法：业务执行力模型（SP 阶段）/ 178

    4.4.6 KPI 指标方案 / 185

4.5 年度业务计划 / 191

    4.5.1 年度业务计划概述 / 191

    4.5.2 SP 向 BP 解码 / 191

    4.5.3 战略解码方法：业务执行力模型（BP 阶段）/ 192

    4.5.4 编制预算 / 199

    4.5.5 制订 KPI 目标值 / 207

4.6 产业商业计划 / 209

    4.6.1 产业商业计划概述 / 209

    4.6.2 产业商业计划与战略管理的关系 / 210

    4.6.3 产业商业计划内容 / 211

4.7 产业投资组合管理 / 212
　　4.7.1 生命周期差异化投资 / 214
　　4.7.2 产业定位差异化投资 / 216
　　4.7.3 产业组合排序与取舍 / 216
　　4.7.4 投资回顾及差距分析 / 220
　　4.7.5 投资审视 / 222
　　4.7.6 产业画像 / 222
4.8 SP/BP 相关模板 / 227
　　4.8.1 中长期战略规划模板 / 227
　　4.8.2 年度业务计划模板 / 227
　　4.8.3 产业商业计划模板 / 228
　　4.8.4 重点工作模板 / 230
4.9 SP/BP 相关问题 / 231
　　4.9.1 如何做实 SP / 231
　　4.9.2 如何避免战略规划与执行两层皮 / 231
　　4.9.3 战略目标与重点工作的区别 / 232
　　4.9.4 产品线的哪些部门涉及战略目标制订 / 233
　　4.9.5 CSF 和 CTQ 的区别 / 233

第五章　技术 / 产品组合规划

5.1 产品组合规划常见的问题 / 237
5.2 产品组合规划组织 / 238
5.3 产品组合规划流程 / 239
　　5.3.1 产品组合规划流程图 / 239
　　5.3.2 产品组合差距分析阶段流程说明 / 240
　　5.3.3 定义产品组合策略阶段流程说明 / 242
　　5.3.4 定义执行计划阶段流程说明 / 244
5.4 产品组合规划专题 / 246
　　5.4.1 产品组合规划流程定位 / 246
　　5.4.2 产品竞争力构建 / 248
　　5.4.3 产品生命周期管理 / 252
　　5.4.4 产品投资策略关注点 / 255
　　5.4.5 产品组合排序及投资平衡审视 / 256
　　5.4.6 管道平衡审视 / 257
　　5.4.7 产品组合策略 / 260
　　5.4.8 组合计划执行审视 / 261
5.5 产品组合投资排序方法 / 261
　　5.5.1 波士顿矩阵 / 261
　　5.5.2 安索夫矩阵 / 266
　　5.5.3 麦肯锡矩阵 / 267
　　5.5.4 累计静态投资组合管理模型（九宫格）/ 269
　　5.5.5 动态投资管理模型（九宫格）/ 270
　　5.5.6 成长地平线模型 / 271
　　5.5.7 SPAN 与 FAN 方法 / 272

5.5.8　3C 战略 / 275
5.5.9　STP 模型 / 277

5.6　产品组合管理相关模板 / 282
5.6.1　产品组合管理对象清单 / 282
5.6.2　产品年度规划项目清单 / 282
5.6.3　产品组合规划报告 / 282
5.6.4　预算建议样例 / 283
5.6.5　组合差距分析评审清单 / 284
5.6.6　产品规划执行计划评审清单 / 285

第六章　路标开发

6.1　路标开发常见的问题 / 287
6.2　路标管理组织 / 288
6.3　路标开发流程 / 291
6.3.1　路标开发流程图 / 291
6.3.2　内部路标开发阶段流程说明 / 292
6.3.3　外部路标开发阶段流程说明 / 293
6.3.4　路标管理阶段流程说明 / 294
6.4　路标管理专题 / 295
6.4.1　路标的定位和原则 / 295
6.4.2　路标关注要点 / 296
6.4.3　好路标的管理要素 / 297
6.4.4　路标编写过程 / 298
6.4.5　路标变更 / 300

6.5　路标相关模板 / 300
6.5.1　内部路标模板 / 300
6.5.2　外部路标模板 / 301
6.5.3　路标评审要素 / 302

6.6　路标相关问题 / 304
6.6.1　外部路标写到什么程度比较合适 / 304
6.6.2　如何提高路标的沟通质量 / 304
6.6.3　路标与细分市场有什么关系 / 304

第七章　项目任务书开发

7.1　项目任务书开发常见的问题 / 308
7.2　项目任务书管理组织 / 310
7.3　项目任务书开发流程说明 / 311
7.3.1　项目任务书开发流程图 / 311
7.3.2　立项准备阶段流程说明 / 312
7.3.3　市场分析阶段流程说明 / 312
7.3.4　需求定义阶段流程说明 / 314
7.3.5　执行策略阶段流程说明 / 316
7.3.6　移交阶段流程说明 / 318

7.4 项目任务书管理专题 / 318

- 7.4.1 项目任务书开发输入 / 318
- 7.4.2 项目任务书目标和关注要点 / 319
- 7.4.3 高质量项目任务书的特征 / 321
- 7.4.4 项目任务书立项标准 / 322
- 7.4.5 To C 产品的 CDP 与 IPD 融合流程 / 323
- 7.4.6 项目任务书的评价指标 / 324

7.5 项目任务书相关模板 / 325

- 7.5.1 项目任务书模板 / 325
- 7.5.2 投入产出分析报告 / 327
- 7.5.3 IPMT 评审项目任务书要素 / 328

7.6 项目任务书相关问题 / 329

- 7.6.1 什么是项目任务书 / 329
- 7.6.2 LCDT 能不能由 LPDT 来担任 / 329
- 7.6.3 CDP 在各个层面的汇报有什么要求 / 329
- 7.6.4 CDP 与 IPD 概念阶段有哪些区别 / 329
- 7.6.5 CDP 与 RDP 的关系是怎样的 / 330
- 7.6.6 CDP 与小 IPD 流程的关系是怎样的 / 330
- 7.6.7 CDP 与技术规划流程的关系是怎样的 / 330

常用术语表 / 331

第一章 概 述

本章概要介绍与产品规划工作相关的背景知识，如产业目录的概念，产品规划相关重量级团队定义，如产品组合管理团队、需求管理团队、需求分析团队、产品组合规划团队、产品路标开发团队、项目任务书开发团队，企业研发投入比例建议、产品管理工作内容等。其中，产品组合管理团队负责产品线的战略规划、年度业务计划、管理产品组合和路标等工作。本章重点介绍产品组合管理团队成员及职责，会议运作与管理方式。除产品组合管理团队外，与产品规划相关的团队还有产品组合规划团队、产品路标开发团队、项目任务书开发团队等在本书后续章节会逐一介绍。特别要说明的是，为便于读者朋友们的理解，本书引入一些实际公司案例数据，这些案例数据均来源于公开渠道收集，还有部分是作者杜撰的，如有雷同，纯属巧合。

1.1 产品规划相关背景

1.1.1 产业目录简介

什么是产业目录？产业目录是从产业视角呈现公司产业投资决策的所有产品分类和列表，是公司进行产业和技术规划的基础信息，是产业范围管理、产业投资管理、产业组合管理的重要工具，是进行产业规划、投资决策、技术规划、销售预测、市场目标制订、研发投入中长期预算制订、全损益分析并实现产业投资闭环管理的重要基础，也是形成产品线重量级团队的重要依据。产业目录一般按全公司的产业规划和布局视角划分，采用业界广泛采用的划分方法，不区分客户群和市场。产业目录分类的层级定义如表1-1所示。

表1-1 产业目录层级与描述

序号	层级	描述
1	L1-产业	产业是公司进行产业范围管理、产品投资管理、产业组合管理的顶级层级
2	L2-产业技术领域	产业下的细分技术领域，产品投资组合管理单元
3	L3-产业管理单元	最小产业管理单元，也是订货预测单元、服务成本归结单元，在此层与超级产品开发团队拉通
4	L3.5-产品平台（可选）	产品规划和组合管理对象，是一些具有相似度行为、特性或强相互联系的产品集合，是最小投资组合管理单元
5	L4-产品	产品是指能独立满足客户某种需求，并符合客户的理解及业界划分习惯的实体。产品是经营管理和财务预核算的主体，是最小、最基本的产品组合管理对象，也是最小的损益核算单元

这里单独解释一下什么是L3.5。L3.5是指一种介于超级产品开发团队到具体项目之间的产业划分，从公司产业层（IPMT层级）根据产品的生命周期阶段（如投入期、成长期、成熟期、衰退期）进行产业L3.5的划分。比如，某个超级产品开发团队下多个产品开发团队的产品共用一个技术平台，另外一些PDT的产品共用另外一个技术平台，那么这两个技术平台就是两个L3.5。L3.5突破了原来的重量级团队的界限，从产业的角度来定义和管控不同生命周期产品的投资。不同生命周期的产品投资决策是不同的，如对被定义为成熟期和衰退期的L3.5要缩减投资。

特别注意，产业目录是动态变化的，会随着产业不断做大层级而进行调整。同时产品颗粒度的选取要注意与公司的战略规划/年度规划进行有效衔接。

以安克创新公司为例的产业目录示意图

安克创新公司主要从事自有品牌的移动设备配件、智能硬件等消费电子产品的自主研发、设计和销售，是全球消费电子行业知名品牌商，产品主要有充电类、无线音频类、智能创新类三大系列。2020年度，公司全渠道销售额突破93亿元。

1. 充电类产品

公司的充电类产品主要为"Anker"品牌的移动电源、充电器、充电线、拓展坞、带线多位插座等系列产品。其中，移动电源系列产品主要包括便携式移动电源、二合一超级充、大功率储能设备电源等；充电器产品系列主要包括桌面充电器、车载充电器、无线充电器等；充电线材产品系列主要包括Lightning数据线、Micro数据线及USB-C数据线。

2. 无线音频类产品

公司的无线音频类产品主要为"Soundcore"品牌的无线音箱和蓝牙耳机等系列产品。其中，蓝牙音箱系列产品主要包括手持式蓝牙音箱，便携式蓝牙音箱和便携运动式音箱等；蓝牙耳机产品包括头戴式耳机、运动款挂脖耳机和旗舰款真无线耳机等。

3. 智能创新类产品

公司的智能创新类产品主要包括"Eufy"品牌的智能家居产品和智能家居安防产品，"Nebula"品牌的家用投影仪产品以及其他新品类产品。其中，公司的智能家居产品主要包括智能扫地机器人、手持和便携吸尘器、智能开关、灯泡和插座等多种智能化产品；智能家居安防产品包括智能无线安防摄像头、智能门锁、智能门铃、智能家用摄像头等多种智能化产品。智能创新产品包括高清安防摄像机、车载智能语音助手、智能便携式家庭影院等产品。㊀

结合以上信息和该公司官网及公开信息，该公司的产业目录列表可参考表1-2。

㊀ 以上信息引用于安克创新公司2020年度报告的第三章"公司业务概要"的第一部分。

表 1-2　安克公司产业目录示意图

L1	L2	L3
充电类产品	移动电源	便携式移动电源
		二合一超级充
		大功率储能设备电源
	充电器	桌面充电器
		车载充电器
		无线充电器
	充电线	Lightning 数据线
		Micro 数据线
		USB-C 数据线
	拓展坞	拓展坞
	带线多位插座	带线多位插座
无线音频类产品	无线音箱	手持式蓝牙音箱
		便携式蓝牙音箱
		便携运动式音箱
	蓝牙耳机	头戴式耳机
		运动款挂脖耳机
		旗舰款真无线耳机
智能创新类产品	智能家居产品	智能扫地机器人
		手持和便携吸尘器
		智能开关
		灯泡
		插座
	智能家居安防产品	智能无线安防摄像头
		智能门锁
		智能门铃
		智能家用摄像头
	家用投影仪产品	家用投影仪产品
	其他智能创新类	高清安防摄像机
		车载智能语音助手
		智能便携式家庭影院

1.1.2 产品规划相关的重量级团队定义

在这里先解释下重量级团队的概念,重量级团队(Heavyweight Team)是指有明确的共同目标/愿景的跨专业部门的团队。每个团队成员均致力于共同目标的达成,有明确的角色定位和职责范围。重量级团队通过灵活、有效的沟通,确保相关职能部门都参与进来相互协同,并在各个阶段提供职能部门的贡献。重量级团队是依托实体组织(业务或职能部门)建立的、以业务流程为主导、聚焦于业务成功的管理团队。重量级团队成员实行矩阵式(双重)管理。重量级团队的有效运作是建立流程型组织的基本前提。重量级团队和职能部门的区别是:重量级团队主战,面对独立产品领域制定业务战略并组织和协调资源实施战略,促进高质量交付和让客户满意,对本业务领域的业务成功负责;职能部门主建,开展相关专业团队的能力建设、人才梯队建设、关键技术积累、知识共享管理、经验传承,对相关专业领域的技术领先性和人才梯队建设负责。

表 1-3 是产品规划涉及的重量级团队名称及简介。

表 1-3 产品规划所涉及的重量级团队名称及简介

序号	团队名称	内容
1	IRB	Investment Review Board,投资评审委员会。 IRB 负责把握投资方向与节奏,对产品和解决方案端到端支撑能力进行投资组合和生命周期管理,对投资的损益及商业成功负责。IRB 在公司批准的战略及投资预算的约束下,聚焦主航道产品的竞争力提升。以客户需求为导向,以解决方案为牵引驱动全流程系统能力提升和协同运作,端到端地满足客户需求
2	IPMT	Integrated Portfolio Management Team,集成组合管理团队。 IPMT 负责涉及单一产品线的投资决策及产业发展决策,对产品线投资的损益及商业成功、产业发展和生态构筑负责。IPMT 为产品线战略管理第一责任人,负责制定战略规划和年度业务计划并确保落地执行,以及决策下属组织的战略规划和年度业务计划
3	ITMT	Integrated Technology Management Team,集成技术管理团队。 ITMT 在公司战略指引下洞察和把握业界技术发展趋势,负责公司技术投资决策,建设公司技术体系,构建公司工程与技术能力(现在和未来),支撑公司研发能力提升,确保产品发展具备需要的工程和技术能力。通过主动经营产业链,构筑技术断裂点,实现业界领先的产品市场竞争力和客户需求响应速度

（续）

序号	团队名称	内容
4	PMT/PL-PMT	Portfolio Management Team，产品组合管理团队。Product Line-PMT，产品线产品组合管理团队。 PMT/PL-PMT 是一个支撑 IPMT 运作的跨功能部门的团队，相当于 IPMT 的参谋机构，由各部门骨干组成。PMT/PL-PMT 帮助 IRB/IPMT 对公司的整体产品组合进行管理，关注业务投资优先级的确定，负责和评估制订产品线产品投资组合、产业链竞合管理策略与计划、路标、项目任务书、年度营销计划等工作，并提出改进措施和计划建议
5	BMT	Business Management Team，业务管理团队，可选。 BMT 是产品线端到端经营的第二层责任主体，其作为一个独立产业的经营团队，直接面向外部独立的细分市场，对本产业内的端到端经营损益及客户满意度负责
6	SPDT	Super Product Development Team，超级产品开发团队。 SPDT 是一个跨功能部门团队（重量级团队），其核心成员从各个职能组织派出，既有理解客户的代表（产品代表、市场代表等），也有离研发很近的代表（研发代表），这样 SPDT 既清楚内部的能力，也理解客户，有助于对客户需求做出快速响应。此外，SPDT 针对特定客户诉求可自主给出解决方案并落地。作为产业竞争力构建和产业经营的责任组织，SPDT 直接面向独立的细分市场，对所管辖产业的竞争力、客户满意、产业发展、商业成功负责。SPDT 要聚焦商业成功，承担产业端到端商业成功的责任。SPDT 经理为产品领域战略管理第一责任人，负责制订战略规划、年度业务计划合一的产业商业计划，并确保落地执行。 设立 SPDT 的原则有两个：一是 IPMT 管辖下的各个独立产业；二是能做完整、独立的投资和经营损益分析。业务上 SPDT 接受 IPMT/IRB 的领导，执行相关决议。商业决策线是 SPDT → IPMT → IRB，逐级升高
7	RMT/RAT	Requirement Management Team，需求管理团队。Requirement Analysis Team，需求分析团队。 RMT/RAT 是 BMT/SPDT 需求管理业务的驱动者和日常管理执行者，代表 BMT/SPDT 负责本产品领域端到端产品包需求管理
8	PDT	Product Development Team，产品开发团队。 PDT 是一个跨功能部门的产品开发团队，负责从立项、产品开发、到将产品推向市场的整个产品开发的过程管理。PDT 的主要目标是根据项目任务书中的要求，负责产品包交付，构建产品包端到端（E2E）竞争力，保证产品包在财务和市场上取得成功。PDT 是集成产品开发（Integrated Product Development，IPD）流程中运作的基本单元。对属于 IPMT/BMT/SPDT 下的独立产业，其产品形态与 SPDT 内其他产品明显不同且无法共享 BMT/SPDT 层代表的场景下可以设置为 PDT。独立产业 PDT 的成立和撤销由 IRB 正式发布，实行清单化管理

第一章 概述

（续）

序号	团队名称	内容
8	PDT	PDT 成员包括 PDT 经理（LPDT）、开发代表、营销支持代表、市场代表、产品管理代表、财务代表、采购代表、供应代表、制造代表、技术服务代表、产品质量保证工程师（Product Quality Assurance，PQA）等角色。除 LPDT 及开发代表外，其他功能领域代表根据业务情况确定是否单独配置，如硬件为主的 PDT，供应代表、制造代表及采购代表可独立配置，其他功能领域代表原则上与上层 SPDT 共享
9	LMT	Lifecycle Management Team，生命周期管理团队。 LMT 负责从批量供货（General Availability, GA）到停止服务（EOS）之间的端到端管理，关注已上市产品的存量经营，做好推向市场的产品版本的生命周期管理
10	PDU	Product Development Unit，产品开发单元。 PDU 承载技术，构建技术和平台竞争力。一个 PDU 可同时面向多个 SPDT 交付。PDU 既有负责直接面向客户的商用版本交付团队，也有进行技术验证的技术团队，这样可基于客户诉求提前进行技术准备，更好地构建产品竞争力。PDU 既要承担持续构建领先的技术竞争力责任，还需要负责资源管道管理，即一个 PDU 或开发部组织同时承接多个项目或任务，为保障各项目上的资源投入，基于各项目的计划、资源需求、历史核算，需要每个月结合资源约束进行资源平衡，其核心是把有限的资源投到组合决策排序优先的项目上去，并通过路标规划和调整产品开发计划确保项目资源的平衡与最大化利用。技术决策线是 PDU → PL-TMT → ITMT，逐级升高
11	PL-TMT	Product Line-Technology Management Team，产品线技术管理团队。 PL-TMT 洞察和把握业界技术发展趋势，负责公司技术投资决策，建设技术体系，构建公司工程与技术能力（现在和未来），支撑公司研发能力提升，确保公司提前具备产品发展需要的工程和技术能力，通过主动经营产业链，构筑技术断裂点，实现产品市场竞争力和客户需求响应速度业界领先。一般设置硬件 TMT 和软件 TMT，分别负责硬件与系统和软件领域的业务管理与决策
12	TDT	Technology Development Team，技术开发团队。 TDT 负责执行 ITMT/IPMT/TMT 批准的平台与技术的开发与交付，关注立项目标的达成。负责技术开发并迁移到 PDT，使之符合各 PDT 的业务目标

案例

以安克创新公司的产品目录为例，对应设置部分重量级团队示意图如图 1-1 所示。

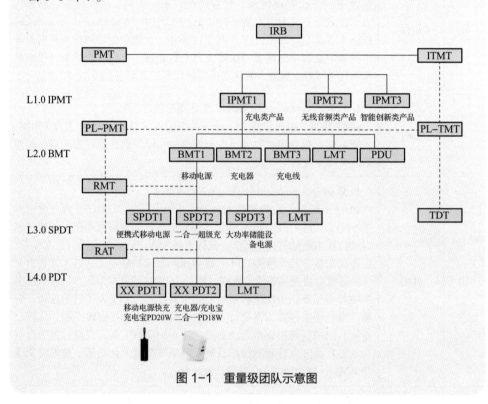

图 1-1 重量级团队示意图

在以上这些团队中，IRB、IPMT、BMT/SPDT 等重量级团队是产品经营管理的主体，他们每年基于战略规划/年度业务计划流程完成对业务中长期规划（3~5 年）及下一年度的规划（涵盖业务假设、商业目标、预算投资等），同时基于产业、产品、平台、技术等进行投资决策管理，完成战略目标、费用、人力等要素的宏观分配。产品线 IPMT、产品领域 BMT/SPDT 作为管理产品的负责人以及管理产品的经营单元，对该产品线产品的端到端管理和全生命周期管理负责。产业端到端的商业计划、平台技术的投资策略由 IRB/IPMT 决策，而各个产业相关的需求、单点技术则授权给 SPDT 决策。单产业强相关的商业决策授权给 SPDT 后，为保障决策质量，SPDT 决策结果会上报给 IPMT，同时 IPMT 可按季度、年度等方式对 SPDT 决策结果进行集中审视。SPDT 负责的产品所在阶段分为孵化期、投入期、成长期、成熟期和衰退期（详细内容参见第四章），其牵引点由不考核财务指标到逐步牵引规模、利润到投资回报率。PDT 基于产品路标及内外部需求，滚动规划产品的版本计划，并组织产品端到端项目交付团队完成产品版本、特性的交付。IRB/IPMT 运作的有效性决定了投资决策的有效性，PDT 运作的有效性决定了产品是否具备端到端竞争力。IPMT/SPDT/PDT 几个维度的比较结果如表 1-4 所示。

表 1-4 IPMT/SPDT/PDT 的比较

	IPMT	BMT/SPDT	PDT
独特价值	管理产品线的端到端绩效	管理产业的端到端绩效	新产品开发与及时交付
管理范围	产品线	产业	新产品
主要时间跨度	从规划到停止服务	从规划到停止服务	从项目计划书到一般可获得性（GA）
质量	决策的质量，客户满意度	决策的质量，客户满意度	符合要求的产品质量
成本	综合成本	综合成本	项目费用及产品目标成本
效率改进点	利润、收入、成本	利润、收入、成本	过程中更少的返工，降低项目成本
管理特点	管理、决策为主	管理、决策为主	项目管理为主
关注点	产品组合的"生老病死"	产品系列的"生老病死"	产品的"优生"
上级管理团队	IRB	IPMT	SPDT

1.1.3 产品规划相关组织架构设计

结合产品规划考虑的企业相关组织架构示意图如图 1-2 所示。

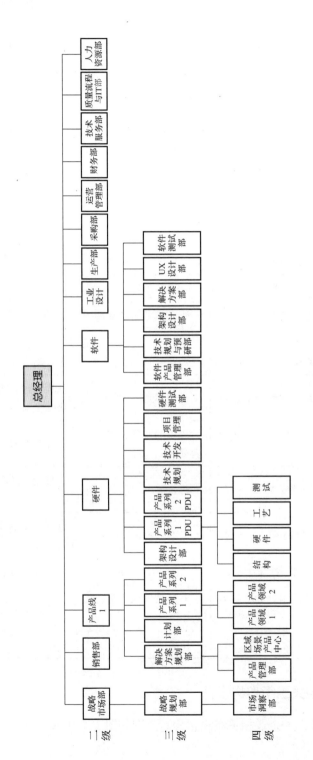

图1-2 产品规划相关组织架构示意图

这种管理模式的特点包括：

- 可支持多产品线体系，可类似二级组织"产品线 1"增加产品线；
- 产品线主管对产品线投资的损益及商业成功、产业发展和生态构筑负责；
- 硬件和软件资源集中管理，PDU 负责构建技术和平台竞争力；
- 产品系列 1/2 对应为 BMT/SPDT，产品领域 1/2 对应 SPDT/PDT；
- 钱到 SPDT，人到 PDU；
- 一个 PDU 可同时面向多个 SPDT 交付。

1.1.4 产品管理部

产品管理部是产品战略及产品规划的核心团队，被称为"产品线的大脑"。建立产品管理部的核心诉求是减少研发部门与市场部门的博弈，通过组建一个独立于研发部门和市场部门的团队，系统地关注和管理客户需求，同时由该团队负责梳理市场需求和参与编制产品项目任务书，将一线的客户需求规整后再传递到研发部门，发掘构筑产品竞争力的关键产品特性，客观对产品的竞争力负责。

产品管理部成员一般从市场体系和研发体系抽调专家组成，通常都是在市场领域和研发领域有多年工作经验的骨干，以技术背景为主、市场背景为辅，综合能力强，包括有比较强的交流能力、协调能力和理解能力。产品管理部不负责产品设计和开发实现，不对市场项目成功承担直接责任，也不负责客户层面的销售结果，而是天然地站在客户价值视角，天然地与客户走得近，与研发部门、市场部门形成稳定的三角组织，是公司从市场-研发的"哑铃型"结构转变为市场-营销-研发的"铁三角"结构上的关键一环。对很多公司来说，这是凭空增加的投入，企业要舍得对这部分人员的投入，一般参照产品研发的人员数量配置 5%~8% 的产品管理人员，按岗位部分派驻研发、部分派驻市场。派驻市场则直接到产品销售区域，了解区域市场和客户的需求，以针对性地设计开发产品。产品管理部的详细职责介绍请参考本书第四章内容。

有了产品管理部这样的专业部门，结合 RMT/RAT 这样的专业团队，需求管理和产品管理工作就会做得扎实。比如竞争分析就不再是潦草应付，而是深入解剖，分析竞争对手当下的产品，通过多渠道了解其动态。不仅做透怎么学（How to learn），还做透怎么打（How to beat），摆脱公司在研发方向、需求节奏等方面的被动局面，更好地把握公司产品研发方向、产品需求。产品管理部的建设是驱动公司研发快速从跟随走向领先的关键举措之一，现在看一家企业是否真正有中长期产品竞争力的关键就在于产品管理部的核心职能是否在有效运作。

1.1.5 产品规划的颗粒度

产品规划管理需要选择合适的产品颗粒度，不同类型的产品需要选择不同的颗粒度，从IPMT（产品线）、BMT（产业）、SPDT（产品族）到PDT（产品），有些到产品族、有些到产品，有些在产品之下还要继续打开到单板、模块，颗粒度太大或太小都不行。

从执行上讲产品规划一般分两层：产业投资组合管理和产品组合管理，其中产业投资组合管理主要管理产业目录L3以上的部分，产品组合管理对应产业目录L3.5及以下的部分，产业投资组合管理和产品组合管理的定位如表1-5所示。

表1-5 产品规划分层介绍

序号	主题	内容
1	产业投资组合管理	产业投资组合管理是IRB和IPMT重点管控的内容。产业投资组合管理的依据是产业目录，主要管理产业目录L3以上的部分。产业目录L1~L3层一般由公司战略规划部负责建议。每年SP发布前例行审视，随SP的启动刷新发布，在公司的战略规划评审/决策会议结束后刷新L3产业目录，由IRB审核和发布产业清单（以L3层产业目录为基础）用于投资组合管理，指导下一年SP规划。 各IPMT要根据产业目录对产业的生命周期、投入策略和投入回报要求在公司的战略规划评审/决策会议上提出建议，由IRB决策并作为下一年预算的输入约束条件。 同时为了规划需要，对标业界标杆，明确改进方向，产业管理颗粒度必须实质匹配约定俗成的行业划分方法。产业一般情况下是和SPDT一一对应，或者一个SPDT下面会存在关联或者不关联的多个子产业，即L3.5。SPDT之下如果有子产业，SPDT就负责子产业之间的资源分配和调整。但一个产业只能归属一个SPDT

(续)

序号	主题	内容
2	产品组合管理	产品组合管理管控的范围在产业内对应产业目录的 L3.5 及以下，为了便于管理产品组织而成的具有多层级的产品列表（又称产品目录），一般需要打开到产品层和能独立发货的部件、模块等。 产业目录 L3 以下由产品管理部负责，由 SPDT 建议，IPMT 审核，IRB 批准

1.2 PMT 基础知识

1.2.1 PMT 职责

PMT 是支撑 IPMT 运作的跨部门团队，负责产品线的战略规划、产品组合和路标、年度业务计划、任务书管理，评估战略规划和年度业务计划的执行情况，并提出改进措施和计划建议，是产品线 IPMT 的参谋机构。其具体职责如下：

- 负责制订中长期战略规划、年度业务计划，对战略规划和年度业务计划的执行情况进行评估，向 IPMT 提出纠正措施与建议。
- 主动向 IPMT 提出战略建议，发起战略和业务讨论。
- 建立市场体系、销服体系、研发体系的信息沟通渠道和例行通报机制，促进信息、经验在市场体系和研发体系之间的共享。
- 定期审视营销计划执行情况，并就审视结果向 IPMT 汇报。
- 制订中长期需求调研计划，通过市场部开展收集活动，定期审视收集进展。对中长期需求进行定期讨论，为路标开发和项目任务书开发流程提供需求相关输入材料。
- 负责进行产品投资组合管理的分析和建议，设定业务投资的优先级，制订和维护产品／解决方案组合和路标规划，构建产品与解决方案整体竞争力，审视规划与计划执行情况，并向产品线提供闭环建议。
- 在产品组合、投资策略、解决方案规划与项目任务书上支撑 IRB/IPMT

进行投资组合管理与决策。
- 审核公司的技术/产品预研路标规划，提出修订意见，保证技术规划与产品规划的一致性。
- 沟通、协调和优化跨产品线的业务计划和解决争议问题。
- 需要时成立专项小组，根据业务开展需要确定相关工作组来处理本领域的业务提升和机会捕捉，如对主要竞争对手、客户、新市场机会的深入分析。

1.2.2 PMT 成员及职责

为规范 PMT 运作，提高运作效率与会议效果，公司根据实际情况任命 PMT，建议的 PMT 成员如表 1-6 所示。

表 1-6 PMT 成员及职责介绍

序号	成员	成员职责
1	PMT 主任	对 SP/BP/项目任务书和营销计划的质量、进度负责； 组建、管理和领导 PMT，对重量级团队的建设及团队的健康高效运作负首要责任，协调团队中不一致的意见，带领团队做出决策； 确保团队中战略市场、解决方案销售、架构与设计、技术服务等功能部门成员之间的相互沟通，在无法达成一致时做出决策； 将责任分配到各 PMT 成员，跟踪问题直到解决； 确保团队在公司信息安全、法律法规等要求规范内运作； 一般为战略市场部主管
2	战略规划部主管	负责组织制订 3~5 年 SP 及 BP，包括中、长期预测； 例行审视中长期发展规划和年度业务计划执行情况； 负责深入挖掘公司长期发展的危机性问题； 对产品线端到端运作及长期发展过程中出现的问题进行深入分析，评估竞争形势，捕捉和分析产品线领域的新市场机会点，发起产品线层面的战略讨论、专题研究，为产品线的长期发展提出建设性建议
3	销售代表	参与制订、评审 SP/BP/项目任务书，确保销服体系的信息在团队内得到有效沟通； 负责执行相关市场策略、客户策略和计划； 配合解决全球产品销售与市场在执行营销计划中存在的问题，确保营销计划顺利执行

（续）

序号	成员	成员职责
4	产品管理部主管	参与并全面支撑 SP 和 BP 的制订，对产品竞争力和商业成功负责； 负责新产品的规划与管理、项目任务书的立项和开发管理，输出高质量的项目任务书和未来 3~5 年产品和解决方案路标； 负责产品短期和中长期需求分析、排序及纳入产品路标，实现需求端到端的闭环管理； 例行审视产品线产品和解决方案规划，根据市场需求、竞争的变化情况，例行审视已进行产品立项项目任务书的竞争力； 对新产品、新版本的开发过程进行审计，保证产品在开发过程中符合项目任务书的要求； 负责产品线的产品组合排序的管理平衡，制订投资分配和资源配置建议； 负责从产品角度输出对预研、技术、平台 3~5 年需求，牵引与驱动预研、技术、平台的规划及平台项目任务书的开发； 负责组织制订和落实产品营销计划，并驱动市场和各区域销售部等相关部门围绕营销计划开展工作，保证产品成功上市及盈利目标的实现； 组织制订并落实产品上市策略和计划，驱动各区域销售部和行业销售有效履行上市计划中的各项活动； 制订和维护产品线年度准入测试计划，并负责产品线准入测试项目的管理和实施
5	架构与设计部主管	收集、整理针对新技术的需求，提出技术领先的具体目标； 分析竞争对手、供应商的技术方案和发展趋势，总结应对策略； 对核心技术的布局策略进行研究，提出总体技术思路，规划软硬件平台，开发和管理预研/技术路标； 提出产品线专利、标准等知识产权策略和计划； 评估本领域技术策略与计划执行情况
6	技术服务代表	参与分析关键客户需求，制订关键客户/区域市场技术服务策略和计划； 组织制订产品的技术服务策略和计划； 提出完整的全球技术服务能力建设规划； 评估本领域业务计划执行情况

以上角色是 PMT 核心组成员，可按需引入财务部代表、供应链代表等代表为扩展组成员。PMT 成员基于岗位角色任命，当 PMT 成员的岗位发生人事变动时，岗位新任职者自然成为 PMT 成员，岗位原任职者不再继续担任 PMT 成员。

1.2.3 PMT 会议运作与管理

根据实际需要，PMT 采取月度（或双周）正式例会和专题会议的形式运作。每年年初制订 PMT 议题沙盘及会议日历，原则上按照会议日历月度例行召开，可根据临时需要召开 PMT 专题会议。PMT 会议运作与管理介绍如表 1-7 所示。

表 1-7 PMT 会议运作内容介绍

序号	内容	主题
1	与会要求	全程参与人员：PMT 核心成员； 分段参与人员：扩展成员可只参加与之有关的会议议题，根据议题相关度由提案人建议，可安排 1~2 名相关人员参与； 会议议题：会议执行秘书会前 15 天启动议题征集，并发送会议预通知，会前 3 天发出正式会议通知
2	会议材料及预审要求	会议材料要尽量简明扼要，突出关键信息； 对于决策类议题，需明确写明决策点、决策要素、决策建议等，若以往已有相关决议事项，要进行回顾； 为提高会议效率，议题责任人在会前要完成与利益相关者沟通； 议题提案人对会议材料负责。会议执行秘书在会前一周组织 PMT 相关核心成员进行上会材料预审，议题责任人需要在会前 1 天将定稿的会议材料发送给会议执行秘书
3	会议过程管理	PMT 核心成员根据会议日历提前做好工作安排，确保亲自出席，如遇特殊情况不能与会者，需至少提前 1 天向 PMT 主任请假，知会会议执行秘书，并委托相关代表出席会议； 如不能及时到会或中途离场，需向 PMT 主任请假，知会会议执行秘书，迟到或早退超过 30 分钟按缺席会议统计； PMT 核心成员年度亲自出席率需高于 80%，会议执行秘书每季度会统计核心成员出席率和提案，并在部门内通报

(续)

序号	内容	主题
4	决策机制	须有三分之二以上委员或委托代表与会,否则会议取消; PMT 核心成员或其委托代表拥有表决权,按角色投票,每个角色一票,列席人员没有表决权; 通过规则:半数以上 PMT 核心委员或其委托代表表决通过; 在集思广益的基础上,PMT 主任拥有对决策事项的一票否决权,但没有一票通过权
5	纪要和决议的形成、发布与落实	每个汇报议题结束前由汇报人总结主要结论和遗留问题,由 PMT 主任最终确认后结束该议题; 各议题纪要人会后 1 个工作日内提交经审核的会议纪要,会议执行秘书会后 3 个工作日汇总提案人审核后的会议纪要,提交 PMT 主任审核发布; 各项决议需明确责任人、完成时间和目标要求,各责任人组织落实决议要求,对已发布决议的决策条件发生变化时可以提出再议

1.2.4 PMT 议题范围

PMT 议题内容如表 1-8 所示。

表 1-8 PMT 议题内容

序号	类别	议题简介
1	业务计划制订类	制订业务计划; 投资分配建议讨论; 内部预审业务计划与能力提升规划; 评审、调整各下属产品线业务计划; 审视和讨论规划遗留的重点问题
2	业务计划执行评估管理类	产品财务绩效分析; 预测吻合度评估; 人力投入分析; 各功能领域执行情况评估(技术服务、定价、市场策略、研发进展、合作、预研等),包括能力提升计划执行情况

（续）

序号	类别	议题简介
3	各功能领域专题类	未来市场趋势与机会讨论，解决方案和产品长远策略研讨，如业务转型； 新业务机会点研讨； 竞争对手、关键客户等专题分析； 关键合作伙伴/联盟专题分析及策略研究； 品牌策略研究； 业务与运营创新利润模式研讨； 技术、预研路标规划； 专项小组专题汇报； 市场策略研讨； 销服体系的信息沟通与例行通报
4	决策支撑	产品项目任务书评审； 解决方案配套进度冲突协调； 因规划导致的产品变更申请； 项目任务书质量评估
5	需求管理	跨产品线 BMT 无法达成一致意见的跨领域需求分析
6	方法研讨类	流程、制度学习与讨论； 关键领域方法论学习与研讨（如定价、品牌等）
7	问题协调类	各领域问题冲突先提交至 PMT 讨论，如果无法达成一致意见再向 IPMT 或 IRB 申请决策

1.3 其他专题内容

1.3.1 研发投入比例

技术实力来自技术的创造者，对企业来说，最核心的问题是把控研发投入和业务产出之间的健康增长关系。参考《程序员》整理的多家公司的研发投入和人均产出榜单"2021 数字科技企业研发实力榜TOP50"，其中一些知名企业的研发投入数据如表 1-9 所示。

表 1-9　部分知名企业的研发投入数据示例

企业	2020年研发投入/亿元	2020年整体营收/亿元	研发投入占比	2020年研发人员数量	2020年整体员工数量	研发人员占比	人均研发产出/百万元
华为	1 418.93	8 913.68	15.92%	105 000	196 000	53.57%	8.49
中兴通讯	147.97	1 014.51	14.59%	31 747	73 710	43.07%	3.20
小米	92.56	2 358.66	3.76%	10 401	22 074	47.12%	23.64
海康威视	63.79	635.03	10.05%	20 597	42 688	48.25%	3.08
理想汽车	11.00	94.57	11.63%	1 424	4 181	34.06%	6.64
蔚来汽车	24.88	162.57	15.30%	2 668	7 442	35.85%	6.09
小鹏汽车	17.26	58.44	29.53%	1 580	3 676	42.98%	3.70
阿里巴巴	572.36	7 172.89	7.98%	40 000	252 084	15.87%	17.93
腾讯	389.72	4 820.64	8.08%	48 114	70 756	68.00%	10.02
百度	195.13	1 070.74	18.22%	24 000	41 000	58.54%	4.46
京东	161.48	7 458.02	2.17%	17 239	314 906	5.47%	43.26
美团	108.92	1 147.94	9.49%	12 000	69 205	17.34%	9.57

注：研发投入占比 = 研发投入 / 整体营收 ×100%；

　　研发人员占比 = 研发人员数量 / 整体员工数量 ×100%；

　　人均研发产出 = 整体营收 / 研发人员数量。

从以上榜单可以看到，顶级互联网企业的研发投入和研发人员较多，经营硬件产品的公司由于生意模式不同导致研发投入和研发人员数量相对互联网低一些。综合来看，经营硬件产品公司的研发投入一般占年营销额的 6% 左右比较合适，其中 75% 左右投入产品开发上，25% 左右投入产品研究和创新上。不同公司根据自身产品所在生命周期阶段和业务发展定位对研发投入进行浮动调整，整体上看，研发投入占比年营销额 6% 上下是硬件产品类型公司能兼顾现在和未来的费用投入比例。

安克创新公司 2020 年的研发投入比例

根据安克创新公司 2020 年年报，2020 年公司实现营业总收入 93.53 亿元，与上年同期相比增长 40.54%；实现归属于上市公司股东净利润为 8.56 亿元，同比增长 18.70%；其中研发投入 5.67 亿元，占营收比例为 6%。

1.3.2 产品管理职责

产品管理（Product Management，PM）主要服务于研发体系，一般来源于产品线下属产品管理部，其职责一般包括：

- 负责产品及解决方案开发投资，从产品和解决方案构想到商业变现，以市场洞察、客户洞察、竞争分析为基础，进行细分市场优先级排序选择；
- 对产品和解决方案的竞争力负责，目标是规划有竞争力的产品和解决方案，促进产品和解决方案的商业成功，往往是 SPDT 经理的左膀右臂；
- 关注产品和解决方案新的商业和战略机会点、产品开发投资的方向、节奏和竞争力，以及产品和解决方案生命周期内的盈利；
- 需要回答面向未来产品竞争力构筑点和未来卖什么的问题；
- 主导产品及解决方案领域的产业商业计划、产品组合排序建议、路标规划、产品项目任务书规划、客户场景及需求描述等工作；
- 市场代表提交产品及需求解决方案给产品管理人员，由产品管理人员统一纳入产品规划，促进市场与研发的对齐。

1.3.3 产品管理工作清单

以下概要介绍产品管理的核心工作以及对应的工作要求，如表 1-10 所示。

表 1-10 产品管理工作清单

序号	核心工作	关键活动及工作要求
1	市场洞察	春季&秋季洞察规划：尽量以客户商业场景维度设置专题，洞察专题与规划产品互锁。每个专题要回答的关键问题不超过 3 个，4~5 个月为一个项目运作周期，小步快跑。 春季&秋季洞察专题执行：识别业务增长及解决方案竞争力机会点、关键需求，给出选择建议。完成含价值特性的解决方案设计、新商业模式设计、新市场机会组合规划设计等。重要专题在产品管理部业务例会上进行管理，一般专题由各 SPDT 产品管理部长负责管理。 洞察专题总结：专题总结并组织年度洞察专题评优，组织洞察专题接口人进行优秀专题分享和颁奖激励

（续）

序号	核心工作	关键活动及工作要求
2	需求管理	需求分析：需求管理工程师（Requirement Management Engineer，RME）初审原始需求，把握原始需求质量并分流给各需求分析责任人。需求分析责任人负责完成原始需求的分析并输出初始需求（IR）。 需求决策：完成需求决策，建议 RAT 每周/双周一次例会，RMT 每月一次例会。RAT/RMT 例会后将需求决策结论知会需求提交人，发布 RAT/RMT 纪要。 需求验证：初始需求实现后提交给需求分析人员进行验证。 需求管理目标闭环：需求管理接口人组织各业务领域需求管理负责人讨论下一年需求管理指标、目标以及工作改进思路，在产品管理业务例会上汇报评审。例行分析各领域需求数据，分析主要问题并进行风险提示
3	产品竞争力目标管理	竞争力目标制订：产品管理部组织各领域在 BP 周期内完成产品竞争力关键要素识别，PMT 预审后随年度 BP 在 IPMT 汇报决策。 竞争力目标管理：双月例行审视产品竞争力目标进展及关键措施执行情况，年末组织竞争力构筑成功验收和工作总结会议
4	战略规划	产品管理负责组织端到端领域制订领域 SP，产品管理领域在 SP 阶段需独立输出的内容包括：产品组合竞争力分析、商业模式差距分析、商业模式变化趋势分析、3~5 年产品组合竞争力及商业模式规划、产业演进策略制订
5	年度业务计划	产品管理负责组织端到端领域制订领域 BP
6	产业目录规划与审视（L1~L3）	由产品管理部组织产业目录刷新启动会，传递工作要求与计划。 各领域产品管理部长/负责人收集各领域产业目录调整诉求，综合各领域意见输出产业目录调整方案。 PMT 预审调整方案后由产品管理部部长向 IPMT 汇报，按 IPMT 评审意见优化。然后由 IRB 评审，评审纪要发布后在规定时间内依据 IRB 评审意见刷新产业目录

（续）

序号	核心工作	关键活动及工作要求
7	产品组合规划与审视	产品组合年度审视：产业目录发布后，由产品管理部组织启动产品组合刷新启动会，传递要求和计划。各领域产品管理部长和负责人与本领域周边代表沟通，获取产品组合优化意见，输出本领域产品组合优化方案。产品管理部汇总各领域产品组合优化方案，组织评审并输出年度产品组合优化方案。PMT 对产品组合优化方案进行预审通过后提交 IPMT 评审，最终参考 IPMT 意见刷新形成终稿。 产品组合半年度审视：汇总上半年产品变更审批情况刷新产品组合，PMT 审核后发布。无论是年度审视还是年中审视，审视完成后依据最新版本产品组合刷新产品组合目录
8	路标规划	年度路标制订 & 季度刷新：路标开发过程中要与市场、销售、交付、研发等沟通和对齐投资需求，进行优先级排序。路标内容包括版本规划、配套、版本价值、特性描述、特性价值、重大特性路标规划等。 各领域路标由产品管理部部长完成标准化审核，批准后每年定期发布，由产品管理部组织进行路标赋能
9	生命周期管理（EOX※）	每年产品组合年度版本发布后，由产品管理部统一组织 EOX 开工会，各产品管理负责人启动产品 EOX。产品管理负责人初步整理产品数据，输出潜在 EOX 产品清单及 EOX 变更建议，由 LMT 各领域代表确认。 组织 LMT EOX 专题评审会，逐一讨论各产品的 EOX 变更意见和计划时间。停止销售在 SPDT 决策，停止服务在 LMT 决策，根据 EOX 决策进行产品数据清理

※ 见书后常用术语表注解。

第二章 市场洞察与细分市场管理

市场洞察（Market Insight，MI）是指对企业重点发展的业务进行高质量的市场分析和竞争分析，通过建立洞察信息资产和构建自身专业能力，帮助企业管理层理解市场并驱动业务行动。市场洞察其实是一项很基础的工作，所有企业经营活动开展的前提都要基于市场洞察，而不是做战略规划或产品开发的时候才做市场洞察。只有把市场洞察清楚了，才能对市场进行细分，才能做细分市场的选择，才有适配的市场策略，才能基于市场策略对市场进行管理。市场洞察有很多种，如宏观洞察、行业洞察、细分市场洞察、市场需求洞察、技术洞察、客户/消费者洞察、竞争洞察等。电影《教父》里有一句很著名的话：那些花半秒就看透事物本质的人，和花一辈子都看不清事物本质的人，注定是截然不同的命运。这句话应用在市场洞察上非常贴切。企业应通过战略指引、战略问题、突发重大事件、竞争对手例行监控、竞争态势、价值流动等方面进行市场洞察，从客观视角洞见行业和市场的变化。洞察与企业各产品领域相关的宏观环境与行业发展趋势，包括国家或地方政策、技术成熟度、用户习惯、竞争对手、生态链、市场空间等方面。企业的市场洞察活动应该综合分析这些趋势变化，洞察识别企业各产品领域未来经营的商业机会点与风险挑战，为企业管理层提供建议并支撑产业方向的选择。

针对战略进入新细分市场场景，市场洞察需要针对新兴细分市场进行专题化洞察，回答与产品竞争力、市场机会、营销策略和拓展相关的问题，包括宏观环境的影响、市场细分、市场分析、市场趋势、客户需求和痛点、客户购买行为和价值、竞争 SWOT[一]等，自外向内看市场，提供业务目标，为决策层提供市场策略建议。针对已有产业细分市场场景，市场洞察则需要持续跟进，按季度评审，为公司管理层提供情报，实时监控该细分市场的表现。

回到企业产品规划和产品开发上，如果研发投资在竞争力关键时期不做持续和压强投入，那么市场窗口爆发时企业就可能因为能力不足而错失机会，所以需要对市场有足够的敏感度。产品核心竞争力也依赖于对细分市场、对客户、对消费者的深入洞察。同时产品规划和产品开发还要对产业趋势有足够的前瞻，要看长远一些才能看清行业趋势，才能比客户看得更远，才能洞察客户未来真正的需求。要看准了才知道我们的产品、商业模式、解决方案应该如何适配。如果对市场洞察不够，那么企业是很难在激烈的竞争下做出正确决策和选择的。常见的市场洞察方法是"五看"：看宏观、看市场、看竞争、看客户、看自己，业内也有"六看""七看"的说法，增加了看机会、看趋势等。本章将详细介绍"五看"的相关内容。要特别注意的是，市场洞察是不考虑公司现有资源/能力约束影响的。

市场洞察还需要面向结果推动决策。如果做了市场洞察而不发言，企业管理层不知道这些洞察信息，就无法体现洞察团队的工作和成绩。企业管理层也许最终并没有立项进行产品开发，这是可以理解的，但洞察团队要呼吁，而且要一直呼吁。

市场洞察在整体模型中的位置如前言中的图 1 所示，市场洞察一方面帮助企业规划和识别潜在的细分市场机会，规划和提升各细分市场解决方案的竞争力；另一方面，通过市场洞察敏锐感受业务与环境的变化，深入洞察未来的可能性，把未来的趋势和方向看清楚，为企业战略提供输入，面向未来制订战略规划。洞察的细分市场机会结合战略规划在年度业务计划中落地和实现。

[一] SWOT分析，S（Strengths）是优势，W（Weaknesses）是劣势，O（Opportunities）是机会，T（Threats）是威胁。即基于内外部竞争环境和竞争条件下的态势分析，就是将与研究对象密切相关的各种主要内部优势、劣势和外部的机会和威胁等，通过调查列举出来，并依照矩阵形式排列，然后用系统分析的思想，把各种因素匹配起来加以分析，从中得出一系列相应的结论。

对世界的洞察是最重要的。没有洞察,就没有方向;没有方向,就没有思想;没有思想,就没有理论;没有理论,就没有战略。

——任正非

2.1 市场洞察常见的问题

市场洞察常见的问题可以归结为以下三类,如表2-1所示。

表2-1 市场洞察常见的问题

序号	主题	内容
1	缺乏洞察相关组织运作机制	缺乏洞察和策划主体; 缺乏明确的市场洞察分工和协同机制; 缺乏自下而上、达成共识的市场组合策划过程
2	缺乏操作级洞察支撑流程	没有制订多维度(区域、产品和客户群)市场细分标准; 没有覆盖客户群维度的市场组合策划; 没有对突然变化的政策和法律法规进行洞察; 对来源于销售、产品市场绩效、服务、互联网数据的数据分析不足
3	缺乏充分的需求洞察	前期需求洞察不深入,目标和范围不明确,洞察结果逻辑不严谨; 需求洞察工作不知从何做起,没有数据获取渠道; 主要基于竞争、现有行业来做产品,缺少全局战略洞察,没有开辟新领域、新战场; 难以切入新的领域或新的行业,找不到自身在产业链中的独特价值; 需求规划缺乏商业思维,没有思考规划的需求能否实现商业兑现; 洞察中只考虑需求技术方案本身,不考虑商业空间,为了规划而规划,甚至为了通过评审而放大市场空间,虚报数字; 需求洞察缺乏中长期思考,洞察专题思考不够系统; 产品解决方案差异化不足,难以辨别不同客户的差异化需求; 缺乏对具体细分市场洞察需求的归总、全面分析

2.2 市场洞察组织

规模不大的公司市场洞察一般由公司高级管理层负责即可，高层管理者需要具备洞察的能力。公司发展壮大了一般会设置全职的市场洞察部门。除全职的市场洞察人员外，也有很多部门有兼职的市场洞察人员。很多公司也会根据专题组织相应的洞察团队，如需求洞察团队。

2.2.1 市场洞察部

专职的市场洞察部一般隶属于战略市场部，该部门主要管理并执行市场洞察流程。其职责有：

- 负责洞察产业、市场发展趋势，理解客户战略与发展方向，识别影响公司长期战略的重大问题和重大市场线索，推动决策；
- 负责探索公司可能进入的新机会，并协助探讨公司新进入产业和成长初期的业务单元的业务方向，协助解决执行中的关键问题；
- 负责统筹和管理市场分析咨询及合作项目，构建管理机制以保证咨询报告的有效共享和快速流动；
- 负责市场洞察体系的流程建设、IT平台建设和社区运作，组织进行经验与能力共享，提高公司的整体市场洞察水平。

2.2.2 需求洞察团队

需求洞察团队是指为产品专题调研组成的一个团队，一般由产品专题管理责任人、领域专题管理责任人、需求洞察项目责任人等人员组成。产品专题管理责任人作为需求洞察团队的负责人，通过策划、组织项目工作达成需求洞察的目标。需求洞察团队的成员及职责如表2-2所示。

表2-2 需求洞察团队的成员及职责简介

序号	成员	成员职责
1	产品专题管理责任人	负责管理产品专题，管理整体的输出结果质量和过程

（续）

序号	成员	成员职责
2	领域专题管理责任人	负责管理某个特定领域的专题，管理整体的输出结果质量和过程
3	需求洞察项目责任人	为需求洞察项目目标达成负责，通过策划、组织项目工作开展并达成目标
4	洞察分析师	市场/产业宏观趋势、产业链分析、竞合分析； 市场趋势、市场细分与排序、市场空间、客户细分、产品竞争力市场表现分析、市场绩效分析； 产业趋势、产业链分析、竞争分析、客户分析、最终用户分析、未来网络架构与技术趋势分析、场景威胁分析、区域准入及认证要求分析； 客户商业模式及趋势、采购模式及行为分析、竞争对手商业模式/定价模式、最终用户消费模式分析； 未来技术趋势分析、技术断裂点分析

2.3 看宏观

看宏观包括宏观环境、产业趋势和技术趋势。看宏观时，不仅应自上而下分析整体市场，既要包括已参与市场，也要包括未参与市场，确定市场的参与者和各自的优劣势，避免坐井观天；还应由内而外，既要看自身，也要看对手，以市场份额论绩效。看宏观时，应从产品、区域、解决方案多个维度分析，理解产业链结构此消彼长、价值定位、价值链转移的趋势，找出新兴模式、新对手、新机会；同时思考如何在市场趋势中寻求扩张机会，进入空白领域。特别需要关注游戏规则的变化，如颠覆性技术、新标准、新法规和潜在可能的新进入者。

看宏观的步骤通常是：第一，收集之前进行过有效性分析的数据/信息，识别那些多个数据源都反复提及的主题；第二，对信息/数据进行总结，形成市场最重要的10~15个趋势，确保每个趋势都与正在分析研究的市场相关联；第三，在业务问题场景下对趋势进行描述，突出/合并最重要的趋势，舍去琐碎的趋势，为每个已识别的趋势提供几条支撑观点，针对每个趋势问自己"那然后呢？"，确保趋势分析在坚实的数据支撑下为细分市场识别提供足够的输入。综合整理内外部的趋势信息并归纳总结出若干个关键趋势时，除了需要对关键趋势本身进行扫描，还需要分析每个趋势对细分市场可能产生的影响，以及这些变化和影响给业务带来哪些启示。

看宏观需要回答的主要问题是：突出影响当前市场的关键趋势和预计将来趋势是什么？

2.3.1 宏观环境

通过对宏观环境的变化分析，识别其对整个市场产生的影响。宏观环境分析主要包括对国家/区域的政治、经济、社会趋势、环境、法律、发展计划及国家政策等多维度分析，判断这些因素如何影响市场。比如，房地产行业的"三条红线"规定对房地产行业的影响，新能源汽车行业的补贴政策退坡对汽车行业的影响，"双减"政策对K9教育行业的影响，国家医改政策变化对医疗行业的影响，中国人口步入老龄化趋势对各个行业的影响等。

宏观环境分析一般采用PESTEL分析法，如图2-1所示。

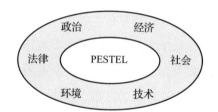

图2-1 宏观环境分析PESTEL分析法

PESTEL分析法的详细内容见表2-3。

表2-3 PESTE分析法详细介绍

序号	类别	详细描述
1	政治	是指对组织经营活动具有实际与潜在影响的政策、法律及法规；主要了解目标国家政治概况、目标国家战略、政府政策方向、国家间关系、进出口政策等，如国家面积、地区位置和环境、行政区域的划分及主要城市。重点了解国家社会环境和政党是否稳定，因为社会稳定和经济增

（续）

序号	类别	详细描述
1	政治	长是发展的基础。分析维度包括：执政党性质、政治体制、经济体制、政府的管制、税法的改变、专利数量、产业政策、投资政策、国防开支水平、政府补贴水平、反垄断法规、与重要大国关系、地区关系、对政府进行抗议活动的数量/地点及严重性、民众参与政治行为的积极性等
2	经济	是指组织外部的经济结构、产业布局、资源状况、经济发展水平以及未来的经济走势等； 主要了解该国的经济状况、财政情况、经济总量、货币政策、投资环境、汇率等，主要包含主要产业结构、GDP 增长率、人均 GDP、家庭年均收入、家庭消费结构、中小企业数量变化等。分析维度包括 GDP 及其增长率、外汇、债务、居民收入、居民消费（储蓄）倾向、利率、货币与财政政策、CPI、政府预算赤字、失业趋势、劳动生产率水平、汇率、证券市场状况、外国经济状况、进出口、大宗商品等，重点了解国家经济是否稳步增长
3	社会	是指组织所在社会的历史发展、文化传统、价值观念、教育水平以及风俗习惯、人口数量/结构变化； 主要了解人口特征、生活方式、新生代消费、社会习惯变化趋势、社会责任等，人口特征如宗教信仰、种族结构、人口总数、人口增长率、人口年龄结构、人口区域分布、人口收入分布、家庭平均人口数、文盲率、高等教育普及率。分析维度包括：人口结构比例、性别比例、人口出生率和死亡率、人口移进移出率、社会保障计划、人口寿命、生活方式、消费习惯、储蓄倾向、种族平等状况、教育、宗教信仰状况。重点了解该国的教育、医疗水平、就业率、劳动人口、城市人口发展的数据
4	技术	技术要素不仅包括那些引起革命性变化的发明，还包括与企业生产有关的新技术、新工艺、新材料的出现和发展趋势，以及应用前景； 主要了解目标国家对科技开发的投资和支持政策、关键技术、创新能力、演进趋势，该领域技术发展动态和研究投入、专利及其保护情况等
5	环境	一个组织的活动、产品或服务中能与环境发生相互作用的要素
6	法律	组织外部的法律、法规、司法状况和公民法律意识所组成的综合系统，包括监管政策； 了解相关的法律法规、资源管制、安全与质量相关管制政策

使用PESTEL分析法时不必面面俱到，对产品影响大的可以写，影响小的可以不写。比如，新能源车行业受政策影响大，则相关行业产品的项目任务书可以写政策分析专题。

中国人口老龄化带来的购物新变化

国家卫健委发布的《2020年度国家老龄化事业发展公报》显示，截至2020年11月1日零时，全国60周岁及以上老年人口26 402万人，占总人口的18.7%。与2010年相比，我国60周岁及以上老年人口增加8 637万人，占总人口的比重上升5.44%。

随着人口老龄化程度的加深和消费水平的普遍提升，老年人口的消费需求呈现多元化、多层次、品质化的特点。京东消费及产业发展研究院发布的《2021老年用户线上消费报告》（以下简称《报告》）显示，2021年前三季度适老家居的消费增长近1倍，更多银发族享受老有所"居"的生活。幸福舒适的晚年生活从品质化家居体验开始，智能家居产品对银发族至关重要。冲洗烘干一体的智能马桶、四季恒温的智能花洒、指纹或支持人脸解锁的智能锁，以及遥控伸缩的智能晾衣架等智能产品都能帮助老人更轻松便捷地享受居家时光。据《报告》统计，智能锁、智能马桶成交额同比增长超过70%，恒温花洒、智能晾衣架成交额同比增长超过50%。随着社会老龄化程度的提高，"智慧+居家养老"商品呈现热销局面。

新能源汽车2021年销量的巨大变化

2021年中国市场的前十大车企中，上汽大众和一汽大众的销量下滑最剧烈，分别下降了15.7%和7.1%（见表2-4）。大众（中国）的退步是内因与外因共同作用的结果。外因是2021年新能源车的销量突然提升，深刻改变了中国汽车市场格局。造车新势力的崛起以及科技巨头跨界造车给传统汽车企业带来巨大压力。内因则是大众（中国）面对行业新环境准备和应对不足，大众（中国）虽然也推出了ID.系列新能源车，但上市过迟，销量远低于头部车型。但这主要不是大众（中国）的问题，而是决策中心大众集团的问题。作为燃油车时代的王者，大众集团面对新能源车时代明显态度纠结，行动迟缓。

表 2-4　2021 年 1—12 月汽车厂商零售销量排行榜（国内）

序号	厂商	2021 年度	2020 年度	同比	份额
1	一汽大众	1 778 389	2 110 300	−15.7%	8.8%
2	上汽大众	1 457 111	1 568 007	−7.1%	7.2%
3	上汽通用	1 277 261	1 406 606	−9.2%	6.3%
4	吉利汽车	1 213 021	1 247 526	−2.8%	6.0%
5	东风日产	1 134 889	1 211 893	−6.4%	5.6%
6	长安汽车	1 116 033	942 100	18.5%	5.5%
7	上汽通用五菱	966 932	818 189	18.2%	4.8%
8	长城汽车	948 793	836 366	13.4%	4.7%
9	一汽丰田	846 299	787 598	7.5%	4.2%
10	广汽丰田	840 396	760 269	10.5%	4.2%

2.3.2　技术洞察

技术洞察主要是看企业产业涉及的关键技术领域、技术演进趋势有哪些变化，目标是支撑技术投资做决策支撑，因此需要从技术的多种属性进行全方位洞察，并给出技术评估建议。技术洞察一般通过高校合作、客户拜访、竞争对手信息、参会/展会、行业咨询报告等方式获取，然后基于获取的信息进行专题洞察分析，分析新技术的商业价值以及与企业已有技术的差距，为战略规划、业务计划、技术开发提供技术建议。技术洞察的四种分类技术描述如表 2-5 所示。

表2-5 技术洞察的类型及描述

序号	类型	技术描述
1	战略前沿技术，新兴技术	面向企业战略新兴产业目标的高技术领域，具有战略性、前瞻性、先导性、探索性、高度不确定性等特性。其中，战略性是指技术和战略之间的关系
2	高端颠覆性技术	跨界技术和高规格性能、功能从高端边缘市场切入，最终取代已有技术
3	持续性技术，突破性技术	领域内的主流技术演进，具有延续性和确定性的特征。其中，延续性是指现有技术渐进式、增量式的改进，确定性是指发展需求和管理相对明确，如3G、4G、5G等
4	低端颠覆性技术	领域内主流技术演进延长线内的技术演进，具有替代性、不确定性、隐蔽性。其中，替代性是指对当前市场主流技术的替代。不确定性是指能否成功替代主流技术不确定。隐蔽性是指以简单、方便、便宜为初始阶段特征从低端或边缘市场切入，随着性能与功能的不断改进与完善，最终取代已有技术

高德纳（Gartner）公司自1995年起每年推出技术成熟度曲线，它描述了创新的典型发展过程，其中，成熟度曲线的横轴为"时间"，表示一项技术将随时间的推移经历各个阶段，纵轴是"预期"。成熟度曲线展示新兴技术会经历五个关键阶段：技术触发期、期望膨胀期、泡沫幻灭期、启蒙爬升期和高原期，每期的内容介绍如表2-6所示。自此之后，高德纳公司便一直用它来观察预测各种新技术被企业接受、落地的成熟度。每年高德纳公司都会针对不同的行业和技术领域更新其技术成熟度曲线。

表2-6 高德纳公司新兴技术的五阶段内容介绍

序号	阶段	内容
1	技术触发期	技术刚刚诞生，还只是一个概念，不具有可用性，无法评估商业潜力； 媒体有所报道，引起了外界的兴趣
2	期望膨胀期	技术逐步成型，一些激进的公司开始跟进； 媒体开始大肆报道，产品的知名度达到高峰

（续）

序号	阶段	内容
3	泡沫幻灭期	技术的局限和缺点逐步暴露，人们对它的兴趣开始减弱；大部分公司被市场淘汰或失败，只有那些找到早期用户的公司艰难存活，媒体报道逐步减少
4	启蒙爬升期	优缺点越来越明显，细节逐渐清晰，越来越多的人开始理解它；基于它的第二代和第三代产品出现，更多的企业开始尝试，可复制的成功使用模式出现
5	高原期	经过不断发展，技术标准有了清晰的定义，使用起来愈发方便好用，市场占有率越来越高，进入稳定应用阶段；业界有了公认的一致的评价

 高德纳公司发布 2018 年新兴技术成熟度曲线

高德纳公司发布的 2018 年新兴技术成熟度曲线如图 2-2 所示。

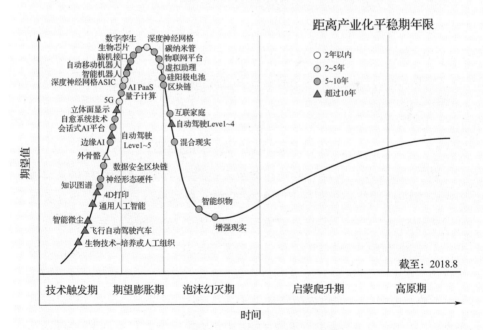

图 2-2　2018 年新兴技术成熟度曲线

技术洞察需要特别关注突破性的新技术。要发现突破性的技术，需要在混沌中看到机会。混沌意味着行业间的界限模糊，而牛人能从中看到机会。比如美团的王兴，在10年前就看到了团购的机会。比如在移动支付刚普及，人们对移动支付的价值还不太清楚的时候，摩拜单车就做了共享单车。又如骨传导技术，什么叫骨传导技术？把耳机戴在人的耳朵边上，它与人的肌肉和骨头就有了接触，人一捏耳机就能通过骨密度传导实现配对，不用密码，非常方便。如果企业只是看着当下，不做远期投入，很难形成大的技术面优势。技术发展有自己的规律，从萌芽期、成长期、成熟期到幻灭期，如果一步没有跟上就可能被淘汰。企业要搞清楚自己的产品所在市场、业务板块中的技术高地在哪里，关注所在市场的技术发展趋势。

值得注意的是，技术洞察过程中容易出现以下问题：

- 就事论事，没有深入理解事情背后的原因；
- 仅仅是罗列信息，缺乏对未来的判断和自己的观点；
- 没有从商业视角用系统性思维去看，看到单个潜在机会点也不知道有什么价值；
- 只看见局部，没有看到全局，推导出的结论不正确。

TCL收购法国汤姆逊公司的故事

2003年11月4日，TCL集团和法国汤姆逊公司正式签署协议重组其彩电和影碟机业务，合资公司被命名为TCL汤姆逊公司。TCL为什么收购汤姆逊彩电业务？这家公司可以说是彩电行业的鼻祖。汤姆逊公司曾是欧盟对中国电视公司提起反倾销诉讼的幕后主谋之一。在当时看来，收购法国汤姆逊彩电业务是TCL集团进行国际化运作的重要战略转折点，TCL希望可以通过这个海外强势品牌提高TCL集团的知名度，同时能获得彩电业务的核心技术。通过并购帮助TCL形成规模经济，TCL集团的彩电业务在国内市场的强势地位能在连锁效益下为集团带来丰厚的回报，正好能弥补因收购汤姆逊彩电业务而暂时出现的巨额亏损。但计划赶不上变化，就在 TCL 宣布收购汤姆逊彩电业务没过多久，产业趋势发生了巨大变化，其收购的汤姆逊彩电部门所掌握的核心技术——CRT 电视在液晶和等离子平板电视的进攻下，市场份额急速下降。汤姆逊公司享有大量的 CRT 技术专利红利，所以不愿意投资开发液晶平板电视，而 TCL 没有及时调整战略方向，结果错失了抢占液晶和等离子平板电视市场的先机。

并购汤姆逊最大的动力来自成为全球第一彩电生产商的愿望，李东生可能认为这是一个千载难逢的、变得更强大的机会，担心这个机会永远不会再来，所以在仅仅接触了四个月之后就决定收购汤姆逊。李东生后来回忆说："我经历了人生中最艰难的日子。做了十几年的生意，一直在盈利，突然亏了。跨境收购后原本预计 18 个月内不会实现亏损。面对员工、投资人、同行和政府，我感到非常愧疚和尴尬，情绪甚至失控。"

顺便说一下，日本松下公司坚持"等离子"平板电视路线也是技术趋势领域的失败案例之一。

案例　石头科技的 LDS 技术导航技术改变"扫地机器人"行业

北京石头世纪科技股份有限公司（以下简称"石头科技"）是一家专注于技术创新的智能硬件厂商，成立于 2014 年 7 月，同年 9 月获得小米投资，成为小米生态链企业。石头科技于 2020 年 2 月在上海交易所科创板上市。自成立以来，石头科技推出了自有品牌产品"石头智能扫地机器人""石头自清洁扫拖机器人""小瓦智能扫地机器人""石头无线手持吸尘器"和"石头智能双刷洗地机"，还为小米研发生产了米家扫地机器人、米家扫地机器人 1S 和米家手持无线吸尘器等产品。

2016 年石头科技将自研的 LDS 激光雷达技术大规模应用于扫地机器人产品，成为国际上将激光雷达技术及相关算法大规模应用于智能扫地机器人领域的领先企业。大规模量产 LDS 模组改变了行业发展方向，改变了之前扫地机器人行业"随机式"的扫地方式，大幅度提高了扫地效率。直接推动了扫地机器人产品的广泛普及，在业内具有里程碑意义，推动了该行业的技术进步。另外，石头科技还是首家实现高精地图实时显示的扫地机器人公司，其产品的销量仅用时16个月就达到百万台，是全球最快达到百万台销量的扫地机器人品牌。

2.4 看市场

2.4.1 市场细分

在很多人的眼中，市场要么是一个巨大的蛋糕，不知道该怎么吃；要么就是铁板一块，没法吃。要把蛋糕切小或在铁板上打个洞，就需要通过细分市场来分析。特别是市场环境从普遍销售到向个性化销售转换时需要做市场细分，从而找出新的目标市场和新的机会点。前文中提到，现在大多数行业已经走入存量市场，市场细分显得尤为重要。只要市场细分做得好，就有活下来的空间。

所谓市场细分，就是根据客户（消费者）之间需求的差异性，按照不同的市场标准（如客户对产品的需求、偏好、购买动机、购买行为、购买力等方面的差异），将一个大的同质化的市场（可以是人，也可以是企业）分解为清晰的、可识别的、拥有类似特点或拥有相同诉求的各个细分市场的过程，从而确定企业的目标市场的经营活动过程。市场细分目标是一细分一策略，使得细分市场更容易形成突破。市场细分可以被翻译成 Market Segmentation，强调的是切分市场这一动作。细分市场并不是凭空创造出来的，每一个细分市场天然就存在，所谓"对某一市场进行细分"这一活动，实际上是识别和描述这些实际就存在的细分市场。

做细分市场分析时一定要做细消费者的需求分析。比如丰田汽车，从高端到中低端有雷克萨斯、陆地巡洋舰、普拉多、皇冠、卡罗拉等一系列品牌，同系列的车其实都是一个底座、一个底盘、一个发动机，只是功率参数调一调，成本其实比较低。陆地巡洋舰和普拉多之间的差异就是几个参数的差异，这是丰田做细分市场的逻辑。丰田觉得这些创新还不够，在高端市场做了雷克萨斯，雷克萨斯又分为很多系列，这就是丰田对细分市场客户的再细分。

市场细分是市场定位的基础，市场环境要求以合适的价格为细分用户群提供产品与服务。细分市场主要从 5 个方面考虑：独特性、该细分市场是否有成本优势、客户目前的满意度、产品的重要性、细分市场能否达到一定的规模。做市场细分时还需关注市场格局差距和竞争激烈程度，格局差距分析维度包括与对手的差距、行业格局差距、国家格局差距、客户格局差距、解决方案格局差距；使用市场份额找出业绩差异和需进一步调查的领域，查看公司的市场份额与市场相比如何；找出潜在增长机会，包括新兴技术、颠覆性技术、区域扩张、新客户、邻近市场等；对细分市场竞争激烈程度给出明确判断。做市场细分时不仅要匹配场景方向，识别最具行业特征的产业场景，支撑行业细分，要深入洞察未来 2~3 年该细分行业的场景演进，还要对趋势有明确的预判，能从外到内的视角形成市场细分和公司市场策略的牵引。统计各细分市场的绝对规模和增长率，形成细分市场（如国家、产品领域、行业或客户大小）的综合观点，包括公司和对手的绩效视图、市场趋势、增长机会等。提供细分市场定性定量的观点，支持战略决策及投资决策。选择哪个市场作为切入点，会让公司的产品规划和开发有巨大差异。比如传音手机锁定非洲市场，所以产品研发偏向拍照效果好、待机时间超长、双卡双待甚至是四卡四待等特性。据统计，传音手机在非洲市场占有率曾经达到 85%，说明传音的细分市场定位策略获得了巨大的成功。

当然也要注意市场细分并非越细越好，更细的切分意味着更高的管理成本。每个细分市场都要制订单独的市场策略，都需要单独管理。不能说一个区域只有这个需求，我们就弄个细分市场。

部分市场细分方法介绍

1. To B 市场四分法

市场细分可以从产品、区域、行业、客户 4 个维度进行自由选择（见图 2-3）：

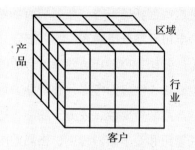

图 2-3　To B 市场四分法

- 产品维度：细分到 PDT；
- 客户维度：一般划分为大型、中型、小型等，或者按企业人数 1~99 人/100~999 人/1000 人以上来划分；
- 行业维度：25 类大的行业，如金融、交通、工业、分销、医疗、教育等；
- 区域维度：欧、美、日等成熟市场，中东、拉美、东南亚等成长市场。

2. 消费者地图

按收入、年龄、性别可以划分为 12 类人群（见图 2-4）。这里最典型的案例是华为手机用户从 2018 年到 2019 年的一个巨大变化过程。在 2018 年之前华为手机主要客户群体被戏称为"中年老男人"。后来，华为针对女性客户市场乃至女性客户细分市场推出产品，逐渐在 2019 年之后占领了女性市场。

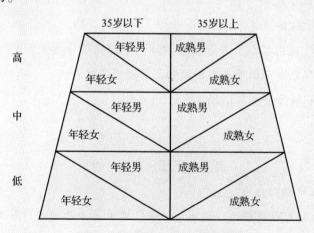

图 2-4　消费者 12 类人群地图

中国手机市场用户分类分析

在中国市场，超值实用型和时尚潮流型用户是目前市场比重最大的两个群体，个性诉求型用户占比也较大（见图 2-5）。

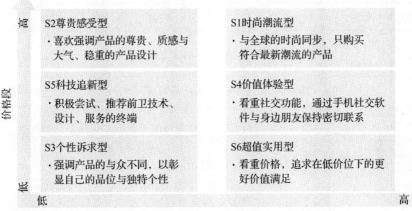

图 2-5 中国手机市场用户分类

 华为早期手机细分市场与产品组合示例

华为早期手机细分市场与产品组合示例如图 2-6 所示。

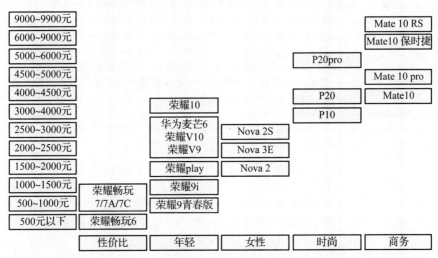

图 2-6 华为早期手机细分市场与产品组合示例

游戏手机细分市场的发展历程

游戏手机细分市场的发展历程如表 2-7 所示。

表 2-7 游戏手机细分市场的发展历程

序号	年份	内容
1	2017 年以前	大厂尝鲜期，大牌厂商创新尝试游戏手机细分市场，数量极少
2	2017 年	2017 年智能手机行业在经过多年的连续增长后，整体销量开始下滑，而这一年却是游戏手机的市场形成期。在手游 "PC 化"，促使厂商推出游戏性更强的手机的大背景下，游戏手机厂商用差异化的卖点和更好的游戏体验来挖掘一块细分市场。2017 年 11 月，知名游戏周边公司雷蛇发布了旗下首款手机，正式构建了 "游戏手机" 的概念。作为智能手机中的一个细分品类，游戏手机的特点就是专门为游戏场景做了一系列优化，如高刷新率屏幕、实体游戏按键、更强的散热装置以及软件层面的专属优化等
3	2018 年	市场成长期，爆款游戏推动专业游戏手机进一步发展。2018 年 4—6 月，专业游戏手机扎堆发布。2018 年 4 月努比亚推出了红魔游戏手机，同年 9 月华硕发布了 ROG 游戏手机
4	2019 年	市场沉淀期，随着手机用户需求的细分化，专业游戏手机不断更新版本，细分市场逐渐形成。IDC 数据显示，2019 年游戏手机销量同比增长 50%，达到 160 万台，其中黑鲨公司拿下了游戏手机市场份额的一半
5	2020 年	迈入 5G 时代，2020 年 3—4 月专业游戏手机厂商相继发布 5G 版手机。但也是从这一年开始，游戏手机的销量增长陷入了停滞
6	2022 年	游戏手机长时间没有上量，全中国游戏手机市场容量在 160 万～170 万台，却有很多个玩家（厂商），行业进入洗牌期，其主要原因是随着芯片和散热技术的进步，普通旗舰手机在运行高负载大型游戏时已经可以提供出色的体验。至于高刷、增强散热、软件优化等游戏手机专属的特性，在激烈的市场竞争下早已是普通旗舰手机甚至中端产品的标配。游戏手机曾经的稀缺性卖点，如今泯然于众，对游戏用户无法形成吸引力

长城欧拉汽车主打女性用户细分市场

欧拉品牌隶属于长城汽车，是中国主流自主汽车企业中第一个独立的新能源汽车品牌。在中国汽车企业中，长城汽车率先将新能源汽车业务进行品牌化管理，推出独立的新能源品牌。长城汽车于2018年8月20日正式发布欧拉品牌。欧拉定位"更爱女人"的汽车品牌，致力于建立行业对待女性用户的正确价值观。欧拉品牌旗下产品包括欧拉iQ、欧拉白猫、欧拉黑猫、欧拉好猫等。首款车型欧拉iQ于2018年第二十一届成都国际汽车展览会上正式上市，同年12月26日，主打C端消费市场的欧拉黑猫上市，高配版可实现351km综合续航，一次充电可满足用户3~5天的出行需求，出行成本低至百公里十元钱。欧拉白猫短前后悬，拥有2490mm的超长轴距，后排空间大，可作为A00级标杆车型。

欧拉系列产品拥有高颜值、大空间、高品质、更安全、更智能五大产品亮点，轻量化设计赋予产品长续航、电耗低的特性，让消费者在用车过程中时刻感受驾驶乐趣、智能驾驶体验和全方位的安全守护。

 中国移动高价值客户案例

中国移动有一个关键绩效指标（Key Performance Indicator，KPI）叫作高价值用户流失率，是指月消费在450元以上的用户流失情况占比。如果这些用户流向竞争对手，一把手直接下岗。这是一个市场细分的经典案例，就是分析自己的优势、劣势和目标客户，其中最优质的客户是高价值目标客户群。

2.4.2 市场空间

找到细分市场后需要进行进一步的细化，来解决"是什么"（What）和"如何做"（How）的问题，主要从市场空间、区域、价值主张是否对客户商业成功有帮助、竞争对手等几个方面展开分析。其中，市场空间表示蛋糕有多大，我们能参与多少。首先，通过对全球宏观市场进行扫描，识别关键问题、整体空间（TAM）、可参与空间（SAM）、目标空间（TM），确定市场容量。要从多渠道验证这些数据的准确性。然后，基于业务需求关注细分市场（产品）空间和增速估算出市场空间，细分出不同的产品空间，如国家空间、行业空间、客户类型空间、解决方案场景空间、产品档次空间、关注细分市场（产品）空间和增速，进一步支撑市场细分。

市场空间是评估市场销售的大小和持久性的前提，最基本的要求是细分市场至少能够保证公司获得基本的利润。市场空间中整体空间、可参与空间、目标市场和销售收入之间的关系如图2-7所示。

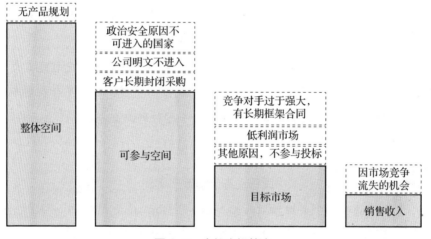

图 2-7 市场空间简介

MBA 教培行业的市场空间

如果你想干一番事业，就要选择一个市场空间足够大的行业，否则会遇到很多瓶颈。有个朋友毕业后跑到北京考研，连续考了三年都没考上，后来决定办一个考研培训班。当时市场竞争太激烈，做考研很难，他就专做 MBA 的考前辅导。那时 MBA 培训刚刚兴起，他从家里拿了三万元和别人一起创业。现在这家公司做到了行业第一，但每年的利润只有一两百万元。当然这个收入比一般的工作要高，但公司要找风险投资继续壮大就很困难。因为投资人会说，他已经是行业第一了，再投给他还有什么回报的空间？归根结底，是当初他选择的行业市场空间太小了。

很多人创业时是看其他人赚钱就去做，后来却发现市场没有那么大。所以创业之前，建议要验证这个行业的市场价值和增长假设。

2.4.3 产业链/价值链分析

产业链/价值链分析是市场分析的核心内容之一，在新市场、新产业、新产品中尤为重要。产业链/价值链分析的目的是确定市场的参与者、优劣势、定位、价值流向、正在发生的变化，预测最终可能的结果。

产业链/价值链分析是指通过对公司产品领域所在产业链的各个层面（包括业界、区域市场、竞争对手、解决方案、关键技术/核心器件、自身等）的现状和变化进行分析，分析产业的关键活动及主要环节形成产业链图，识别产业成功和建立行业壁垒的关键成功因素，评估产业链各环节的商业变化趋势、发展趋势及价值空间，洞察在产业链上的关键控制点和潜在风险，找出产业链/价值链上的关键资源。关键资源是厂商掌控产业链关键点或具备重要影响力的必备内容，如技术、算法、资金等。在进行产业链/价值链分析时，要对使用关键资源控制产业环节的厂家进行分类和描述，基于公司自身产品解决方案的核心竞争力，结合公司产业所处价值链各环节的竞争情况和优劣势，评审建议公司产业所处的价值链选择策略，识别重点发力的产品/解决方案商业场景与盈利控制点，同时建立和完善该产品/解决方案的关键能力与构建建议（如合作伙伴的选择）。一个企业只有明确了自己的活动范围，才能让朋友更多，敌人更少，比如腾讯投资放弃主导权的战略就是其中典型的例子。

产业链/价值链图主要是确定参与者、定位、关系、价值传递链条，分析步骤如下：

- 将参与者按不同身份进行归类并列出所有的最终用户，包括企业、家庭及个人，然后识别这些参与者的意图和主要诉求；
- 描述本领域的产业链现状并绘出传统的利益链条，描述其中存在的问题；

- 分析关键竞争对手在产业链上采取的动作，包括联盟、市场、解决方案、业务策略、关键供应、核心器件以及关键技术等方面；
- 分析本领域产业链发生的重大变化和产业链发展趋势，包括产业联盟、投资并购、关键技术演进、标准发展等，识别变化的引领者，基于新的变化绘制出新的价值链条，对参与者进行重新定位；
- 分析关键供应商变化给公司带来的机会和风险。

识别产业链/价值链后，继续分析产业链长板。产业链长板分析的步骤如下：

- 分析客户未来需求及对于整个生态链的要求；
- 分析产业链公司已有的优势和产业积累，现有能力及需补充能力；
- 分析产业链公司对于该领域的诉求是什么，在生态链的定位如何能够支撑各公司对该领域的要求；
- 分析产业链所有公司都有什么长板和短板；
- 分析公司的定位，应该和谁合作，和谁竞争，与哪些公司构建技术合作？

案例 美国汽车工业的产业链/价值链示例

图2-8为美国汽车工业的产业链/价值链示例。

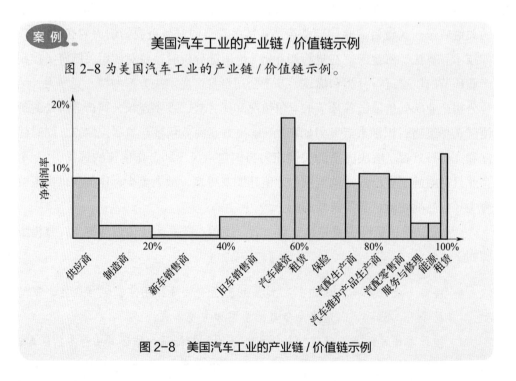

图2-8 美国汽车工业的产业链/价值链示例

> **案例** 电信设备的产业链/价值链示例
>
> 图 2-9 为电信设备的产业链/价值链示例。

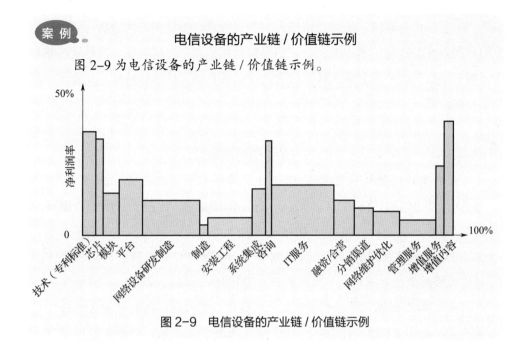

图 2-9 电信设备的产业链/价值链示例

2.4.4 产业链价值趋势转移

市场洞察是战略和行动的前提，而研究产业链价值转移趋势是市场洞察的起点，价值转移意味着战略必须是动态的。识别价值链上当前各个参与者及其典型代表的同时要关注产业链价值转移，主动去看目前市场正在发生什么样的变化，识别影响，顺势而为；总结价值链的变化情况，评估价值链上各环节的收益率和利润转移趋势，洞察和归纳价值链上战略控制环节，即价值链上哪些业务活动是具有独特的竞争优势的领域，并分析新的变化给价值链中其他参与者带来的影响以及整个价值转移，以及变化后各主要参与者的定位变化和发展策略，给出产业链的价值分布和产业参与者价值移动趋向，总结价值链变化给公司业务的启示，描述清楚公司当前的位置以及价值链上公司的战略控制环节，支撑公司的商业场景选择。研究产业链价值转移趋势就是要把握产业大势，通过对行业、客户需求变化以及客户在商业方面变化的分析，识别对整个市场未来的影响。

简单总结就是每个行业随着时间的推移，它最赚钱的地方会迁移。市场洞察就是要识别价值链中正在发生或将会发生的变化，明白市场正在发生什么，以及这些变化对公司来说意味着什么。比如，苹果手机的诞生改变了手机行业，还由此产生了移动互联网。如果公司作为一个经营者，能够前瞻性地估计到这个行业的利润点将会迁移到哪里去，公司能提前在那里雇人、搭帐篷、建基地、修厂房，那三年后公司一定会赚大钱，因为公司提前看到了价值的转移，只要这个预测是对的，就一定会成功。

PC 行业的价值转移案例

最典型的价值转移发生在 PC 行业，即个人计算机行业。20 世纪 80 年代初，全世界只有两种计算机：一个叫作 IBM PC 机；另一种叫作 IBM 的兼容 PC 机。所以，80 年代 IBM 是最伟大的公司，因为它当时牢牢地抓住了 PC 机的硬件销售利润，但是到了 90 年代，PC 行业的利润就从硬件领域迁移到了软件领域，当时微软推出 Windows 以后，Windows 的销售基本上是无本之生意。因为软件一旦开发出来，它的利润值就只和它的销售量有关。到了 21 世纪前 20 年，PC 行业又发生了变化，利润迁移到了谷歌、脸书、亚马逊、腾讯等这些公司。再到近几年，短视频和 ChatGPT 的爆火又会引起新一轮的价值转移。

身边跨行业价值转移小案例

1. 方便面行业这几年销量急剧下滑，不是因为方便面行业本身的问题，而是美团和饿了么等外卖平台的生意蚕食了方便面的销量；

2. 以前大街小巷都能看到的修理自行车的店铺现在很少见到了，原因是现在到处都是共享单车。

2.5 看竞争

2.5.1 解读竞争对手

解读竞争对手是指对整体市场的竞争格局进行分析，列出与公司相关产品和解决方案有关的所有竞争对手和潜在竞争对手；关注本领域主要竞争对手的活动和动向，不断夯实对主要竞争对手的核心竞争优势、资源投入、动向等方面的分析，及时了解主要竞争对手在做什么，及时洞察细分市场的竞争对手变化。企业通过对竞争对手在战略、组织、生态、财务、营销、产品、标准、预研等多个维度进行扫描，全方位分析每个竞争对手的战略发展策略、战略意图、在本市场的当前状态、市场行为、市场份额、组织运作变化、产品和解决方案组合与规划、产品形态及规格、产品战略控制点、财务状况、竞争策略、营销策略、销售策略、渠道伙伴数量/情况、区域市场策略、研究创新新动向，研判竞争对手未来的产品走向和投资重点，总结提炼出竞争对手的优劣势和竞争分析得出的主要的关键发现，预测竞争对手未来推出的产品组合，评估主要竞争对手战略、产品组合竞争力、潜在威胁，预判对手动向，实施打击措施。

除此之外，企业对本领域潜在竞争对手的关键技术、资源投入、动向等方面也要进行分析，评估其商业模式颠覆性革新的可能性。

在进行竞争对手分析时，一般可以参考两个维度：一是基于细分市场整体或基于子细分市场给出各个竞争对手的策略分析；二是基于区域给出竞争对手的策略分析。分析完成后给出对公司业务的建议，做到知己知彼，知道竞争对手强在哪里、弱在哪里，自身强在哪里、弱在哪里，竞争对手是怎么做的，客户现在想要什么，客户未来想要什么，对这些信息大致了解后，我们才知道自己应该怎么定位。相比竞争对手，我们能为客户提供什么样的独特收益。同时基于关键发现给出相应的洞察建议，支撑业务部门制订更有针对性的竞争策略，将分析结论体现到产品和解决方案路标规划中，以保证产品和解决方案规划具有竞争力，特别是差异化竞争力。

很多时候，公司的产品规划并不只是看自己，更多可能来自竞争对手的触发。例如，我们最主要的竞争对手把大量资源投入某一产业，那么我们在制订产品规划时就要与其形成差异化竞争，避实就虚。所以，看行业就是看公司所处的整个行业内有什么样的变动，看竞争就是看竞争对手把兵力布置在什么样的地方，在做什么样的事情，他可能的意图是什么，把这些信息都收集起来，在适当的时候与资深人士讨论我们的竞争策略。洞察行业发展，要关注行业标杆，对标领先型竞争对手，分析其持续领先的基因，如创新、生态、产业布局，结合公司实际情况给出合理的建议和借鉴（如边学边打）。针对压制竞争性竞争对手，分析其公司战略、产品、渠道、营销、供应链等维度的优劣势及如何打败他们。比如小米对真我（realme）就非常重视，真我两年时间做到出货4 500万台，成为全球增长最快的智能手机品牌。真我号称用小米最熟悉的方式击败小米，让小米觉得简直不可想象，但是真我做到了。

市场竞争非常残酷，如果你要赢对方就要了解对方的方方面面，否则可能结局就是你很受伤，现实就这么残酷。就像两个运动员同样都很有天赋，一个很自律，天天锻炼，另一个不锻炼，最后形成的差距就是一个拿冠军，另一个被淘汰。

竞争对手的整体描述包括但不限于以下几个方面：

- 分析竞争对手的市场动作：以区域或市场类型维度分析市场攻防的规律，打开重点项目竞争对手的投标组合，结合战略意图判断对手的组合策略。以区域或者市场类型维度分析竞争对手业务目标变化、业务中心与投资方向变化、战略变化，分析市场攻防的规律。
- 识别竞争格局的演进和竞争策略，预判竞争态势变化，竞争对手的核心竞争力有哪些，差异化策略和价值主张是什么，他们的优劣势是什么，他们与谁合作，为什么他们能够赢过或输给我们？
- 分析竞争对手的商业模式/盈利/定价模式：分析竞争对手主要卖什么（软件、硬件、集成服务等），识别竞争对手的主要销售场景、产品或解决方案组合，对竞争对手对于客户和市场特征需求的满足程度和产品组合竞争力进行评估；对竞争对手的竞争力关键特性进行评估（包括平台、路标规划等），识别竞争对手产品和解决方案如何满足客户价值，竞争力或战略控制点体现在哪里？对竞争对手的成本情况进行评估，关键的盈利点和控制点是什么？相比以前产品和定价出现了什么变化，定价依据是什么，各块占比分别为多少。识别其长期盈利构筑核心点与变化趋势，如何保证其长期的收益？分析竞争对手的研发策略，对竞争对手的新技术应用情况和宣传亮点进行评估，判断其新技术是自研还是通过贴牌生产（OEM）或者收购得到的；考虑竞争形势的动态变化，给出竞争对手未来3~5年可能变化的预测，如竞争对手可能推出的新产品、新成本结构、新技术等。

- 通过与公司产品组合的竞争力对比，给出公司不满足的特性，推导出有竞争力的需求。找出与标杆企业的差距，评估结论尽量客观中立，并听取客户或第三方的声音。
- 针对竞争对手的关键事件进行"警报"式分析，简述竞争对手现在的情况或当期竞争对手盈利结果。

2.5.2 竞争对手 10 维度分析

对竞争对手进行整体扫描，构建竞争沙盘，从以下 10 个维度进行扫描和分析，如表 2-8 所示。

表 2-8 竞争对手 10 维度分析

序号	主题	内容
1	公司概况	成立时间，业务范围，公司地址，员工数量； 客户数量，世界 500 强占比，典型大客户； 何时上市，何时退市，募资行为，资本运作，合并，收购，卖出，投资，收购发生的时间和金额，收购目的，收购整合的方式和结果； 最近公告，高层发言，品牌动作
2	公司战略	当前的愿景、战略和价值主张； 近几年战略变化，业务布局，战略意图； 营销战略，产品/服务战略
3	经营状况，财务情况	收入：近几年/季度总收入变化情况，最近一年收入分业务、产品、区域情况，收入和盈利来源； 费用：近几年/季度销售费用、销管费用、研发费用率变化情况； 利润：近几年/季度运营利润、息税折旧摊销前利润、净利润； 上市公司的资本市场表现：股票价格、市值、评级等
4	组织设计	组织结构变化； 总人力数量，人力分年龄/组织情况，人力变化； 全球研发中心布局，研发人员数量，能力布局； 人力资源政策：职业发展、薪酬、福利、股票及期权、绩效考核、考勤、工作氛围等
5	营销	品牌和形象，市场定位，营销目标

（续）

序号	主题	内容
6	产品竞争力	市场空间：市场空间和增长速度，市场来自哪里，替代什么产品； 市场趋势：产品在整个产业中的发展趋势，处于孵化期、成长期、成熟期还是衰退期？产业内厂商的并购情况，厂商的进入和退出情况； 市场风险：替代品、现有竞争者、潜在进入者； 产品组合：主要产品组合概览、路标、关键能力和解决方案、单个产品描述（关键技术、价值特性、核心规格、产品定位、长期盈利构筑核心点，产品版本、硬件形态、容量、合作伙伴及其产品型号）、产品在市场上的竞争差异化、产品面临的市场风险、技术发展趋势； 产品竞争格局：竞争格局，市场份额近年变化情况，细化到具体产品的市场表现，主要竞争对手在此类产品中的策略和表现，替代者的市场进展，代表厂商的表现等。解决方案或者产品形态及规格的横向对比，识别敌有我无、敌强我弱的解决方案或产品，供组合分析参考。是否补充新的产品，或者在对象清单中标识竞争处于弱势的对象，作为组合分析的参考； 商业模式分析：商业模式/盈利/定价模式，靠产品还是服务盈利？目标受众是谁？定价结构、交易方式和盈利策略，特别是新进入竞争对手的新商业模式，以及互联网模式的交易习惯等； 同类产品关键价值特性和规格指标详细对比分析，包括发展史、产品照片、市场定位、硬件规格、软件特性、价格、购买便利性、功能、性能、可服务性、可测试性、可制造/可供货性、资料、品牌形象、售前售后服务等，还有产品平台的演进，判断未来的竞争力制高点； 未来方向：短期事件、预计动向、对公司的影响
7	上市（GTM）	客户、区域、行业细分和覆盖、拓展路径； 行业市场的选择； 产品的激励政策； 渠道策略、渠道层级划分、渠道名单、渠道拓展计划
8	参与生态环境	全球的战略联盟和合作伙伴价值网； 合资公司； 技术生态：开源、开发者、高校建设等
9	客户数据	客户列表和档案； 市场份额
10	弱点	SWOT 分析； 关键依赖； 公司形成优势的方式； 公司及伙伴可重复的销售机会

2.5.3 颠覆性力量分析

颠覆性力量分析是指通过波特五力模型从五个维度（既有同业竞争对手、新进入者、替代者、买方、供方）识别主要典型企业代表，持续扫描和跟进新的商业或技术变化，总结出这些企业可能存在的颠覆性力量以及带来的潜在影响或威胁，并根据影响给出建议，形成行动计划。

颠覆性力量包括颠覆原有市场和开创新市场。颠覆原有市场主要是游戏规则发生变化，如颠覆性技术、新标准、新法规和潜在可能新进入者，潜在竞争对手的颠覆性商业模式革新、技术等。针对短期内在市场格局上对自身威胁不大的公司或技术，但其技术或者商业模式对产业很可能是颠覆式的影响，企业在技术演进上需要考虑对这类技术是吸取还是压制。开创新市场则是指企业以颠覆性战略开辟一个全新的领地。举一个典型的例子，苹果公司的 iPhone 产品以优秀的工业设计与全新的交互逻辑，开创了智能手机时代。洞察可能的颠覆性技术创新之后，在战略规划、产品规划（技术趋势分析、产品组合排序等活动）等后续环节中会使用（见图 2-10）。

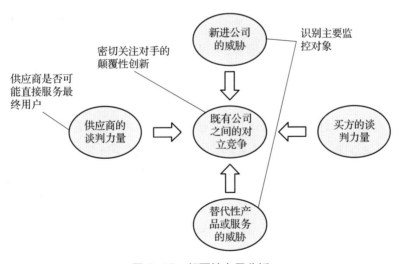

图 2-10　颠覆性力量分析

Space X 低轨卫星项目具备颠覆已有电信行业的潜质

- 10 倍的成本优势让卫星通信第一次和固网宽带商业可比，20~30ms 超低时延优势让卫星通信第一次和固网宽带体验可比；
- 引入互联网企业"扁平化"管理模式，通过协作设计和软件设计流程让产品进行快速迭代；
- 稀疏矩阵决策法则：不要等到 100%，有 51% 的信息量就可以做出决定了，给新人机会去经历一个完整的低成本和低风险的项目决策过程，鼓励新人更多地创新和大胆决策；
- 大量运用互联网查找信息，利用一切资源在 1~2 周开发出技术验证机；
- 像软件上市一样，不一定要做完才上市，到一定程度就试一下。

2.6 看客户

2.6.1 客户细分

对公司所有客户进行客户细分，可从经济价值（收入和利润贡献）、产品牵引、未来机会、管理改进、品牌贡献、快速响应、产品差异性创新、低成本、高质量等角度将客户细分为战略客户、核心价值客户、一般价值客户等几个级别，按年度进行刷新。针对每个细分市场可进一步通过两个维度进行客户细分，一个是给公司带来的收入，一个是未来的机会收入，识别关键客户并制订客户拓展策略和营销策略，支撑客户关系的维护。

客户分解级别参考

客户分解级别参考见图 2-11。

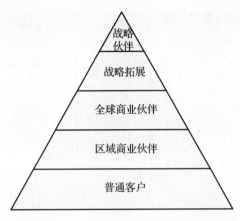

图 2-11 客户分解级别参考

另外一种客户细分及价值分析模型如图 2-12 所示,结合过去和未来一定年限的时间相对量化地把公司客户分为核心类、投资类、检测类、获取类、空白类五类,针对不同细分客户确定差异化的营销策略,如表 2-9 所示。

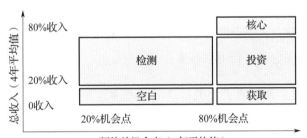

图 2-12 客户细分及价值分析模型

表 2-9 差异化的客户营销策略

细分	定性	价值/行为	响应	达成
核心类客户	贡献前 80% 销售收入的所有公司	高机会/高收入	高客户关系	点对点直接销售覆盖,维持和发展客户
投资类客户	贡献后 20% 销售收入,并在销售机会点中占据前 80% 的所有公司	高机会/有限的收入	混合型的客户关系	直接销售,将这些客户发展成大客户

（续）

细分	定性	价值/行为	响应	达成
检测类客户	贡献后20%销售收入，并且在销售机会点中只占后20%的所有公司	有机会/低收入	有限的客户关系	没有直接覆盖的资源，有识别的机会点就响应
获取类客户	没有贡献销售收入，并且在销售机会点中占据前80%的所有公司	包含上面所有类型，且员工数较少的企业	有限的客户关系	业务合作伙伴主导
空白类客户	没有贡献销售收入，并且在销售机会点中只占后20%的所有公司	低机会/低收入	有限的客户关系	业务合作伙伴主导

2.6.2 客户行为分析

客户行为分析主要是理解客户行为，基于对历史交易数据的分析了解如何与之互动，包括客户采购行为、交易行为、购买行为，如买什么、在哪里买、怎么买、购买动力/阻力、支出潜力、钱包份额、交易习惯和购买倾向、客户采购特征、客户购买倾向分析（针对新技术）等。

- 采购习惯：描述客户在采购决策过程中优先考虑哪些因素，包括但不限于价格低廉、技术优势、份额领先等；
- 交易习惯：描述客户在该领域和供应商交易过程中惯用或可能采用的交易模式；
- 购买倾向：描述哪些客户可能更倾向购买本产品或解决方案，不同的业务需求需要从不同的视角去识别。比如，需要从客户对新技术的接受程度进行分析，描述其融入新技术业务的接受度。

基于客户历史交易记录分析客户采购行为中决定性因素的权重，根据客户的采购偏好确定营销策略和投入。要特别注意的是，产品的"软能力特性"可以构成客户采购设备的决定因素的60%~80%，如图2-13所示。

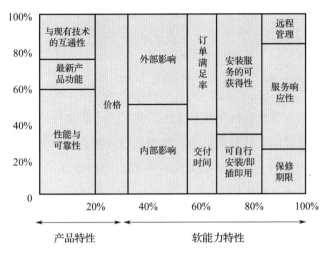

图 2-13 客户采购"软能力特性"分析

在进行客户采购"软能力特性"分析时,我们要思考我们的产品如何满足客户痛点,如何让客户看到我们给他们带来的价值,确定客户尚未满足的潜在需求与支出计划;识别客户对新兴技术或市场的接受度,按照市场节奏选择对口客户,在不同阶段提供不同的营销策略和手段。客户战略与痛点分析完成后,按照细分市场进行归纳汇总,需要描述细分市场内有哪些典型客户,细分市场内客户面临的主要趋势、挑战和主要战略意图是什么,然后给出细分市场内的痛点描述和根因分析,最后给出相应的线索和机会点建议。

客户行为分析的具体说明如下:

- 典型客户:细分市场内的主要客户/关键客户,通过对该细分市场内的所有客户(或主要/关键客户)进行综合分析得出结果;
- 客户面临的趋势/挑战:描述客户发展趋势以及在发展过程中面临的挑战;
- 客户战略与意图:客户为了更好地发展或者顺应市场的发展趋势而制定的战略与目标;
- 痛点:为了达到其制定的战略与意图,本身存在哪些困难和痛点;
- 根因:客户出现这些困难和痛点的根本原因是什么;

- 线索和机会点：面对客户存在的困难和需要解决的痛点，对供应商来说，有哪些线索和机会点（这里可不用考虑公司自身的能力），给出建议。

2.6.3 客户声音研究

通过客户访谈和客户在社交媒体上的信息可进一步延伸到客户战略及客户痛点分析。对从社交媒体上抓取的信息和数据进行分析，从中分析主要客户在社交媒体上阐述的主要观点，以及可能面临的主要问题和痛点。可以通过表2-10记录具有典型意义的社交媒体信息。

表 2-10 客户社交媒体信息记录表

反馈人员	承担角色	常驻的社交媒体	主要观点	面临的主要痛点
姓名	CXO	微博，微信朋友圈	总结该客户在客户满意度调查问卷中反馈的他所认为存在的痛点和问题	总结该客户在客户满意度调查问卷中反馈的他所认为公司存在的问题及他的期望

最后从所有的记录总结归纳出这些客户面临的几个主要痛点，3~5条即可，根据这些客户的观点和痛点，给出对公司业务的启示。

2.6.4 客户体验测量

提取客户满意度分析结果的原始数据，从中分析客户在调查问卷中开放式问题的反馈和打分数据，分析其存在的痛点以及客户认为公司目前的问题和对公司的期望及要求。最后从所有客户的反馈记录总结归纳出几个主要的痛点，以及客户对公司的关键期望是什么，3~5条即可。根据这些客户的痛点和期望，给出对公司业务的启示。

面向 ToB 行业的客户体验测量方法 CEM

客户体验测量方法（Customer Experience Measurement，CEM）主要包括 CEM-R（Relationship）/CEM-T（Transaction）两种方法。

CEM-R：客户关系满意度测量方式，一般有以下三种渠道。

- 客户满意度调查：委托第三方顾问公司对客户开展的满意度调查。年度例行的客户满意度调查维度包括人员团队、战略伙伴关系、解决方案设计、产品及系统质量、供货与项目交付、产品演进与创新、服务与支持、成本及财务8个业务领域。
- 供应商绩效评估：客户定期发起的对供应商绩效的评估机制，由客户主导（设计问卷，发起调查，输出评估报告等）。
- 业务满意度评估：由公司发起，客户参与的对公司业务现状的满意度调查，客户的例行沟通会议（如服务年会、用户大会、季度沟通例会等），通过问卷收集客户的满意度状况。

CEM-T：客户交易满意度测量方式，一般在项目交付中期/后期发起，基于从客户参与的项目维度对公司项目端到端的满意度进行评估。

2.6.5 社交媒体分析

社交媒体分析是通过对社交媒体和起到互补作用的传统数据进行统计分析以获得深入的洞察，从而像日常的流程一样驱动业务的提升和达成更为有效的客户交互。社交媒体分析的关键动作包括分析社交媒体上的客户声音、识别机会/威胁、客户的新想法，从而提升客户满意度。

识别主要客户，如客户关键角色、行业有影响力的专家、知名分析师等。通过对这些客户社交媒体相关信息的监控，发现机会与威胁，探索新思路，提升客户满意度等。通过各种渠道了解这些关键客户常用的社交媒体，如问卷调查、访谈、商业论坛、博客、微博、微信等渠道。利用专业工具进行监控和挖掘关键信息，如客户对公司产品的描述，对公司营销事件的反馈，专家对行业判断等。将信息汇总分析并输出社交媒体分析报告。表2-11列出了部分社交媒体分析参考的场景。

表2-11　社交媒体分析参考场景

编号	场景名称
1	产品定位：跟踪竞争对手产品的社交媒体信息，以此评估公司产品的定位
2	竞争产品：关注竞争产品发布的社交媒体信息
3	市场定位指南：识别与某个产品或产品类别相关的定位，帮助产品在市场中获得更好的市场地位
4	事件营销效果：根据同步进行的信息量和情绪分析，对事件营销的有效性进行评估
5	广告效果：跟踪产品市场广告的投入
6	新技术、新产业市场：对当前关于新技术、新市场的社交媒体信息进行监控
7	有影响力人物：识别具有影响力的头部专家并制订策略，思考如何与他们建立关系
8	品牌健康度：持续跟踪公司和关键竞争对手的用户情绪
9	合作伙伴分析：评估业务合作伙伴对公司的满意度

2.6.6 消费者洞察

前面介绍的客户行为分析、客户声音研究、客户体验测量、社交媒体分析主要是针对To B客户的，面向To C客户应该怎么做呢？比较常见的方法就是消费者洞察。消费者洞察是某些行业灵感创意的源泉，在非常多的消费品行业，消费者洞察都是一项很有效的工具。通过对消费者的洞察可以及时了解现有及潜在消费者的变化趋势，关注消费者已满足需求如何改善、未满足需求、新需求，同时研究消费者行为模式，包括忠诚度、消费情景、消费频率、消费产品组合等。这是每一个产品经理的日常功课，产品经理甚至可以问问自己：今天你和几个消费者面对面沟通了？

消费者洞察特别适合快消品行业，因为快消品有着天然的群众基础和生活意义。通过对消费者的洞察可以发现新的市场机会，营造产品间的差异。进行消费者洞察后，从场景出发非常容易打动消费者。比如买菜，现在很多消费者的痛点是觉得现在的菜农药用得多；没那么多时间处理或觉得麻烦；单次购买不小心买的分量大，种类少；上班没空、下班买菜的时候发现不新鲜，类似这样的事情用消费者洞察就特别合适，因为卖方有很多选择，可以通过低技术手段营造产品的显性差异，比如出售净菜、提前配好菜码、预加工、安排送菜上门等，新的市场机会就会应运而生。

消费者洞察的起点是：从我的生活中得到假设，在别人的生活里验证。调研是什么？仅仅是听取用户的声音吗？你会发现，抽样越多，听到的声音越庞杂，如果真有一种手段能够听取所有人的所有意见，那么结果一定是乱成一锅粥，不知道该如何判断。在调研之前先有态度，不要指望洞察研究用户帮你解决产品问题，你对产品本身理解得越深刻，思考越多，消费者的声音就越能帮你开阔视野和消除噪声。

不过消费者洞察也有很多挑战和天然短板，从研究产品本身转化为研究需求，包括研究方案的设计、人员的招募以及现场的控制，往往都有不尽如人意的方面。因为用户经常会说的与想的不同，做的与说的不同，想表达却找不到合适的语言。比如用户真的了解自己需要什么吗？用户真的愿意把自己的心声告诉你吗？用户是否有能力准确完整表达自己的想法？观察员真的有能力在浩如烟海的需求中抓住重点吗？观察员对个体和群体的需求间的关系可以很好地把握吗？

消费者洞察的本质是我们假设"人的内心"是如此复杂，个体与群体的关系是如此奇妙，因此希望借助不同的手段去靠近那个最理想的真相——人到底需要的是什么？

- 我们不关心用户选择了什么，而是关心用户选择的理由；
- 我们有时甚至也不关心理由，而是关注选择的背后用户的真实动机和价值观；
- 每个用户都是一个独特的细分市场。

关于如何掌握一手客户信息，一方面可以通过渠道掌握产品卖给哪些消费者，产品的生命周期使用情况需要通过渠道收集信息后在 IT 系统中呈现；另一方面，更重要的是直接建立起与消费者之间的联系，如电商、官网。同时企业需要主动走访消费者，通过市场调查、用户调查，持续深入与消费者保持联系，明确客户需求。

要特别说明的是，消费者洞察只是手段，如果你清楚自己想要从消费者那里得到什么信息，达到目的的途径有很多，无须拘泥于方法，时常进行消费者观察与反思也是提升自我产品理念的一个好手段。

"消费者洞察"在洞察什么

某国某个即食通心粉厂家通过消费者研究发现，消费者喜欢在烹饪通心粉时加入一点洋葱。为了更好地满足消费者的需求，这个厂家的研发人员在开发新产品时就加入了洋葱。此后厂家对消费者进行调查，发现消费者在烹制通心粉时仍然会加入洋葱。厂家对此表示迷惑不解。

其实这一现象的背后隐藏着这样一个"真相"：家庭主妇在给家人烹制即食通心粉时，有一种没有尽到家庭主妇职责的内疚感，为了消除这种内疚感，她们加入一点自己准备的洋葱，表明这顿饭是自己精心准备的，自己不是一个偷懒的、不称职的家庭主妇。

发现"隐形的真相"就是消费者洞察，比较直观地理解消费者洞察，就是透过现象看本质，通过人的行为看心理。通常情况下，消费者表现出来的行为总是自有其原因。这些原因，有些是消费者挂在嘴上愿意和你说的，大多数是一些表面的原因，或者是一些人人皆知的原因；还有一些原因是消费者不会和你说的，要么是他不愿意说，要么是连他自己也没有意识到这些原因在驱动其行为。发现这些消费者说不出来却又驱动他行为的因素，就是消费者洞察。

2.7 洞察与细分市场专题

2.7.1 洞察成熟度模型

什么是洞察？洞察是为了看清方向，判断产业未来发展的趋势，并为商业决策提供有效的支撑。洞察是在数据和信息的基础上提供富有意义的推测，以驱动采取正确的行动。为便于理解，图 2-14 给出了市场洞察成熟度模型。

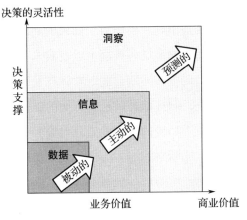

图 2-14　市场洞察成熟度模型

数据是洞察的基础，通过基于事实的统计数据形成数据模型，并整合信息和数据作为推理的基础，深挖数据背后可能存在的事物发展逻辑，最终输出适合特定场景的预测结论和后续的行动建议。市场洞察成熟度定义见表 2-12。

表 2-12　市场洞察成熟度定义

序号	名称	定义	案例
1	数据	What? 事实是什么（数据＋消息） • 独立的事实、统计数据或一项项的信息 • 事实的支撑基础和构成模块	"老大，江上有动静！"
2	信息	Why? 原因是什么（数据背后的故事） • 一系列的整合数据，可作为推理的基础 • 数据背后非量化的故事性描述 • 与特定事实或情景相关的信息	"老大，孔明率领船队杀过来了！"
3	洞察	What's next：预判未来会怎样 • 回答"那又意味着什么" • 输出适合特定场景的关键信息，预测结论，给出"下一步是什么"等洞察结果，形成未来讨论/决策的基础 • 给出行动建议	"老大，孔明率大队草船杀过来了，咱们用火攻吧？"

处于不同发展阶段的公司对市场洞察人员的要求是不一样的。公司规模比较小的时候，早期市场洞察能力有待提高，市场洞察的责任主要在经营管理层身上，此阶段经营管理层要具备市场洞察能力。如果他们的能力很强，业务方向一般没有问题，如果经营管理层的市场洞察能力以及对未来行业发展方向判断的能力比较弱，公司就有可能出现各种问题。此时看标杆及竞争对手是一个有效的洞察方法。通过观察标杆对手，间接地理解这个行业的方向。公司发展壮大后，战略规划的重心要下移，每个产品线的负责人以及对应的管理团队、每个区域或者行业的营销团队也要具备市场洞察的能力。当公司发展到一定阶段后，应成立专门的市场洞察部，全面负责公司的市场洞察工作。

公司处在不同的发展阶段，市场洞察的重点也是不同的。

- 跟随者：这个阶段的主要目标是做大销售额，此时应瞄准行业标杆，以"学习"为主，以竞争洞察为主，以产业洞察为辅；
- 挑战者：这个阶段要抢占地盘，局部领先，"学"和"竞"并举，以竞争洞察为辅，以产业洞察为辅，重视客户洞察；
- 领先者：行业洞察横向拓展，以产业洞察和客户洞察为主，以竞争洞察为辅。洞察对内服务规划，对外支撑品牌营销。

2.7.2 专题洞察过程

一般一个典型的专题市场洞察的活动和内容如表2-13所示。

表2-13 典型专题市场洞察内容

序号	活动	内容
1	确定洞察项目范围	与业务部门讨论并清楚地定义业务问题； 明确业务团队中谁是该问题的赞助人和关键干系人； 初步判断数据信息来源，讨论洞察的范围和呈现结果； 明确业务部门期望获得的洞察（目标）以及可获得价值和截止时间

（续）

序号	活动	内容
2	建立团队和制订项目计划	确保可获得洞察所需的人力和资源； 识别内外部专家以及需访谈的客户； 分解任务，明确关键节点
3	和内部客户确认	与业务团队的赞助人和干系人对洞察的范围和计划进行评审； 就目标、范围、计划与业务部门赞助人和干系人达成共识
4	开发假设	预设方向，根据预设方向整理要素； 围绕要素来收集和整理证据信息，以求证实或证伪
5	收集与管理信息	通过假设整理可能需要的信息，识别信息来源并对信息进行管理
6	总结洞察结果，形成观点和建议	输出洞察与建议，总结与评估完成情况
7	制订故事线与沟通策略	审视是否对齐业务目标解决业务问题； 整理一页纸表达洞察结果的核心要素； 开发故事线，将洞察分析的结果形成有逻辑的观点
8	评审并发布，形成下一步计划	内部预审后提交评审并发布，形成下一步计划
9	跟踪落地，评估绩效	完成后续跟踪，评估效果

2.7.3 细分市场排序与选择

市场是会随时间的推移而收缩变化的，而增长是企业的生命线，企业必须不断地变换投资，对投资组合进行刷新以实现收入增长。为了实现预期的业务收入增长目标，除了已有细分市场的深化经营，还必须不断地考虑选择并加入新的高增长细分市场以代替正在萎缩的市场，并准备从那些不再具有吸引力或能力欠缺的存量市场中撤离。虽然可选择的市场是无限的，但可投入的资金是有限的。那么应该如何进行细分市场的排序与选择呢？首先，应找到区域最重要问题，其次，按照市场空间、市场成长性、需求强度、价值主张、竞争对手分析、供应强度、对公司其他业务的影响等维度进行最重要问题的排序和选择，识别高价值细分市场,最后进行根因分析并给出建议,对价值市场进行优先级排序和选择(见图 2-15)。

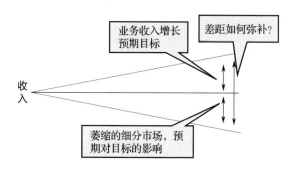

图 2-15 细分市场如何保证收入增长

细分市场的选择能够帮助企业更好地厘清业务和模式,构建对应的组织、产品平台、关键人才、重要合作伙伴等。特别注意的是,在进行细分市场判断时要先对自己的能力边界有充分的认识。只有充分了解自己之后,才能觉察到新的机会点和机会窗。

细分市场排序和选择的步骤如表 2-14 所示。

表 2-14 细分市场排序和选择步骤

编号	活动	活动描述
1	确定市场细分维度	从区域、产品、用户和渠道等维度细分市场; 根据市场洞察讨论其他可行的客户细分维度; 确定最终的 2~3 个客户细分的维度
2	分析细分市场的数据	确定市场吸引力的评估指标; 根据市场吸引力的评估指标调研和估算各细分市场的数据
3	分析在各细分市场的能力	确定竞争力的评估指标; 根据指标分析和讨论公司在各细分市场与竞争对手相比的竞争力; 制订市场吸引力/竞争力图
4	选择目标细分市场	选择公司重点竞争的目标市场

表 2-15、表 2-16、表 2-17 提供的标准和权重帮助企业对价值市场进行优先级排序和选择,实际操作过程中可根据细分市场具体情况增加或删减指标要

素，调整每个指标的权重。

表 2-15 市场吸引力评估

权重	标准	类型	1	2	3	4	5
30%	市场机会	定量	排名后 20%	排名前 80%	排名前 60%	排名前 40%	排名前 20%
30%	市场增长	定量	排名后 20%	排名前 80%	排名前 60%	排名前 40%	排名前 20%
15%	竞争激烈程度	定性	集中性的市场；市场份额不在前 5 名之内	集中性的市场	分散的市场；没有明显的市场领导者	集中性的市场中的前 3 名	集中性的市场中的领导者
15%	行业利润率	定性	排名后 20%	排名前 80%	排名前 60%	排名前 40%	排名前 20%
10%	与公司战略举措匹配	定性	与核心举措不相匹配	—	与 1~2 个核心举措相匹配	—	与 3 个或更多的核心举措相匹配

表 2-16 新增细分市场能力评估

权重	标准	类型	1	2	3	4	5
10%	销售覆盖	定性	该细分市场没有分配销售人员	有销售人员覆盖，但无专职资源	有专职销售人员，但工作超负荷	充分接触销售覆盖	高接触销售覆盖
20%	技术能力	定性	无须技术能力	—	行业平均水平的技术能力	—	行业领先技术
30%	提供的产品符合度	定性	当前无技能/能力	需要大量的新产品或解决方案	需要部分新产品或解决方案	目前大部分产品或解决方案已有	产品或解决方案全覆盖
10%	业务伙伴（BP）能力	定性	没有具有所需能力或覆盖该细分市场的 BP	少量的 BP 能够覆盖该细分市场	部分 BP 具有所需技能和覆盖	BP 覆盖和业绩较好	BP 关系良好，覆盖广
30%	实现差异化的能力	定性	商品化，无差异化	特性和价格差异小	具有一些特性，价格相近	特性独一无二，价格偏低	高度差异化产品

表 2-17 业绩评估

权重	标准	类型	1	2	3	4	5
20%	收入	定量	排名后 20%	排名前 80%	排名前 60%	排名前 40%	排名前 20%
20%	销毛	定量	排名后 20%	排名前 80%	排名前 60%	排名前 40%	排名前 20%
25%	市场份额	定量	排名后 20%	排名前 80%	排名前 60%	排名前 40%	排名前 20%
15%	赢单率	定量	排名后 20%	排名前 80%	排名前 60%	排名前 40%	排名前 20%
10%	业务伙伴（BP）业绩	定量	排名后 20%	排名前 80%	排名前 60%	排名前 40%	排名前 20%
10%	客户满意度	定量	排名后 20%	排名前 80%	排名前 60%	排名前 40%	排名前 20%

匹配市场空间后，分析本产业在不同细分市场中未来 5 年的市场机会在哪里，是否具有市场吸引力？我们的核心竞争力又是什么？行业平均利润率是多少？是否符合战略诉求？产品的竞争优势是什么？我们与竞争对手相比差异化优势是什么？然后用数字描述未来 5 年本产业主要市场机会的可参与市场空间，如未来 5 年内自身的变化趋势，市场空间的增长趋势与可参与市场空间的趋势对比，不同细分市场之间可参与空间的相互映射关系等。其中，行业平均利润率应基于可获取、可比较的原则自行选择指标，如制造毛利率、销售毛利率等指标。

为什么华为公司选择进入汽车产业

华为公司（以下简称华为）原本是做通信设备的，为什么要进军新能源汽车行业呢？由于众所周知的原因，华为半导体供应链受到严重影响，导致高端 5G 机型无法生产，对华为业绩造成极大的损失，2021 年华为的营收暴跌 2500 亿元。在这种情况下，无论是为了"活下去"还是为了将来的发展考虑，华为都需要另寻出路。而纵观全球，如今新能源汽车算得上是最大的风口行业之一，对华为而言，进军新能源汽车行业自然是一个"上上之选"。而且华为进军新能源汽车市场具备一定的优势。

首先，华为拥有处于全球领先地位的技术优势。这些技术包括操作系统（如鸿蒙）、决策融合算法以及云计算、无人驾驶技术等。所以，华为一直强调自己不会制造汽车的躯体，而是会"智造"汽车的灵魂。这个灵魂就是所谓的 HI 品牌，也就是 Huawei Inside。我们以前听说过 Intel Inside，英特尔也的确从 20 世纪 80 年代直至 21 世纪初吃到了趋势的红利。华为也希望能吃到这一波智能汽车崛起的红利。

其次，除了芯片断供导致华为手机市场份额降低，智能手机市场从 2010 年移动互联网崛起开始发展至今已经出现停滞，但智能汽车却刚刚起步。虽然芯片也是汽车的核心部件，但对于技术的要求远没有手机产品那么高。据悉，70nm 制程左右的芯片就能满足汽车的使用需求了。基于此，华为在汽车芯片方面是不用担心被"卡脖子"的。一切商业的竞争争夺的都是用户的时间。所以华为布局未来大概率可能抢占用户时间的汽车入口，无疑是明智之举。

最后，华为的品牌优势。巴菲特的护城河理论中最重要的正是品牌，在中国目前华为已经在消费者心中牢牢树立了高品质的品牌形象，让用户在做购买决策时，一看到华为就和产品品质挂钩。因此，只要华为与同样有高品质硬件交付能力的厂家合作，就能把这条护城河越挖越深。

2.7.4 洞察与战略的关系

市场洞察和需求洞察为 SP 和 BP 的制订提供输入，回答与战略相关的问题，包括宏观环境、市场分析、客户战略痛点、产业趋势分析、新市场、竞争分析、业务表现等，识别上述领域的关键变化，指出对公司的影响，并给出"那又怎样"的建议。为识别趋势和变化点，需要持续扫描和积累，对重点问题进行专题分析，建议根据 SP/BP 周期每半年输出一次《市场洞察报告》。洞察与战略的关系如图 2-16 所示。

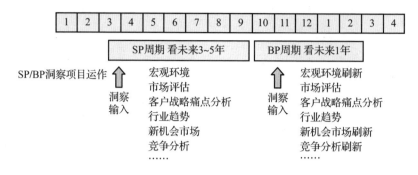

图 2-16 洞察与战略的关系

2.7.5 洞察与需求的关系

需求洞察是产品管理所有规划工作的基础。只有做好需求洞察，才能规划出有竞争力的产品与解决方案。过去的成功经验不一定是未来前进的可靠向导，对于客户和产业的深入洞察才能保证企业的持续领先。需求洞察的总体要求是预判行业发展趋势，深挖客户痛点，通过洞察识别产品解决方案的差距及不确定性，针对客户的主要应用场景提出共性需求，且这些共性需求具有可复制性，为 SP/BP/ 组合规划 / 项目任务书提供有价值的规划输入。

需求洞察，一方面要考虑 SP/BP/ 组合规划 / 项目任务书规划对需求洞察专题的诉求，为组合及规划导入产业方向、新机会，识别有竞争力的产品与解决方案构想；另一方面从最终客户、商业设计、行业、竞争等方面识别洞察诉求，对准商业场景，着重考虑战略价值客户，主动思考如何解决客户问题。识别可销售性需求并对识别的需求进行排序，优先保障战略价值客户需求。选择和落地价值需求，确保需求洞察工作支撑产业的可持续发展和竞争力的构筑。市场代表负责提出需求的落地要求，同时对需求开发的回报做出承诺。总结起来就是：方向要正确，机会要主流，节奏要合拍，价值需求不可替代。

需求洞察有三个目标：

- 针对客户痛点提出普适的需求，能解决大部分客户问题；
- 对需求规划踏准节奏，提出 $N/N+1/N+2$ 的规划节奏建议；

第二章
市场洞察与细分市场管理

- 围绕洞察目标提出明确的规划策略，支撑产品规划。

《洞察分析与商业构想报告》是需求洞察专题项目的核心输出，是洞察业务成果的集中体现。可以作为BP/SP、组合管理策略、版本规划的输入，仅用于内部交流，不对外发布。

《重大市场需求》是需求洞察专题向下游规划与研发传递的重要载体，是对《洞察分析与商业构想报告》的重要补充。通常用于展开描述技术断裂点、价值特性等需求细节，特别是用于重大需求从一线和产品管理部向研发部门的正式传递，使下游环节充分理解需求背景和规格要求，从而实现无损的解决方案交付。

产品管理既要善于采纳客户需求，也要善于拒绝需求。需求管理最难的事情是说"不"，对于不在主航道的需求要敢于说"不"，在资源受限的情况下要对优先级相对较低的需求说"不"。产品管理要从行业趋势、技术准备度、方案准备度、产品准备度等方面对行业和客户进行洞察，同时要和客户进行深入沟通，主动管理客户的需求，通过为客户创造价值引导客户到产业发展的主流方向上，这样才能在拒绝需求的情况下让客户满意。

> **案例**　**安克创新公司针对扫地机器人的需求洞察**
>
> 　　针对欧美养宠物家庭的创新品类——宠物版扫地机器人，是通过焦点小组聊天产生的。所谓焦点小组调研，是指请专业的调研公司在美国市场聚拢10~20个使用公司产品的用户在一起进行研讨。当时，几个养宠物家庭在测评吸尘器时都提到，如果能把毛发吸得再干净一点、机器声音再小一点、不吓到我们家的猫猫狗狗就好了。这些信息被收集回来之后，工程师就研发出了宠物版扫地机器人，价格更高、销量更好。产品上市后，涉及宠物毛发的好评有446条，87%的反馈"有效吸起宠物毛发"。所以，真正开始产品研发之前就需要接近你的消费者，主动倾听他们的声音。

案例 支持多设备切换的鼠标

现在很多消费者有多台电脑应用在不同的场景中,比如台式机、笔记本和平板等,在大屏幕家用台式机,出门要带着笔记本,偶尔也要在平板上处理工作。对于跨设备或者多设备的朋友来说,最麻烦的一件事莫过于为几个设备配置多个鼠标,频繁切换导致效率急速下降。很多消费者需要用一套键鼠控制2~3个设备,能够自然和顺畅地在这些设备之间进行切换。

罗技M590洞察了这一需求,支持一个鼠标控制多台设备。将光标移动到屏幕边缘,或者通过正上方的按键就能在不同设备之间自动切换,甚至可以在Windows和macOS操作系统之间随心切换。

案例 无接触人脸识别方式的智能门锁接受度迅速提升

智能门锁可以满足日益年轻化的购房群体的智能需求,实现社区的智能、环保、安全的优化管理,顺应精装修房屋中的智能化发展趋势。目前,智能门锁已经成为房地产行业具有巨大潜力的新标配方向。面对新的蓝海市场,传统锁厂,安防、家电、通信数码等领域的厂商相继入局,资本投入市场需求旺盛。大数据显示,在房地产开发商大举切入"智慧化住宅"风潮的带动下,2015—2019年我国智能门锁市场容量以翻倍增长的速率实现快速发展。在日益年轻化的购房群体的智能化需求推动下,相关产业相继进入存量竞争时代。

但是智能门锁对技术的依赖性较高,以密码、指纹、刷卡为主流识别技术的解锁方案,无论在体验感还是在安全性上都远远达不到消费者的"智能化"预期。近年来,社会与媒体对智能门锁产品质量、安全等问题的声音逐渐放大,也进一步使得2019年智能门锁行业产量、销量首度出现了下滑。

受到疫情影响,智能门锁的主流识别方式正在由过去的指纹识别向非接触式识别方式演进,而人脸识别因为其在无感识别、作用距离较远、安全性等多个智能门锁评价维度上的优异表现,受到越来越多的锁企重视。

2.8 需求洞察流程

2.8.1 需求洞察流程图

需求洞察流程如图 2-17 所示。

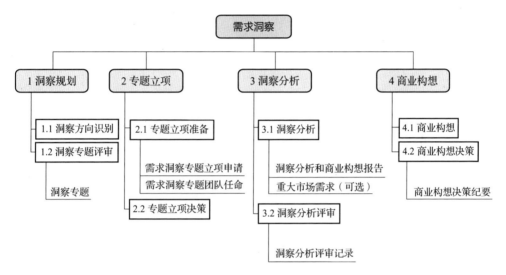

图 2-17 需求洞察流程图

2.8.2 洞察规划阶段流程说明

洞察规划阶段流程说明如表 2-18 所示。

表 2-18 洞察规划阶段流程说明

编号	活动	活动描述	负责岗位	输出
1.1	洞察方向识别	由产品管理代表启动年度洞察规划。可通过收集整理、研讨识别年度重点洞察方向与专题，并通过洞察目标预期、优先级排序、专家资源匹配等最终确定洞察专题初稿。 需求洞察专题初稿经产品管理部内部评审后，需向市场部、技术规划部、行业组织等部门广泛征集意见，实现对标	产品管理代表	洞察专题初稿

（续）

编号	活动	活动描述	负责岗位	输出
1.2	洞察专题评审	洞察专题初稿在对应管理团队（PMT、SPDT）评审。 洞察专题评审的关注点如下： 专题沙盘中选取专题的前瞻性、重要性，没有明显的重大方向遗漏。 各专题配备合适的责任专家团队、专题目标，要求清晰地定义服务对象及输出节奏。 需求洞察已和一线、研发、行业等组织充分对标	PMT、SPDT	洞察专题

2.8.3 专题立项阶段流程说明

专题立项阶段流程说明如表 2-19 所示。

表 2-19 专题立项阶段流程说明

编号	活动	活动描述	负责岗位	输出
2.1	专题立项准备	需求洞察团队负责人负责组建专题项目团队，初步确定分析思路和计划，明确专题范围，输出需求洞察专题立项申请和团队任命文件	需求洞察团队负责人	需求洞察专题立项申请团队任命
2.2	专题立项决策	PMT、BMT/SPDT 决策是否同意专题立项申请，及时归档立项材料及决策结论。 专题立项决策评审的关注点如下： 项目目标、计划和范围是否满足受益部门要求。 项目人力是否到位	PMT、BMT/SPDT	专题立项决策结论

2.8.4 洞察分析阶段流程说明

洞察分析阶段流程说明如表 2-20 所示。

表 2-20　洞察分析阶段流程说明

编号	活动	活动描述	负责岗位	输出
3.1	洞察分析	假设开发，输出假设（可能达到的效果、场景）以划定分析与方法论的框架，确定所需的其他数据以及获取这些数据的计划。 收集数据，制订衡量指标并进行分析，以支撑或否定最初的假设，并进行相应优化。 总结洞察发现，根据专题方向选取洞察方向，回顾最初识别的业务问题，输出洞察分析和商业构想报告	需求洞察团队负责人，洞察分析师	洞察分析和商业构想报告
3.2	洞察分析评审	评审洞察分析输出材料，审视洞察评估的对象、范围完备性和洞察发现的合理性。洞察分析评审的关注点如下： 洞察分析内容是否符合立项要求，是否完备？结论是否合乎逻辑？ 洞察分析建议是否有价值	PMT、BMT/SPDT	洞察分析评审记录

2.8.5　商业构想阶段流程说明

商业构想阶段流程说明如表 2-21 所示。

表 2-21　商业构想阶段流程说明

编号	活动	活动描述	负责岗位	输出
4.1	商业构想	开发解决方案构想，与利益相关者达成共识并进行构想验证，输出完整的洞察分析和商业构想报告，根据需要收集和整理重大市场需求（可选）	需求洞察团队负责人，洞察分析师	洞察分析和商业构想报告、重大市场需求（可选）
4.2	商业构想决策	PMT、BMT/SPDT 对需求洞察专题的商业构想进行成果决策，审视专题目标达成情况，评估专题成果价值及后续成果落地计划等。根据决策意见由需求洞察团队负责人保证项目有形成果向下游导入，如将价值特性纳入版本规划、趋势观点形成客户/行业对标、触发新的需求洞察专题纳入规划等。 商业构想决策评审的关注点包括两个方面：一是判断总体方案规划构想是否合理并有价值；二是判断成果的可行性	PMT、BMT/SPDT	商业构想决策纪要

2.9 洞察相关模板

2.9.1 市场洞察报告

市场洞察报告模板如表 2-22 所示。

表 2-22 市场洞察报告模板

序号	章节	内容
1	市场洞察项目综述	市场洞察项目目标及范围描述； 本次项目需要回答的问题； 本次项目访谈的专家及其观点，和哪些客户做了交流； 洞察总结
2	看趋势	描述宏观环境、价值链、技术趋势、行业发展趋势，总结趋势关键发现
3	看行业	市场细分及空间增长，给出每个细分市场未来 3~5 年的空间及增长假设
4	看竞争	分析每个竞争对手在本市场的策略，包括战略发展策略、组织运作变化、产品和解决方案组合、营销策略、销售策略等； 颠覆性力量：从波特五力模型五个维度识别各个维度的主要典型企业，总结这些企业可能存在的颠覆性力量以及带来的潜在影响，并根据影响给出建议； 竞争分析总结
5	看客户	客户细分及价值分析、客户声音研究、客户满意度调查分析、社交媒体分析、客户行为分析

2.9.2 洞察分析与商业构想报告

洞察分析与商业构想报告模板如表 2-23 所示。

表 2-23 洞察分析与商业构想报告模板

序号	章节	内容
1	洞察发现结论综述	关键洞察发现 / 洞察分析成果 / 结论综述； 洞察假设与洞察分析关键要素识别
2	关键洞察发现	市场分析：市场细分； 看市场：对市场趋势的分析，包括宏观环境、价值链、商业趋势、技术等维度的分析；

（续）

序号	章节	内容
2	关键洞察发现	看行业：行业应用的场景分析； 看竞争：相关竞争对手的整体描述，同类产品的关键价值特性和规格指标，关键事件的"警报"式分析； 看客户：客户行为分析，消费者洞察
3	业务场景分析	业务场景描述，用一页或多页描述洞察涉及的业务场景； 基于场景的分析与评估，找出利益相关者痛点并进行归类和根因分析； 各场景威胁及要求总结，说明哪些是威胁，对应的措施和价值是什么，需要投入的工作量等
4	解决方案商业构想	基于专题业务目标，匹配前面的洞察关键发现，从产业链构想、商业设计构想、解决方案技术演进构想、重大市场需求等方面展开设计； 详细描述重大市场需求，目标是让投资者了解该需求的价值和投入产出收益，同时能够顺利地移交至项目任务书开发团队等接收团队
5	方案构想内外互动情况	通过包括多层客户/合作伙伴/展会/分析师交流、内部交流对标、原型项目验证等互动方式获取对洞察发现及方案构想的建议

2.9.3 重大市场需求

重大市场需求模板如表2-24所示。

表2-24 重大市场需求模板

序号	章节	内容
1	摘要	文档的编写背景以及关键信息
2	业务场景	详细描述该客户需求所涉及的实际应用场景，主要对新产品/解决方案涉及的重要市场和竞争的需求进行逐条详细描述，重点描述该需求提出的业务背景和问题，包括需求对客户的最终价值，目的是使下游环节更全面地理解需求和定义需求
3	重大需求描述	重大市场需求通常分为以下三类： 1）客户需求：从市场客户的原始需求导出的产品实现需求； 2）竞争对手关键特性需求：竞争对手解决方案已经或将支撑的特性； 3）差异化关键竞争力需求

2.10 洞察相关问题

2.10.1 市场洞察中的看行业要分到多细

这与公司所处的阶段、聚焦范围有关。如果公司或者聚焦的范围较小，建议把行业分得细一点，把行业看深，在产品规划及市场营销环节去看里面的差异和颗粒度更细的机会点，挖掘客户需求和商业成功机会。如果公司规模较大，而行业又分得太细，看到的市场空间就会太小，这时应该把行业洞察的颗粒度分得稍微粗一点，抓住行业趋势并选定方向，找到相应的机会。

2.10.2 如何区分市场洞察与需求洞察

市场洞察是面向客户战略痛点的分析，理解市场发展趋势及颠覆性力量，以支撑战略制定。市场洞察是面向细分市场，识别市场机会与威胁，为各业务领域提供面向市场的洞察支持。市场洞察是需求洞察在"洞察分析"阶段的重要输入之一。

需求洞察则是以产品、解决方案的价值需求挖掘和竞争力规划为目标，识别产品、解决方案的市场机会，对准机会提出方案构想及商业构想，与利益相关者达成共识并验证构想，并将价值需求落地，构建不可替代的产品、解决方案竞争力。需求洞察沙盘规划要与市场洞察专题对标互锁，形成合力。

2.10.3 如何判断洞察信息的准确性

搜集信息的时候先要做一个策划，首先一定要知道需要什么信息，比如要去洞察行业，先把需要洞察的问题做成一个问题清单，然后再去看这些信息在哪里，从哪个地方能够拿得到。一般有两个途径可以获得，第一类信息是公开的，比如从报纸上、网络上或者行业协会可以收集到一些公开的、宏观的、较浅的信息。第二类信息可能是非公开的，需要自己去花一些工夫，专门去拜访一些人才能够收集到，如客户、供应商、合作伙伴等。

需要从各个维度去调研信息的准确性，从一个地方来的信息可能不一定可信，可以多找一些信息源去互相校验。还要明确信息的颗粒度。有些场景下大颗粒度的信息准确度就够了，不一定要精确。

2.10.4 怎样具体通过战略研讨和联合创新理解客户

一般针对战略大客户要有专门的大客户市场队伍去覆盖，由这个团队负责针对这类客户的战略研讨和联合创新活动。

对于战略研讨，建议每年和客户做一次战略研讨活动，客户的战略规划定完之后，组织公司经营管理层和客户管理层找一个比较好的场地坐在一起，沟通需要我们怎样支撑客户的规划。最好能够事先让客户把他的规划给公司相关团队，把一些不方便公开的信息滤掉。公司相关团队分析后花一天的时间与客户研讨客户战略是什么样的，再看能怎么支持客户的战略落地，双方做一个战略匹配研讨会。

对于联合创新，首先我们得搞清楚，我们想和客户在哪个课题上做联合创新，要做课题的布局。假设我们想找中国移动去做一个"5G在智能驾驶中怎么应用"的联合创新，要先知道中国移动的哪个部门研究智能驾驶或新业务，如果找中国移动的采购部搞这个课题的联合创新，肯定不行。所以要找对部门，然后你把你的提议给他去谈一下。一般来说，客户是欢迎的。

2.10.5 如何规避市场的不确定性和复杂性风险，以及如何应对黑天鹅事件

不确定性是指事先不能准确知道某个事件或某种决策的结果。不确定性给企业带来的影响有大有小，小的可能会导致某个项目失败，大的则可能会给企业带来灭顶之灾。但不确定性的影响并不总是负面的，它本身像一把双刃剑，现实中有很多市场不确定性或模糊性反而让一些企业实现跨越式发展。因此企业和产业的运营要充分考虑不确定性，尤其是战略的不确定性。

关于在市场洞察中如何应对不确定性和复杂性的风险有两个方面，一方面是如何看见风险，制订正确的战略规划，设法化解，把影响降到最小；另一方面是面对复杂性风险时要把握、利用乃至刻意创造不确定性，以期实现战略性的赶超，同时做好风险管理。

应对市场不确定性风险的核心：一是快速行动。不确定性和复杂性对任何公司而言都是一样的，所有人在行业里都面对同样的难题。二是在产品线的决策

授权管理时，对于成熟期的产品决策建议向下充分授权，但对于孵化期或投入期的新产品，不建议向下充分授权，通过一定的手段监控和干预新产品的投资和开发过程，以提升其反脆弱⊖的能力。三是采用杠铃策略，杠铃策略的意思是对一个事情做多手准备，避免孤注一掷。涵盖投入期、成长期、成熟期和衰退期等多生命周期产业经营的投资组合管理可有效对抗单一产业的波动和业绩风险。为了应对经营和供应的极端场景而采取的业务连续性战略，可以很好地应对各种危机带来的冲击。在这种情况下，不要不断争论，要尝试，通过轻量级的尝试逐渐摸清市场方向，通过不断试错把握市场的不确定性。为了管理好产品体系的不确定性，借鉴风险管理，可以做以下四个关键活动：

- 识别不确定性，通过各种洞察（如宏观环境洞察、产业洞察）和场景分析，识别未来发展所面临的关键不确定性和颠覆性风险，形成不确定性清单；
- 分析不确定性，分析各不确定性项发生概率及对业务影响的大小，明确管理责任主体并基线化管理；
- 制订应对策略，基于情景制订各不确定性的应对策略并纳入项目管理；
- 管理不确定性变化，持续对各不确定性项进行跟踪、管理和审视。

通过采用各种确定性的手段，持续识别、分析、应对各不确定性项并管理不确定性变化，可以较好地提前布局。

2.10.6 如何匹配战略洞察和节奏

建议每年对市场扫描 1~2 次。如果目前公司业务增长受限，急需找到新的增长领域，这时需要尽快进入新领域，可以投入少量资源尝试，否则机会来临时也难以识别和把握。如果现有业务具备增长潜力，就无须急于进入新领域。

⊖ 反脆弱，英文为 anti-fragile，来自《反脆弱，从不确定性中获益》一书，意思是有些事物能从冲击中受益，当暴露在波动性、随机性、混乱和压力、风险和不确定性下时，它们反而能茁壮成长和壮大。现在还没有一个词能够用来形容脆弱性的对立面，所以将其称为反脆弱。

第三章 需求管理

什么是需求？需求是指当前产品不具备客户要求或期望的功能、性能、外观、资料等。需求管理（Offering Requirements，OR），字面意思是供货要求或产品包需求。在实践中，客户的诉求首先转化为产品需求定义文档，再转化为产品交付。如果产品交付不符合需求定义文档，则表明是产品设计、验证过程出了偏差；如果产品设计符合需求定义文档，但需求定义文档不符合客户的诉求，则表明是对需求的理解与分析出了问题。无论是哪一类问题，都与需求的定义/描述、跟踪管理密切相关，最终表现都是产品不符合客户要求。充分的需求分析是产品开发成功的基础，产品需求定义是否清晰、准确、完整对产品开发项目目标和范围起到决定性作用，对产品的交付质量也具有举足轻重的作用。产品开发前期进行充分的需求分析，还能避免频繁变更需求对产品开发的冲击。提升需求质量是提升产品质量的重要前提，需求描述差、需求管理差是产品交付质量差的一个主要原因，因为产品是按照需求开发出来的。一个设计缺陷如果在测试阶段没有被发现，而在批量制造阶段才被发现，则带来的损失会放大 10 倍以上；而如果产品交付到市场上才被发现，则带来的损失会放大到 100 倍以上。如果一条需求定义有理解偏差或细节遗漏，则带来的损失可能远远大于设计缺陷。

需求管理不只是管理零散需求，需求管理的目的是主动收集和统一管理需求，从而准确把握市场机会点，降低紧急需求比重，提升产品交付质量。其本质是挖掘价值需求。价值需求要结合"客户问题"和"解决方案"两个方面进行识别。价值需求就是"真实的问题"+"创造性的解决方案"。前文提到产品管理部要对产品的竞争力负责，重点关注客户需求，发掘构筑产品竞争力的关键产品特性。这是产品管理体系的价值，也是全面需求管理的价值。需求管理流程由收集、分析、分发、实现、验证五个阶段构成，以产品管理部为核心，其他部门配合推进，涉及市场部、产品规划团队、产品开发团队、销售部、制造部、技术服务部等多个团队和部门。

面对 B 端客户，我们要有能力与客户共同探索新方向，有能力与客户一起找到解决问题的办法，并有能力在与客户互动的过程中把客户真正的诉求和需求清晰化，支撑我们从被动满足客户需求到最终与用户共同定义产品。看清楚未来，抓到未来的需求，构筑起把握和洞察最终客户需求的能力。否则在很多客户面临发展困境的情况下，如果我们还是站在客户后面跟随客户的需求，是难以真正帮助客户创造价值的，自然也难以实现自身的商业成功。

面对 C 端客户，需求管理是市场领域相关部门非常核心的工作。面对瞬息万变的市场环境，在产品开发过程中把握消费者的真实需求，为消费者提供更好的体验和应用场景才有可能在激烈的市场竞争中有所成就。

举个简单的例子，共享单车大战中摩拜单车与 OFO 的竞争，摩拜的产品最重要的特点是耐用。OFO 最初的理念是车要骑得舒服，走快速铺量的路子，到最后 OFO 扛不住了。这个典型的例子从某种程度上说明对需求的理解和排序几乎决定了后续运营和决策的偏向。在这里我们说良好的计划是成功的一半，尤其对追求商业成功的企业来说，每一次投资都要努力追求好的回报，这就决定了需求管理的重要性。对需求的理解和排序是需求管理一切工作的源头。良好的需求管理是产品开发成功的必要条件。解决了需求问题，产品竞争力的构筑方向也就找到了。全面需求管理是企业走向领先的必经之路。

需求管理在整体模型中的位置如前所述，"需求"贯穿了整个产品规划和产品开发流程，包括通过市场洞察收集的需求、支撑长期战略规划的需求、支撑年度业务计划的中期需求（路标）、直接进入产品包开发的需求（项目任务书），还有产品开发过程中的紧急需求。在产品线年度业务计划输出后，各 PDT 产品管理代表根据本年度版本路标规划汇集需要开发的重大特性，整理出对技术/平台的重大需求并录入 IT 系统，用于技术规划。产品中长期需求由产品规划代表作为需求看护人在 PMT 会议上汇报，由 PMT 根据 RAT 的分析建议决策是否接纳需求，并对接纳的需求进行排序。被决策接纳的中长期需求以产品路标的形式落地。同时，围绕需求分层框架定义各需求对象，将某一类/某几类需求作为一个重要对象进行管理，从不同方面服务于需求管理。

3.1 需求管理常见的问题

需求管理常见的问题如表 3-1 所示。

表 3-1 需求管理常见的问题

序号	主题	内容
1	缺乏系统的需求管理流程体系	缺乏需求管理意识和需求管理流程体系支撑； 缺乏需求管理团队，职责不清晰，无专门部门或团队端到端地负责需求管理工作，导致价值需求缺乏收集/管理； 需求管理的定义、业务边界和目标不明确
2	缺乏需求管理方法	缺乏系统的需求管理方法，对需求缺乏端到端的收集、评价、分析、实现、确认，缺乏有效跟踪及闭环机制，无法追溯及继承； 没有完整的产品包需求模型； 缺乏产品包需求阶段性审核机制，不能监控和跟踪需求实现的全流程； 缺乏端到端需求闭环管理，需求管理处于"散养"状态； 需求描述差、需求管理差导致产品交付质量差； 需求管理过程随意，缺乏度量指标
2.1	需求收集阶段	没有专门的团队或部门收集、传递和管理客户需求，需求收集渠道不完善，信息通过分散的渠道输入，无统一渠道和入口； 需求完全靠人零散收集，有需求的人不知道要到哪里去提交需求，要提交给谁，需求传递也是通过口口相传的原始模式； 各个层面的需求信息无法拉通，造成反复和浪费； 市场/制造等领域的人较少参与需求收集和定义； 大量小需求无序充斥，颗粒度较小的需求（功能增强、细节优化类）大量加入包需求清单中，与重大需求混排在一起； 需求要素不全，重大需求缺乏细节，颗粒度较大的需求（重大特性类）只用一两句话描述； 客户原始需求的调研缺乏方法和规范的支撑，不能深入了解客户的痛点和实际需求背景； 缺乏与战略客户的互动投入，永远是跟随者

（续）

序号	主题	内容
2.2	需求分析阶段	对需求缺乏全面分析，往往局限于研发的技术分析，对于需求的目的、重要性、需求背景、竞争分析、DFX（即面向 x 的设计，详见 3.5.2）等分析不充分； 在做需求分析时缺乏需求价值分析，需求分析的广度和深度有提升空间； 需求排序依据不充分，中长期需求识别不足，难以支撑规划和立项； 市场和研发直接短距离碰撞，优先看短期项目机会需求； 需求决策没有层次，管理层陷于事务性问题； 缺乏完整的需求分析/分发流程，直接把需求提交给开发人员，进入开发实现和验证
2.3	需求分发阶段	缺乏明确的需求处理、分发途径及决策机制； 产品从立项到上市过程中缺乏产品包需求管理理念和意识，缺乏完整、清晰的基线化产品包需求管理； 部分产品开始研发后才进行市场需求及竞品信息获取，研发对产品特性定义未达成共识； 很多事实上需要交付的内容如可安装、可服务等要求没有定义到包需求中，导致产品设计考虑不够全面
2.4	需求验证阶段	需求的验证环节缺乏监控，导致需求验证无法有效执行落地； 需求验证的闭环管理不够
2.5	需求变更阶段	客户需求变更来源多，无统一接口，对需求的处理零散且随意，缺乏有效的需求变更控制机制，过程不受控，对产品开发周期和人力资源造成干扰，继而对产品开发周期、产品质量和进度冲击大； 哑铃型的组织结构导致当需求变化时内部运作没有形成良性的机制，影响效率； 评估过程不明确，变更风险评估不足。变更决策随意，没有明确的变更决策标准。没有过程跟踪管理，各部门的变更无关联； 客户需求没有及时有效跟踪，缺乏 IT 工具支撑，导致客户需求发生变化后不能及时跟进； 缺乏对需求变更结果的检查、反馈和闭环管理
3	缺乏内部各领域需求的标准及基线	往往只关注产品的功能性指标需求，没有关注 DFX 需求或 DFX 需求模型不完整； 销售和服务领域对新品开发的需求存在矛盾； 职能部门对研发提出需求的能力不足，缺乏持续积累的基线

3.2 需求管理组织

3.2.1 需求管理组织结构

需求管理组织结构如表 3-2 所示。

表 3-2 需求管理组织结构

序号	角色名称	职责	类型
1	需求管理责任团队	对 RMT 进行需求管理业务指导，协调跨 RMT 需求，处理需求争议升级	IPMT、PMT
2	需求管理团队	负责本领域的需求排序和决策（含争议升级决策）	RMT
3	需求分析团队	负责对本领域内的需求进行澄清、分析、分发、跟踪和验证；支撑 RMT 需求决策，RAT 可在 RMT 授权范围内进行需求排序和决策	RAT
4	需求实现团队	负责对已分配到实现团队的需求分解、开发实现及跟踪验证	PDT、TDT
5	需求管理运营团队	负责需求管理业务的引导、度量、审计等持续改进	产品管理部、QA

3.2.2 RMT 职责

RMT 是跨部门需求管理团队，其成员一般包括 RMT 主任和副主任、各 RAT 组长、RME、市场代表、开发代表、产品系统工程师、RMT 执行秘书等（见表 3-3）。RMT 是公司需求管理的唯一权威机构，RMT 的有效运作是公司的核心组织能力之一。任何个人，不论职位高低，都不能在 RMT 的决策之外承诺客户需求。明确需求管理组织和运作机制后才能形成需求管理高效高质的运作体系。RMT 一般由产品线任命，负责产品线的需求管理流程、方法和工具的推行工作；负责需求管理人员的技能提升，保证团队成员的稳定；负责产品线的产品包需求管理推行工作以及需求的分发和监控管理，并代表本产品线负责跨产品线需求的协调，是产品线需求管理业务的驱动者和日常管理执行者。其中 RMT 主任作为业务主管组织需求决策者，全面负责产品线的需求管理活动。

表 3-3　RMT 成员及职责

序号	成员	成员职责
1	RMT 主任	负责本产品领域/产品线端到端需求管理； 负责管理团队运作和决策争议需求，无法决策的争议需求上升到 IPMT 决策； 一般由 SPDT 经理担任
2	RMT 副主任	协助 RMT 主任管理需求和团队运作，负责组织需求分析、澄清； 负责挖掘竞争力需求和价值需求； 一般由该产品线的产品管理经理担任
3	各 RAT 组长	对所负责领域内的需求进行确认、分析、决策、分发与跟踪，如有争议上升到 RMT 裁决
4	RME	负责协助 RMT 主任开展 RMT 管理团队的具体运作； 对收到的需求进行预分析，并分发给相应的 RAT 处理； 跟踪需求的分析、实现与验证； 负责维护已经承诺的需求，需求实现团队提交初始需求完成后，验证原始需求是否实现
5	市场代表	从市场可销售性、市场价值等角度支撑 RMT 决策
6	开发代表	代表研发从需求可实现性角度（如实现方案、成本、资源、计划等）支撑 RMT 决策
7	产品系统工程师	负责组织技术团队完成 SPDT 的产品需求技术方案分析及工作量评估
8	RMT 执行秘书	负责协助 RMT 主任开展 RMT 管理团队的具体运作，如准备和组织决策会议等

RMT 的职责如下：

- RMT 代表 PMT 负责本领域端到端产品包需求管理，决策不影响用户关键体验和服务的产品项目紧急需求。负责对 RAT 的需求分析和排序建议进行评审和决策，决策需求是否接纳以及接纳后需求的优先级，并将无法决策的争议需求提交到 IPMT 决策；
- 定期召开需求评审会决策 RAT 已分析的需求，管理本领域内跨产品的需求；
- 负责对产品包需求进行动态管理，对本 RMT 已承诺的重要需求进行跟踪管理，在 RMT 例会上例行审视重要需求实现进展及风险；
- 定期审视 RMT 运作及需求测评指标情况，保证本团队高效、高质量的运作；
- 从需求的收益、工作量、战略符合度、实现难度等维度进行综合分析后给出是否接纳意见。如果接纳，给出落入哪个产品、何时交付等决策意见，并排列出优先级。

3.2.3 RAT 职责

RAT 团队一般包括 RAT 组长、产品管理代表、市场代表、开发代表、产品系统工程师、RME、服务代表等（见表3-4）。RAT 组长一般由 SPDT/PDT 经理承担，负责组织各产品需求管理活动，作为业务主管对产品需求的需求决策与实现结果负责。RAT 由产品线任命，支撑对应领域的 RMT 成员工作。在 RMT 的组织下负责本产品线的需求分析、评估和决策。

表3-4　RAT 成员及职责

序号	成员	成员职责
1	RAT 组长	负责组织本产品或产品族的需求管理活动，对需求决策和实现的结果负责； 一般由 SPDT/PDT 经理担任
2	产品管理代表	协助 RAT 组长管理需求和团队运作； 负责组织需求分析、需求澄清、需求价值分析、需求普适性分析； 负责在各技术评审（TR）[①]点的跟踪维护，变更管理； 一般由 SPDT 产品管理代表 /PDT 产品管理代表担任

[①] 技术评审（TR）是指为确保在设计中考虑到所有技术风险，在项目关键点上评估产品开发的状况，为产品项目的决策提供有力的技术依据，一般包括TR1~TR6。TR1~TR6的关注点、通过原则、评审要素、衡量指标等详情请参考作者的另一本著作——《产品开发管理方法·流程·工具》。

（续）

序号	成员	成员职责
3	市场代表	参与需求分析评审，负责对需求的市场价值及竞争影响进行分析判断，如销售金额、竞争格局、市场份额等； 负责对市场项目需求的澄清和确认
4	开发代表	代表研发参与需求分析评审； 负责组织外围组将开发人力资源与需求进行匹配，提供人力资源投入情况供需求决策
5	产品系统工程师	负责需求技术方案分析及工作量评估
6	RME	对收到的需求进行预分析，并分发给相应的 RAT 成员； 跟踪需求分析、分发、实现与验证，管理需求变更； 负责维护本 PDT 已经承诺的需求，需求实现团队提交初始需求后，验证原始需求是否实现； 作为 RAT 会务秘书，负责支撑 RAT 和会议日常运作（发送会议通知、与参会人确认参会、会议前提醒、发布会议纪要、跟踪遗留问题、统计会议出席率等）
7	服务代表	代表技术服务领域参与需求分析评审，重点对服务领域需求业务场景、价值进行预审（价值分析、建议排序）及争议需求推动裁决

RAT 的职责如下：

- 承接对应 RMT 指派的产品软硬件需求分析活动，支撑各需求决策团队 RMT/PMT/ IPMT 的决策；
- 定期召开 RAT 例会，对需求进行专业分析，包括需求的可实现性分析结论，初步技术方案，各功能模块工作量、成本、进度等，以及需求的解释、过滤、分类、排序等。必要时进行市场调研，最终给出关键要素评估意见；
- 主动挖掘与产品竞争力相关的需求，组织分析并跟踪实现；
- 验证初始需求（IR）的完成情况，负责定期启动原始需求（Raw Requirement，RR）早期确认和例行确认活动。

除上述角色外，RAT 还可根据需要增加其他功能部门代表，包括技术规划代表、硬件代表、软件代表、平台代表、工业设计代表、结构设计代表等参加相关需求分析评审，评估工作量和人力投入方案。

3.2.4 RMT/RAT 设置规则

RMT 可根据实际情况在 BMT 或 SPDT 层级建设，RAT 可在 SPDT/PDT 层级建设，由 PMT 内部任命和发布需求决策文件。规模小的产品线 / 产品可以根据实际情况将 RMT 与 RAT 合并成一个团队，同时承担 RMT 与 RAT 的职责。RMT 和 RAT 的关系示意图如 3-1 所示。

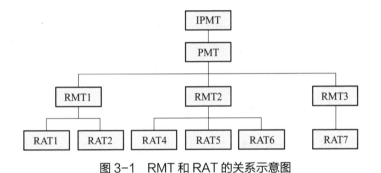

图 3-1 RMT 和 RAT 的关系示意图

一般情况下，建议 PMT 每月召开一次例会，RMT 每两周召开一次例会，特殊情况下每月至少召开一次例会。RAT 则每周例行开会。

为了提高需求决策效率，RMT 可以根据业务情况制订特殊授权规定。RMT 负责的业务范围内的单产品需求可以授权到对应 RAT 处理，其中争议大到无法完成决策的单产品需求可以上升到 RMT 决策。但跨多产品的需求不授权，仍需由 RMT 决策。

以安克创新公司的产品为例，建议设置的需求管理相关团队如图 3-2 所示。一些复杂的产品可以在 PDT 层面设置一个或多个 RAT。

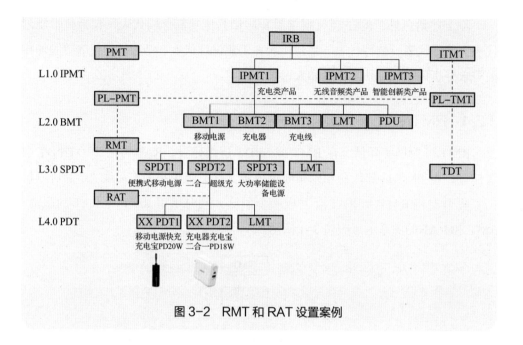

图 3-2 RMT 和 RAT 设置案例

3.2.5 RMT 运作规则

RMT 运作规则如表 3-5 所示。

表 3-5 RMT 运作规则

序号	内容	主题
1	例会要求	每年年初拟制 RMT 会议日历，RMT 成员根据会议日历提前做好工作安排，确保按时参加例会。对于需要决策的重大紧急需求 RMT 可根据实际情况召开临时会议； RMT 核心成员须将参加 RMT 会议作为重要工作看待； 与会人员必须准时与会，不迟到、早退或会中缺席。与会过程中不打电话，不开小会； 每位核心成员需在会前仔细阅读会议材料，为决策做好充分准备。当一位或多位核心成员没有做好相应的准备时，RMT 主任或授权代表有权终止会议或取消相应议题，重新安排时间； 若汇报人会前准备不充分，则 RMT 主任或授权人有权取消该议题，重新安排时间

（续）

序号	内容	主题
2	与会要求	RMT 核心成员不能与会时必须提前向 RMT 主任请假，准假后委托固定委托代表参加，并知会执行秘书，被委托的代表享有与成员一样的权利； RMT 核心成员须全程与会，且每季度亲自与会率不得低于 75%。扩展成员根据议题相关性分段参加
3	决策投票机制	RMT 核心成员每人享有一票，举手表决，RMT 执行秘书现场统计票数。扩展成员不具有投票权，但具备需求决策建议权，以供 RMT 核心成员投票时做参考； 按照不通过→修订后再评审→通过的次序进行表决，不允许弃权； RMT 主任有一票否决权，但没有一票通过权； RMT 核心成员投票为"通过"的通过率在 75% 以上，决策结论生效执行。任何 RMT 核心成员无法推翻 RMT 的需求决策结论
4	日常运作	每月安排专门的议题审视需求并进行需求排序，把需求排序审视作为 RMT 的重要议题之一，需每月进行汇总分析并进行月度发布； 为了尽量减少短期紧急需求，牵引对中长期需求的规划，RMT 每季度至少安排一次对中长期需求的讨论，作为产品规划的输入； 每次会后输出包括处理的需求清单和预审结论的会议纪要。会议纪要需要提交 RMT 主任审核，审核通过后将纪要发布给各与会人及相关人员； QA 每月审视 RMT 接纳需求的来源，统计和通报未录入需求管理系统的需求接纳情况； RMT 例行向 PMT 进行工作汇报，汇报需求承诺的处理情况、重要需求规划情况、需要 PMT 集中评议的需求以及 PDT 私自接纳的需求等内容； 需要对项目任务书和计划决策评审点（PDCP）阶段以及 PDCP 阶段之后的需求变更情况进行度量和控制； 每季度例行对 RMT 运作进行一次总结，IPMT 半年度对 RMT 重量级团队进行审计，识别 RMT 运作中存在的重大决策或运作问题
5	会议结论落实及遗留问题跟踪	RMT 执行秘书负责跟踪会议结论中需求决策的执行情况，并定期在 RMT 会上汇报需求落实进展； 执行秘书将确认后的遗留问题随会议纪要一并发布，同时单独发一份给问题责任人及对应的部门主管，提醒他们按时完成任务。根据需要将会议结论上报相应上级组织； RMT 执行秘书机构定期启动遗留问题跟踪，以简报的形式通报整体进展情况，每月例行在 RMT 例会上通报问题解决进展

3.2.6 RAT 运作规则

RAT 的运作规则如表 3-6 所示。

表 3-6 RAT 运作规则

编号	活动	活动描述	负责岗位	输出
1	需求初步分析/提出问题清单	针对需求提出人提出的需求描述中不清晰的地方，RAT 提出需要澄清的问题清单； 当选错 RMT/RAT 时，由 RME 转发到正确的 RMT/RAT	RME	需一线澄清的问题清单
2	需求澄清	RME 与一线需求提出人沟通需求，需求提出人完成问题清单上的澄清要求； RME 根据澄清结果修订需求描述，并得到一线需求提出人确认修订的需求描述与 RME 规整后问题清单是否一致	RME	接纳的需求
3	可行性评估	RME 将需求提出人澄清后的需求分析任务分解和下发给各领域模块需求系统工程师，模块需求系统工程师根据澄清后的需求描述组织产品经理、规划代表、技术系统工程师、研发产品负责人、测试工程师等给出需求可行性评估； 系统工程师及时对需求进行专业分析，包括解释、过滤、分类、排序等，必要时进行市场调研，排列优先级，形成市场需求包或者待定的需求列表。最终给出关键要素评估意见，包括收益程度、风险程度、工作量、是否采纳等； 系统工程师给出需求分析输出结论	系统工程师	需求分析输出结论
4	材料预审	RME 材料预审通过后申报和征集议题，每周安排一天作为材料提交截止日期，输出 RAT 汇报资料； 议题材料经过 RME 审核后，统一发给会议秘书归档，会议材料命名要求：汇报人_RAT_议题_建议版本	RME	RME 预审材料
5	RAT 评审	每周固定时间进行 RAT 上会汇报，确定固定与会人和可选与会人； RAT 根据系统工程师的解决方案建议和 RAT 汇报结论形成综合结论；	RAT	需求综合结论

（续）

编号	活动	活动描述	负责岗位	输出
5	RAT 评审	RAT 会议上不讨论需求实现方案，每次 RAT 例会决策内容是新增需求决策、需求裁剪、需求实现效果变更等，并在需求管理系统上给出需求综合结论	RAT	需求综合结论
6	RMT 给出综合结论	对有争议或跨 RAT 的需求提交 RMT 协调评审，如市场与研发、产品之间存在争议，无法处理的重大需求则提交 RMT 进行协调	RMT	需求综合结论
7	录入综合结论，输出 IR	由汇报人统一录入需求管理系统；IR 到研发相关资源部门进一步分解分发后进行开发实现。RME 对分发的需求进行跟踪监控，产品管理代表与系统工程师需要验证 IR 的实现情况	RME	IR 清单

3.2.7 RME 工作内容

RME 拥有需求分发、组织 RMT/RAT 决策会议、跟踪需求的实现等环节的处理权限，是与一线提交人沟通交流的对外接口人。表 3-7 是 RME 工作内容介绍。

表 3-7 RME 工作分类及职责描述

序号	分类	职责描述
1	澄清、分发需求	一线将需求提交后，RME 负责确保提交的需求要素齐全、描述清晰，符合需求提交质量的要求。如果有描述不清或要素缺失的地方，与提交人进行澄清；如果已经澄清清楚，将需求分发给对应的责任人进行分析
2	组织 RMT/RAT 决策会议	RME 了解需求分析的进展，例行组织 RMT/RAT 决策会议，并向提交人反馈决策结论和意见
3	跟踪需求的实现	RME 负责做好市场需求和研发需求的转换，了解需求的最新进展情况，如有延期处理的需求及时提醒，确保需求按照计划交付
4	RMT/RAT 配置	当 RMT/RAT 的结构、名称或者成员有变化时，RME 负责及时更新
5	提交需求	RME 可以替一线提交与一线交流沟通过程中识别的需求，也可以直接提交内部改进需求

3.3 需求架构模型

3.3.1 需求架构模型一

图 3-3 所示的需求架构模型比较简单，也是目前业内使用比较多的需求管理模型。各项需求对象的含义如表 3-8 所示。

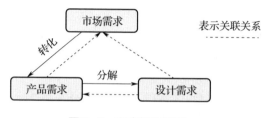

图 3-3　需求架构模型一

表 3-8　需求架构模型一内容及案例

序号	主题	内容	案例
1	市场需求	市场需求是指来自客户或代理人的原始需要的描述，通常它描述的内容包括客户所面临的业务问题，并对问题的解决提出了期望； 市场需求并不一定要由真实的客户提出，它可以由任何人提出，反映客户对系统或产品高层次的目标要求； 由于客户能力和水平的限制，一般情况下客户需求的描述较为随意、笼统	消费者：购买无线路由器时希望它精巧时尚，简约便携，能长时间使用。（客户需求）
2	产品需求	经过产品经理分析和抽象后的需求定义； 与市场需求不同，产品需求是站在产品的角度描述产品必须具备的产品功能以及所需具备的特性及能力。产品需求是客户与研发项目之间的信息桥梁，通过它将客户语言转化为产品语言； 产品需求更多的是从客户的产品发展、财务、战略出发，体现了客户高层的要求，涉及产品整体宏观上的要求，也就是与其他产品有明显差异的特性需求	产品经理：外观以白色为主色调，经过高精度的模具工艺和一流的表面抛光处理，外形简约时尚，握感舒适。内置 5200mAh 大容量锂电池，可持久供电。（产品需求）

（续）

序号	主题	内容	案例
3	设计需求（需求规格）	根据产品开发的需要在产品需求的基础上进一步细化和明确，定义产品的详细规格甚至设计特性。以便在研发团队间建立对需求的统一认识，用来指导产品设计工作的输入； 设计需求是三个层次的需求中最详尽、最抽象的描述方式； 设计需求顾名思义就是设计+需求，定义设计需求时一定要在深度上下功夫，细化到能够通过设计来实现，并且能落实到具体的物理模块来承载	系统工程师：材料为塑料，一只手可以握住，体积为 97mm × 44mm × 28.5mm，造型为长方体，结构提供主流外供电池空间，在外形尺寸约束下提供电路板安装空间。（规格定义）

该需求架构模型下的产品概念定义较为简单模糊，交付要求不明确，所有需求放在一张统一的 Excel 表中，不同角色对其理解差异较大，产品包需求的质量不高，从而导致市场体系和研发体系之间的需求传递容易出现偏差失真。除此之外该需求架构模型还存在以下问题：

- 重大需求缺乏细节，颗粒度较大的需求（重大特性类）仅用一两句话描述，缺乏细节要求展开的描述。研发设计时对缺失的细节自行定义，导致客户感觉似是而非；

- 大量小需求无序充斥，颗粒度较小的需求（如功能增强、细节优化类）大量加入产品包需求清单中，与重大需求混排在一起，导致整个包需求清单内容繁杂，缺乏清晰的主线战略方向与核心价值，投资方 IPMT 难以审视和决策其合理性。研发在实现过程中需要裁剪时也难以正确取舍应该保留什么，放弃什么；

- 由于产品包需求是从 CDT 到 PDT 的工作交界区，导致需求的责任不清晰，无人对其质量负责，尤其是 DFX 等专业领域需求的责任不清晰；

- 无明确管理机制保障产品开发必须符合产品包需求定义，产品包需求是牵引产品开发的初始方向，却未必是最终方向；

- 内容完备性差，很多事实上需要交付的内容（如可服务等要求）没有定义到产品包需求中，导致产品设计考虑不周。相关领域无责任人对需求负责。

3.3.2 需求架构模型二

综合考虑需求架构模型一的各种问题，业内管理领先的公司总结和探索出新的一种需求管理模型。该需求模型引入了一些新的对象，详细如图 3-4 所示。

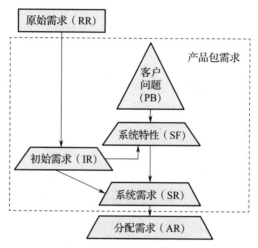

图 3-4　需求架构模型二

这些新对象的详细定义和样例如表 3-9 所示。

表 3-9　需求架构模型二内容及案例

序号	名称	定义	案例
1	原始需求（RR）	来自公司内外部客户所有需求的原始记录。原始需求细分为两类场景：一类是销售项目需求，指基于客户标书内容提取的需求；另一类是非销售项目需求，泛指拜访客户、市场交流研讨活动时识别的与具体销售项目无直接关联的需求，以及各部门对其他部门提出的内部需求	在使用支付宝线下扫码支付时，每次要解锁手机，找到支付应用，打开应用后再点击支付功能，操作烦琐，等待时间长
2	初始需求（IR）	原始需求经过 RMT/RAT 分析后，站在内外部客户 / 市场角度以准确规范的语言（完整的背景、标准的格式）重新解释和描述的需求，作为产品规划的输入之一	IR-指纹一键支付：用户可以在熄屏状态下通过指纹一键进入支付页面
3	客户问题（PB）	描述客户面对的挑战与机会（客户战略与痛点），也就是该产品为客户带来的核心价值	—

（续）

序号	名称	定义	案例
4	系统特性（SF）	描述该产品为支撑"客户问题（PB）"所具备的重大能力。系统特性是产品包的主要卖点（销售亮点）集合，每条特性都是满足客户特定商业价值诉求的端到端解决方案，一部分特性是可以通过许可控制单独销售的	SF-快捷指纹支付
5	系统需求（SR）	描述为支撑"系统特性（SF）"所需要支持的具体需求。系统需求（SR）是系统对外呈现的、可测试的全部功能性需求和非功能性需求，其中功能性需求是对系统提供功能场景化的具体要求，非功能性需求是对系统的成本、全局质量属性、技术限制等非功能性方面的具体要求	SR-指纹一键支付：用户可以在熄屏状态下通过指纹一键进入支付页面
6	分配需求（AR）	根据"系统需求（SR）"分配到子系统/模块的功能性或非功能性需求； 系统需求与分配需求的差别：前者是黑盒描述，后者是白盒描述。前者是面向整个产品的，后者是面向模块的	AR-软件支持熄屏状态下通过指纹进入支付应用 AR-软件实现快捷支付，支持支付宝二维码支付

我们再展开介绍下客户问题和系统特性两个概念。

1. 客户问题

客户问题（PB）是高级别的需求，用于明确产品的总体方向，防止产品的市场定位不清晰导致销售困难、研发能力浪费，也防止产品开发过程中被加入与核心价值无关的需求。为什么需要客户问题呢？因为客户往往不会告诉你他的问题，而是直接告诉他要什么，但往往客户要的东西不一定真正能解决客户的问题。

实际工作中市场和研发人员对客户问题普遍重视不够，需求澄清也是围绕客户到底要什么而不是客户遇到什么困难、到底要解决什么问题去开展，解决客户问题才是我们需要实现的目标。

还有为什么需求总是变更？很多时候是因为客户也在思考如何解决他的客户问题，当他们对客户问题的解决有新的想法时，客户就会改变，要的东西就不是以前的了,这是为什么开发到后面发生需求变更或者已经做出的特性就不要了。RME把客户问题真正澄清并写好,系统工程师按照流程要求做需求澄清时能关注客户的问题到底是什么,客户为什么要这个特性,这些特性是否能解决客户的问题。多花点时间在需求澄清上一定能从减少需求变更和无效需求中得到回报的。

小王家里卧室墙角的木地板踢脚线松动了,他想去附近的小商店买胶水黏起来。但是小商店里有好多种胶水,不知道买哪种。正在纠结的时候老板问小王要黏什么东西,小王把情况告诉老板后老板说那是用钉子钉上去的,不需要买胶水,再补个钉子就行了。

某个剃须刀To B大客户给公司的需求清单上有一条:希望剃须刀手柄的直径再加粗2cm,形状为5°~15°的流线型。经过与客户深入沟通才知道,客户要求加粗剃须刀手柄和5°~15°的流线型是为了防止刮胡子时剃须刀从手中滑落。实际上可以在不改变手柄尺寸的情况下,采用条纹设计的橡胶材质就能解决这个问题。

2. 系统特性

系统特性是指客户可感知的、具有"独"/"特"价值的、可独立使用的功能/能力集,是具有突出的、特定客户价值的实体,是可销售的对象,包括基本特性和可选特性。一句话,对系统特性的直观理解是印在产品包装盒上的主要宣传点。系统特性帮助研发建立客户视角,聚焦客户价值,从过程导向转变为结果导向和客户导向,实现从客户要求到客户满意。系统特性是业界通行的语言,对外可便于同客户沟通,对内帮助市场、设计、开发、测试、资料、行业销售对齐语言。同时能指导资源投入更高优先级的系统特性上(优先满足市场提出的价值

第三章 需求管理

需求／重大市场需求）。通过统计系统特性的销售情况可以了解客户如何使用公司产品，从而提高市场规划能力。还可以通过许可控制可选系统特性，让销售更加灵活。

一般是产品立项时先规划系统特性，再开发和宣传，而不是先开发产品，然后包装卖点。公司应对系统特性信息统一进行维护和管理，防止多渠道传播造成理解上的不一致。

系统特性具备如下四项特征：

- 具有客户价值：系统特性最重要的特征是具有客户价值，能有效解决客户的某个问题、痛点或挑战，帮助客户赚钱或节省成本，通常被作为产品的卖点，如苹果手机的"灵动岛"功能、华为手机的"昆仑玻璃"、苹果和华为手机都有的"卫星通信"等。
- 客户可感知：系统特性是系统的外部表现，是客户可感知的。客户不可感知的都不是特性。比如，研发交付的一些可制造性需求如单板尺寸统一、单板安全加工、单板自动化制造需求等就不是系统特性。
- 能完整使用或独立卖点：系统特性要能够包装成一个吸引客户的独立卖点。
- 与实现无关：系统特性是从客户角度描述的系统的能力，与系统内部如何实现无关。

> **案 例**　iPhone14 Pro 版本的"灵动岛"特性

2022苹果秋季发布会 iPhone14 Pro 版本特有的"灵动岛"功能备受关注。在国产手机还在使用"刘海屏""水滴屏"时，这一次的 iPhone14 Pro 系列将传统的"挖孔屏"赋以新的概念，于是"灵动岛"诞生了。"灵动岛"是 iPhone14 Pro 系列才有的功能，是对挖孔屏的另一种定义，在 iPhone14 Pro 系列的挖空面部识别区域，会结合使用场景展示特有的动画效果，带来全新的交互方式。比如当有 AirPods 耳机设备连接时，顶部就会有连接的动画提醒，包括一些重要通知，而这个特殊的功能后期也会适配第三方应用，所以可玩性非常高。

数据显示，苹果 iPhone 14 系列发布后两个月，其销量达到 2609 万部，这一数据与 iPhone 13 系列差不多，而高端的 Pro 系列销量为 1814 万部，占比 70%，其中苹果 iPhone14 Pro Max 和 iPhone14 Pro 在 2022 年第三季度的全球销量中分列第一和第二，在 800 美元以上旗舰手机销量占比创历史新高。

  华为 Mate 30 Pro 5G 手机的六个特性

华为 Mate 30 Pro 5G 手机的六个特性如图 3-5 所示。

图 3-5　华为 Mate 30 Pro 5G 手机的六个特性

3.3.3　需求架构模型二的需求传递过程

需求贯穿了整个产品开发流程。在产品开发过程中，各子流程从不同方面服务于需求，并将某一类/某几类需求作为重要对象进行管理。总体分工原则如表 3-10 所示。

表 3-10　需求架构模型二的需求传递过程

序号	需求对象	对应流程	对应团队
1	原始需求（RR）/初始需求（IR）	需求管理流程	RAT/RMT
2	客户问题（PB）/系统特性（SF）	路标开发流程	RDT
3	客户问题（PB）/初始需求（IR）/系统特性（SF）	项目任务书开发流程（CDP）	CDT
4	系统需求（SR）/分配需求（AR）/用户故事（US）	IPD各研发子流程	PDT、系统工程师及其扩展团队

图 3-6 描述了需求对象在各团队之间的传递关系，初始需求由 RAT/RMT 首次输出，再由 CDT 进行整理与重构，最后由 PDT 进行补充完善，补充内部初始需求、分解系统需求（SR）、分解分配需求（AR）。

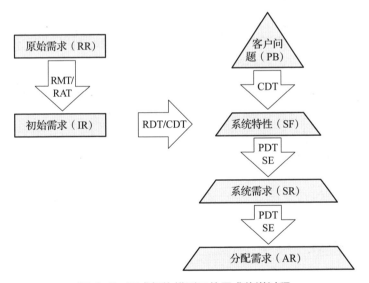

图 3-6　需求架构模型二的需求传递过程

1. 需求管理流程阶段——RMT/RAT

所有通过主动、被动渠道收集的客户需求和承诺都必须录入需求管理 IT 系统平台，经 RMT/RAT 统一分析和优先级排序后启动开发活动。电话、邮件、传真等方式只能作为辅助沟通手段，不能作为录入依据。RME 担任特性相关初始需求的负责人，进行这类需求的端到端管理。RMT/RAT 分析原始需求，持续创建初始需求并分发到不同产品上。原始需求经过 RMT/RAT 分析后，站在内外部客户/市场角度以准确的语言被重新描述后成为初始需求。

提交人判断需求提交给哪个需求管理团队进行分析判断的原则是：根据涉及的产品提交到对应产品线下相关 RMT/RAT 处理（如果设置了 RAT，则直接提交对应的 RAT）。如果涉及同一产品线的多个产品族的需求（相当于多个产品/SPDT 的需求），则任选其中一个 RMT/RAT 提交，由 RMT/RAT 负责内部传递。

2. 路标开发流程阶段——RDT

路标开发流程（Roadmap Development Process，RDP）通过市场发展分析、行业发展分析、市场价值分析、客户需求分析、竞争分析、技术趋势和标准分析、产品和解决方案自身问题分析等活动明确产品未来发展的市场策略、竞争策略和产品策略，完成产品的关键特性规划。理想情况下应该有一个该产品未来几个版本的市场需求文件（Market Requirement Document，MRD）和产品需求文档（Product Requirement Document，PRD），里面是产品包括的特性。此外可能还有一个收集来的包括所有未来版本的特性请求文档。此时的目标是要捕获各种可能的特性，形成完整的特性全景。

RMT/RAT 要站在客户/市场视角创建和描述客户问题、系统特性，并接纳中长期的初始需求到对应的产品路标里。产品路标是特定产品领域的中长期发展方向和节奏的规划，是公司在这一领域产品策略的体现。详细介绍参见本书第六章。

3. CDP 流程阶段——CDT

CDT 应该首先站在客户/市场视角明确某个产品或产品的改进版本所要解决的客户问题，然后向下分解出产品包针对这些客户问题所需要提供的系统特性。同时，CDT 还应依据客户问题分析 RAT 输入的初始需求清单，梳理并识别这些初始需求在特性上的归属关系，从而将初始需求以特性为中心进行重构，成为特性的局部细节要求，丰富和完善特性的内涵。在此过程中少量初始需求可以被提炼出新的特性，补充到特性清单中。CDT 在项目任务书的需求交付件包括

IR、PB、SF 三类，并要求整理为树形结构（见图 3-7）。客户需求分析侧重于决策性、方向性、策略性的属性，简单地说就是有效性、普适性、价值、紧迫程度等。

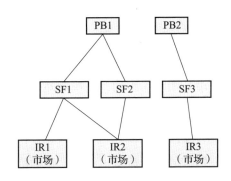

图 3-7 PB-SF-IR 的树形分解过程

对于内部提供、面向内部改进的，难以归纳到特性下的初始需求，CDT 应将其分类汇总，等待移交 PDT 后进一步整理。全部的 PB/SF/IR 清单及其分解关系都作为 CDT 交付件，移交给 PDT。CDT 负责输出 PB/SF/IR 及其关系（见图 3-8）。

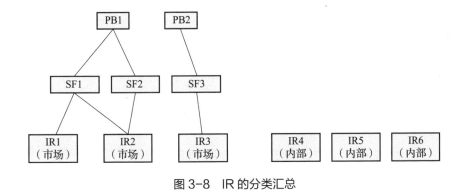

图 3-8 IR 的分类汇总

4. 产品开发流程阶段——PDT

由于项目任务书中的需求包侧重于阐述面向市场和客户视角的价值需求，初始包需求经过决策后交给开发团队 PDT，由开发团队 PDT 站在产品设计视角继续进行分解，并完成完整的产品包需求输出。PDT 接收后，首先应当在项目任务书需求包的基础上补充 DFX 等功能领域的内部改进类初始需求，从而形成完备的产品包需求。PDT 的所有需求都必须来自需求管理系统。研发体系不能绕开需求管理系统从其他途径承接需求。

面向内部改进的初始需求包由 RMT/RAT/PDT 共同创建，以上均由系统工程师担任负责人，进行这类需求的端到端管理。

PDT 在系统设计活动中对系统特性和初始需求做进一步分解，形成系统需求清单。系统需求是系统设计团队输出的，系统对外呈现的、可测试的全部功能用例和非功能描述。PDT 应当首先完成特性的分解，其次基于对特性的理解将特性所属的初始需求也分解到 SR 层面，从而确保 CDT 移交的特性和初始需求清单均有系统需求支撑。所有的系统需求由系统工程师指定设计师进行端到端的管理（见图 3-9）。

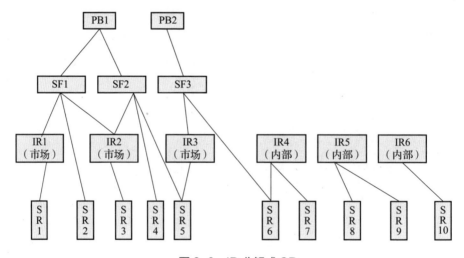

图 3-9　IR 分解成 SR

如前文所述，客户需求分析（包括原始需求、初始需求、系统特性）侧重于决策性、方向性、策略性的属性，结果用于决策需求接纳与否，规划到哪个版本。而系统需求分析的侧重点在于需求的完整性和一致性，分析的结果用于把需求做正确。

3.3.4 两种需求架构模型的对应关系

图 3-10 为两种需求架构模型的对应关系图，其中左边旧需求架构模型中的产品包需求颗粒度与右边新需求架构模型中的初始需求相近。

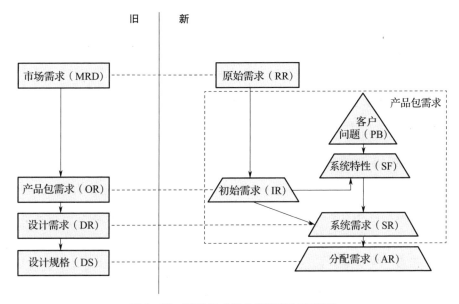

图 3-10 两种需求架构模型的对应关系

新需求架构模型取消"设计需求"的术语，将设计需求概念修改为系统需求（SR）。左边旧架构模型定义设计需求是"系统工程师对产品包需求运用系统工程方法加工后的需求"，这个定义有很多歧义，如设计需求既是在产品包需求基础上增加 DFX 需求，是从"场景分析"中综合得到的需求，又是细化的特性场景，还是 Excel 格式的产品需求清单，同时是系统对外提供的功能等。

新需求架构模型将设计规格（DS）概念修改为分配需求（AR）。关于设计规格，在研发过程中有规格、系统规格、产品规格、需求规格、设计规格、功能规格、模块需求规格等多个术语，容易引起歧义。同时在设计规格中通常需要补充可制造性、可服务性等 DFX 需求，容易导致设计规格的含义扩展到需求领域。新需求架构模型中明确定义分配需求就是模块的需求。通过按角色区分设计交付，解决了以前的设计规格不清晰、没有区分目标用户和角色、变更控制困难、无人愿意维护的问题。设计规格文档被细分成多个交付件，涉及架构和设计部分，设计规格书根据实际情况替换为"架构设计说明书""功能设计说明书""DFX设计说明书"等。涉及需求规格的部分，如果描述的是系统规格则替换为系统需求，如果描述的是子系统/模块的规格，则替换成分配需求。如TR5/TR6只对系统层面的内容进行验收，则里面提到的要检查设计规格是否完成，就应替换为系统需求或者产品包需求是否完成。而TR2/TR4阶段一般指设计结果或单元测试，则设计规格此时要替换成分配需求。

新的这种需求管理模型有以下好处：

- 从交付格式上看，以前产品包需求是一个单一层次、单一模板的Excel列表。新的产品包需求是多层次需求概念的统称，不同层次的需求采用不同的模板描述。旧的产品包需求相当于新定义中的"初始需求"。

- 以前产品包需求清单各条需求之间是孤立的，所有需求采取无差别罗列方式，而新的产品包需求不仅分了多个层次，而且要求各层次之间必须形成上下支撑关系。这种结构较好地解决了前面提到的需求质量问题。

- 从责任人来看，以前产品包需求清单在CDT阶段由RME生产初稿，在IPD阶段由系统工程师对全文重新编辑维护。系统工程师对产品包需求的修改可能导致开发方向的偏差。在新的产品包需求中需求管理工程师和系统工程师分别对不同层次的需求负责，形成类似契约交付关系，系统工程师通常不会修改到规划需求，不容易导致方向偏差。

- 从内容上看，新产品包需求层次中系统需求层作为系统工程师在系统分析过程中的交付件，是以前的产品包需求未包括的内容。

总结来看，新的产品包需求架构模型对旧的需求架构模型进行了细化和丰富，采用分层分类的方法从机制上改进了以前固有的质量问题，同时有助于推动需求分责，使市场、研发和其他功能部门对自己的领域交付件负责。新的定义有助于实现"按特性拉通"的要求，强调"关注需求为客户带来的价值"，有助于产品在开发过程中对核心竞争力需求的把握。但这种产品包需求定义对IT的依赖程度更高，多层次跟踪关系不适合用文档来表达和维护，因此Excel格式的交付件要转化为 IT 平台录入和交付方式。

旧的需求架构模型是业内目前大部分公司应用需求管理的方式，新的需求架构模型适用于产品需求比较复杂、需求量大、单个需求开发实现所需的人天工作量也比较多的硬件盒子类产品，对应产品开发团队比较大的时候尤为适用。

3.4 需求管理流程

3.4.1 需求管理流程图

需求管理流程如图 3-11 所示。

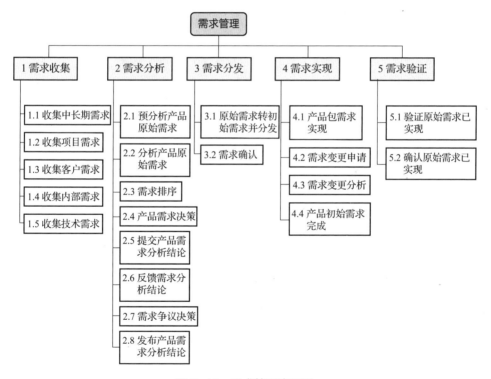

图 3-11 需求管理流程图

3.4.2 需求收集阶段流程说明

需求收集阶段流程说明如表 3-11 所示。

表 3-11　需求收集阶段流程说明

编号	活动	活动描述	负责岗位	输出
1.1	收集中长期需求	通过市场分析、竞争分析、技术方向研究、客户标书分析等活动分析收集产品中长期需求，用于产品中长期规划	产品经理	原始需求
1.2	收集项目需求	分析收集销售项目中产生的需求，包括项目的线索、机会点、解决方案、合同签订、交付各环节产生的需求	与客户接触的公司员工	原始需求
1.3	收集客户需求	通过与客户接触（拜访客户后整理拜访客户纪要）或上论坛、官网、微博等调查用户体验测评/满意度、竞品分析、用户行为研究等方式，分析、筛选产品需求和技术需求，从中抽取有价值的客户需求	产品经理	原始需求
1.4	收集内部需求	公司各部门员工在日常工作中归纳总结针对产品、技术相关的内部改进需求，如产品功能改进、架构提升、降本、逆向工程、DFX 等	内部需求提交人	原始需求
1.5	收集技术需求	根据本年度产品路标规划汇集需要开发的重大特性，整理出对技术/平台的重大需求； 通过对客户需求分析、产品需求与现状分析、机会点分析、竞争分析、行业趋势分析等活动分析技术中长期需求	PDT	原始需求

3.4.3　需求分析阶段流程说明

需求分析阶段流程说明如表 3-12 所示。

表 3-12　需求分析阶段流程说明

编号	活动	活动描述	负责岗位	输出
2.1	预分析产品原始需求	首先进行范围判断，界定是否属于本 RAT 处理范围。如果不属于，则转发到其他需求管理团队。确保提交的需求要素齐全、描述清晰、满足要求。如有描述不清楚或要素缺失的地方，与提交人进行澄清。 然后判断是否为有效需求，对于一些明显没有价值的信息可以在说明理由后退回，如果属于有效需求，则判断是否能够立即给出答复。一些已经明确的问题可直接给出答复，对于未明确的、需要深入分析的需求，进行后续分析	RAT	产品需求分析结论，经过预分析的产品原始需求

（续）

编号	活动	活动描述	负责岗位	输出
2.2	分析产品原始需求	需求通过预分析后进行深入全面分析。需求分析要从市场价值和可实现性两方面综合评估权衡，最终确定是否实施该需求，明确给出需求分析结论。 在需求分析阶段，如果发现该原始需求与其他原始需求冲突，需要同时说明对其他原始需求的影响和需求提交人确认并提交受影响的原始需求修改信息。如果涉及初始需求的更改，需要提交初始需求变更申请。 分析过程中 RAT 可能需要与需求提交人就需求描述、技术细节、应用环境、市场环境等信息进行澄清。RAT 形成初步方案后也可能需要与需求提交人进行确认，尤其是不能直接满足需要使用替代方案时。对于一些复杂重要的需求可以发起团队评审决策	RAT	产品需求分析结论，通过分析的产品原始需求
2.3	需求排序	对特性进行优先级排序，操作过程参考 3.5.3	RAT	需求清单
2.4	产品需求决策	RAT 将无法给出分析结论的需求提交到 RMT 进行分析决策，由 RMT 给出需求分析结论。对于一些复杂而重要的需求可以发起团队评审决策，给出需求分析结论。可采用在线评审或需求分析会两种方式进行团队评审。 1. 在线评审 利用 IT 系统进行在线评审，各相关人员发表自己对需求分析的意见，RMT 主任综合各评审人的意见，给出最终结论。 在线评审方式在时间上具有较好的灵活性，能够适用总部与外地部门共同评审，以及部分成员出差的情况。缺点是评审过程中沟通不充分，所以不适合重大需求的决策，但能够较好地解决颗粒度较小的需求评审。 2. 需求分析会 RMT 主任召集需求分析会评审需求。评审前，首先将需要评审的需求从 IT 系统中导出为列表，会议前安排相关人收集信息，如可能需要与提交人沟通技术细节，要对技术可行性、工作量进行评估，市场代表可能需要就市场和竞争的信息与	需求受理方 RMT，需求提交人	需求受理方 RMT，需求提交人

（续）

编号	活动	活动描述	负责岗位	输出
2.4	产品需求决策	一线沟通等，会议中各成员充分讨论需求的各分析要素，进行需求的优先级排序，并根据排序结果做出结论。会议后，会务秘书发布正式会议纪要，并对遗留问题进行跟踪。需求分析会的优点是评审过程中沟通充分，但召集成员同时到会则比较困难。 对以上两种评审方式，推荐的做法是将两种方式结合起来使用，先开展在线评审，再召集会议决策，可以有效提高会议效率	需求受理方RMT，需求提交人	需求受理方RMT，需求提交人
2.5	提交产品需求分析结论	原始需求经过分析和团队评审决策后，由RAT负责提交需求分析结论。需求分析结论如下。 1. 接纳，有以下几种实施方案 • 纳入当前版本，纳入当前的在研版本，RMT/RAT在做出结论时，要给出具体的版本名称和交付日期。 • 纳入项目任务书开发，纳入正在进行项目任务书开发的版本。RMT/RAT在做出结论时，要给出具体的版本名称和交付日期。 • 纳入规划版本，纳入已规划的版本。RMT/RAT在做出结论时，要给出具体的版本名称和交付日期。 2. 中标/签单后开发（仅适用于销售项目需求）某些需求需要依据投标的成功或需正式签单之后才能决定是否启动开发。RMT/RAT在答复时给出"中标/签单后×××天交付"的结论。 若有上市产品已经实现该需求，RMT/RAT将给出已实现的版本号。 3. 拒绝，有以下几种实施方案 • 问题流程处理，属于产品故障类的请求，RMT/RAT退回提交人通过问题处理流程处理。 • 不接纳，某些类型的需求价值不清晰，或者因为投入产出比不合适，或者不符合公司的规划方向，或者存在重大的技术困难，RMT/RAT做出不接纳的结论，同时给出具体的原因。	RAT	需求分析结论

（续）

编号	活动	活动描述	负责岗位	输出
2.5	提交产品需求分析结论	• 非产品需求，某些不属于产品需求的内容也被误填入电子流，需要予以退回。 某些需求具有普遍意义，需要纳入可服务、可制造等 DFX 基线需求库，作为今后新启动版本遵循的标准。RMT/RAT 在按照正常流程处理的同时，将该需求提交给基线需求负责团队进行分析评审，通过后纳入企业需求基线库	RAT	需求分析结论
2.6	反馈需求分析结论	所有给出结论的需求，无论接纳与否，需求提交人都需要对结论进行确认。提交人对结论确认以后，需求分析的结论正式生效	需求提交人	对需求结论的反馈意见
2.7	需求争议决策	当需求提交人与 RMT/RAT 对需求分析结论有争议时，由需求提交人填写需求争议升级申请提交给需求管理责任团队进行争议解决	IPMT	重新决策后的产品需求分析结论
2.8	发布产品需求分析结论	RAT 提交的原始需求分析结论经过需求提交人确认，或经过需求争议决策后，由 RAT 发布需求分析结论	RAT	正式发布的产品需求分析结论

3.4.4 需求分发阶段流程说明

需求分发阶段流程说明如表 3-13 所示。

表 3-13 需求分发阶段流程说明

编号	活动	活动描述	负责岗位	输出
3.1	产品原始需求转换为初始需求并分发	所有接纳的原始需求在分析后由 RAT 重新描述，转换为特定版本的初始需求，并将初始需求与特性关联，分发到 PDT/TDT 实施	RAT	分发的产品初始需求
3.2	需求确认	对于重大、复杂的需求，或者客户化程度很高的需求，在技术备选方案明确后和研发开始实施前，应当在系统分析与设计阶段和客户就我们提供的解决方案进行确认，以防止需求理解出现偏差	PDT、TDT、需求提交人、RAT	需求确认结果

3.4.5 需求实现阶段流程说明

需求实现阶段流程说明如表 3-14 所示。

表 3-14 需求实现阶段流程说明

编号	活动	活动描述	负责岗位	输出
4.1	产品包需求实现	收到初始需求和系统特性清单后，PDT 团队系统工程师运用系统工程方法将初始需求和系统特性进一步分解，形成系统需求清单，并建立它们之间的跟踪关系，确保需求分解无中断、无遗漏。SE 还应基于对特性的理解，将特性所属的初始需求和内部改进类初始需求分解到 SR 层面。最终将需求分到对应的研发团队（包括软硬件开发团队、整机团队、产品资料开发团队等）实施开发和测试	PDT	产品
4.2	需求变更申请	在需求实现过程中，PDT 或需求提交人由于市场、客户、进度、资源等原因需要对需求进行变更，可提交需求变更申请给 RAT	PDT，需求提交人	需求变更申请
4.3	需求变更分析	RAT 接到需求变更申请后，应组织 PDT 与变更需求提交人共同讨论，充分评估对原始需求和初始需求的影响，对客户/市场项目和产品上市的影响，以及对版本开发计划、资源等方面的影响，供 RMT 决策参考	RAT	需求变更建议
4.4	产品初始需求完成	PDT 在初始需求研发完成之后，标识初始需求已完成	PDT	已完成的初始需求

3.4.6 需求验证阶段流程说明

需求验证阶段流程说明如表 3-15 所示。

表 3-15 需求验证阶段流程说明

编号	活动	活动描述	负责岗位	输出
5.1	验证原始需求已实现	RAT 验证原始需求对应的所有初始需求都已实现后提交给需求提交人进行确认	需求受理方 RAT	原始需求验证结果
5.2	确认原始需求已实现	所有已发布的原始需求，由需求提交人做最后的确认。需求提交人根据版本交付情况对需求是否满足客户做出评定，如果满足则关闭需求单	需求提交人	原始需求验证结果

3.5 需求管理专题

3.5.1 产品包需求定义

产品包需求（Offering Requirements，OR）是对最终要交付给客户（包括外部客户、内部客户）产品包的完整、准确的正式描述，是对产品包进行开发、验证、销售、交付的依据。所有的客户问题、系统特性、初始需求、系统需求以及不同层次需求之间的关系，一起构成一个完整的产品包需求。产品包需求应从客户的商业问题分析开始，然后确定解决这些问题需要的系统特性，最后对系统特性进一步细化形成若干个系统需求。

产品包需求来源于对客户原始需求的分析判断加工，包括以下两部分：

- CDT 负责输出的 PB/SF/IR 及其关系，叫作初始产品包需求。CDT 输出的项目任务书中，包含经过澄清、分析、规整后的需求列表；
- 初始产品包需求经过项目任务书立项决策后，经过 RAT/RMT 澄清、分析、规整并通过团队讨论与 PDT 形成一致意见之后，交给 PDT，由 PDT 继续进行分解，并完成完整的产品包需求输出。

相对于原始需求，产品包需求是一种加工后的"正式需求"，二者特点对比如表 3-16 所示。

表 3-16　原始需求与产品包需求的特点比较

特征	原始需求	产品包需求（正式需求）
1	重点描述要解决的问题，并给出建议	明确的问题，确定相关解决方案
2	没有明确的界限	有确定的边界与范围
3	多源性，相似性	确定的，单一性
4	不同来源的需求存在冲突	已经调和，不冲突
5	可能涉及多个版本	与特定的版本相关
6	不考虑是否可以实现	确定可以实现的
7	不随系统而变化	与系统相关

原始需求和产品包需求收集、需求整理和分析、分解和分配规则等方法请参考作者的《产品开发管理方法·流程·工具》的"需求管理"章节，本书由于篇幅限制不再重复叙述。

3.5.2 DFX 需求

DFX（Design for X，面向 X 的设计，如可服务性为 Design for Serviceability）是产品需要实现除功能外的各种质量属性，如可靠性、可服务性、可制造性、可供应性、安全性、节能减排等，是产品包需求的重要组成部分。DFX 是基于并行设计的思想，在产品概念设计和详细设计阶段就充分考虑到产品生命周期中各个环节的要求，包括制造工艺要求、装配工艺要求、测试要求、检测要求、包装和运输要求、维修要求、环保要求等，使得产品设计与其他要求之间紧密联系、相互影响，将其他要求反映到产品设计中，从而保证产品以较低的成本、较高的质量和较短的开发周期进行开发。产品设计人员需要了解产品的实际使用场景和关键 DFX 需求，分析产品在 DFX 方面与竞争对手的差距，明确产品的 DFX 设计目标，整理 DFX 设计的详细需求，开展关键 DFX 设计活动，支撑 DFX 在产品落地并在后续进行验证和验收，确保 DFX 目标达成产品竞争力的提升（见图 3-12）。

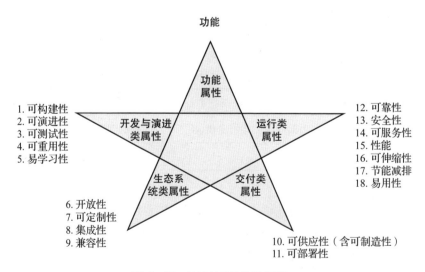

图 3-12　DFX 需求分类示例

常见的 DFX 包括以下类别：

- 功能属性：支撑系统提供有价值功能特性的能力。
- 开发与演进类属性：支撑系统能够快速、高效、高质量开发出来，并有方便修改、重用、持续演进的能力。
- 生态系统类属性：支撑系统构建开放生态系统的能力。
- 交付类属性：支撑系统快速交付和快速部署的能力。
- 运行类属性：支撑系统能够顺利运行和维护的能力。

表 3-17 概要介绍了部分 DFX 的内容及设计原则。

表 3-17　部分 DFX 内容及设计原则

序号	主题维度	内容
1	面向制造的设计（Design for Manufacturing, DFM）	制造是指通过注塑加工、钣金冲压、压铸加工和机械加工等方式把产品制造出来。产品设计时需要满足来自制造方面的要求。 产品设计不仅是绘制产品图，更重要的是保证产品具有良好的可制造性，同时还需要提高产品的制造效率和质量、缩短产品的制造时间、降低产品的制造成本等。面向制造的设计原则包括： • 减少零件数量，KISS 原则（Keep it simple and stupid） • 设计阶段及时引入计算机辅助工程分析软件 • 模块化设计理念，形成标准化模块 • 避免过设计 • 尽量使用标准件及市场上现有的零件 • 整体设计时考虑现有工艺、工序条件
2	面向维修的设计（Design for Service, DFS）	产品维修主要涉及产品拆卸和重装等工作，面向维修的设计是指产品设计阶段就要充分考虑产品维修要求，其设计原则包括： • 通用化、标准化、模块化设计原则 • 简化产品设计原则 • 可达性设计原则：看得见（视觉可达），够得着（人手或借助工具能够接触维修部位），有足够的操作空间 • 易损件的易换性设计原则 • 贵重件的可修复性设计原则 • 测试性设计原则 • 常规维修工具原则 • 维修安全性设计原则 • 维修防错原则 • 易拆卸设计原则

（续）

序号	主题维度	内容
3	面向环境的设计 （Deign for Environment，DFE）	面向环境的设计着重考虑产品开发全过程中的环境因素，目的在于尽量减少在生产、运输、消耗、维护与修理、回收、报废等产品生命周期的各个阶段产品对环境产生的不良影响，如资源破坏、污染、失调等，防止污染，节约资源和能源。面向环境的设计原则包括： • 使用可循环使用、可回收的材料 • 使用对环境友好、污染少的材料 • 优化产品设计以减少材料的使用 • 减少产品制造和使用过程中的能源消耗 • 提高产品可靠性以延长产品的使用年限 • 提高产品的可回收性
4	面向回收的设计 （Design for Recycling，DFR）	面向回收的设计是指在进行产品设计时要充分考虑其零件材料的回收可能性、回收价值大小、回收处理方法、回收处理结构工艺等与回收有关的一系列问题，以达到零件材料资源和能源的充分利用，并对环境污染非常小的一种设计方法。面向回收的设计原则包括： • 尽量使用可回收的材料 • 在可回收材料的零件上使用清晰的标识进行标记 • 限制喷漆和涂层的使用 • 考虑零件以及材料的回收工艺性 • 考虑回收经济性
5	面向可靠性的设计 （Design for Reliability，DFR）	可靠性是指产品在规定条件下和规定时间内完成规定功能的能力。面向可靠性的设计是在产品设计阶段充分考虑产品的可靠性要求，并设计产品满足这些要求。面向可靠性的设计原则包括： • 简化产品结构 • 增加排除环境因素干扰的设计 • 采用标准件和标准材料 • 减少导致疲劳失效的设计，如减少应力集中 • 紧固件争取采用可锁定的 • 提高零件冗余度
6	面向成本的设计 （Design for Cost，DFC）	产品设计阶段就应该具有成本意识，产品设计决定了70%的产品成本，如果产品成本太高，即便产品质量很好，不能给企业带来利润，这样的产品开发也是失败的。面向成本的设计原则包括：

（续）

序号	主题维度	内容
6	面向成本的设计（Design for Cost，DFC）	• 采用标准件和标准材料，尤其是核心部件 • 明确产品定位，确定产品是面向高端市场还是中低端市场 • 设置目标成本，并在开发过程中监控 • 通过各种培训让 PDT 成员有成本意识
7	面向检验的设计（Designfor Inspection，DFI）	面向检验的设计考虑产品、过程、人的因素以提高产品检验的方便性。产品检验分加工和维修两个场景。加工中的产品检验是为了提供快速精确的加工过程反馈，而维修中的产品检验则是为了快速而准确地确定产品结构或功能的缺陷，及时维修，以保证产品的安全使用

要注意立项论证和产品概念阶段的 DFX 需求存在一定的差异，两个阶段的 DFX 需求定位对比如表 3-18 所示。

表 3-18　立项论证和概念阶段的 DFX 需求定位对比

	立项论证	概念阶段
目的	提升客户满意度，获得产品的市场竞争力	有利于内部各个领域的工作顺利开展，支撑各域质量目标的达成，进而支撑产品的项目成功和市场成功
来源	基于对客户的理解而提出，一般通过日常的客户接触和专题组织的客户调研获得面向客户的 DFX 需求基线	基于各个领域工作的经验积累，一般通过有组织的领域知识管理沉淀 DFX 需求基线
内容	一般是对客户有利的，或者客户基于竞争对手的对比分析而提出的，或者是我们认为提出来后能够吸引客户的，内容方面可能部分会与概念阶段的 DFX 有重合	一般是对内部运作有利的，有利于提升效率、质量、成本、进度等内部运作绩效

3.5.3　需求排序

一个团队在规模没有变化的情况下开发承载量是不可能无限增加的，不可能所有需求都接纳。需求和资源往往是冲突的，需要在成本、时间有限的前提下对需求进行取舍。通常思路是按照成本和产生的价值进行取舍的，如图3-13所示，投入成本低产生价值大的这类需求是高价值需求，需要排高优先级。价值需求识别的目的是准确理解客户当前和未来的需求，满足客户要求并争取超越客户期望，才能创造价值溢价。价值需求的核心目标是实现客户商业成功，如帮助客户开源或节流。第一要素是找到客户问题的本质核心。

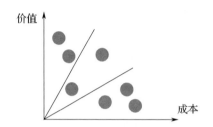

图3-13　按照成本和价值维度对需求取舍

需求排序的核心要求是聚焦价值需求，减少浪费。只有对客户产生价值的需求才能进入管道开发，对客户不产生价值的需求（如漏洞修改、问题同步）不进入管道。需求的优先级与价值成正比，与成本和风险成反比。快速识别传递高优先级特性，根据市场变化、特性价值定位等信息刷新优先级，使变更信息得以在排序的优先级中体现，这有助于提升排序效率，促进价值特性的有效识别；高优先级需求迭代设计提前启动，支撑迭代开发计划制订；提前开发高优先级特性，避免后期需求变更排序时再出现要砍掉相对低优先级的需求已经开发了的现象，导致排序困难。需求排序考虑的因素一般包括：

- 需求是否有商业价值，该需求能为客户带来什么价值，对客户的重要程度，与同类产品对比存在哪些优势？
- 需求是否有确定性，客户、开发团队是否对需求（及验收标准）很清晰并达成一致；
- 需求是否有技术风险，方案是否会变更，技术难度是否很大，依赖的第三方组件、接口是否易变；
- 需求交付时间要求能否达成？交付的时间及质量能否达到客户要求，对其他需求有哪些依赖关系？

- 需求约束及实现成本能否达成；
- 与战略目标是否符合。

为什么红米 K 系列的口碑比小米数字系列的好

根据小乙 MAX 统计的数据，2022 年 4 月京东自营骁龙 8/ 天玑 9000 旗舰手机销量统计中，红米 K50 电竞版的销量是 5.01 万部，红米 K50 Pro 的销量是 4.14 万部，小米 12 的销量是 1.85 万部。可以看出即使是旗舰机市场，大家也是宁愿买红米而不是小米。也许有人会说这是因为芯片的问题，骁龙 8 Gen 1 的功耗问题让很多米粉望而却步。但红米 K50 电竞版同样也搭载了骁龙 8，但它的销量却比小米 12 还要好。这是因为红米 K50 电竞版的堆料更足，在 3000 元这个价位上用上了 120W 快充、磁动力肩键、双重 VC 液冷等特性。这些专门为游戏体验而设计的卖点，让红米 K50 电竞版弥补了骁龙 8 的不足，对游戏爱好者来说，它是具有购买价值的。而小米 12 除了小屏机身没有更亮眼的地方，大家只能关注到骁龙 8 的不足。

不管是高端机还是性价比旗舰机，首先要考虑的应该是消费者有没有需求，而不是手机厂商想不想涨价。换个角度看，如果小米 12 标准版的定价是 2999 元而不是 3999 元，也不会让消费者产生违和感。因为哪怕是 2399 元的红米 K50 都有 2K 屏，而 3699 元的小米 12 屏幕只有 1080P。那么更贵的小米 12 到底额外满足了消费者什么需求？答案是并没有，除非你觉得小屏手机也是一个卖点。但是苹果已经用两代 mini 的销量证明小屏手机是个伪需求。除非预算不够，大多数消费者都会更倾向于选择大屏手机。

总而言之，为什么红米 K 系列比小米数字系列的口碑更好？性价比高只是其一，更重要的是卢伟冰精准地洞悉了米粉的价值需求，而且始终坚持性价比战术。

需求排序有两种基本参考策略和方法：定性评估法和定量计算法，其中定性评估法是通过评估需求的客户满意度分辨该需求是属于"必须有"还是"最好有"，从而判断该需求是"必做"还是"可做可不做"。定量计算法则是根据影响排序的每个要素赋予相应的数值，然后用公式计算出需求的唯一顺序。一般需求排序可先采用定性方法对需求进行排序，再采用定量方法进行需求的唯一排序结果计算。

1. 定性评估方法——卡诺模型

客户价值需求识别的常用模型是卡诺（KANO）模型，该模型是1984年东京理工大学教授狩野纪昭（Noriaki Kano）发明的对用户需求分类和排序的工具，也是在定性评估中最经典的方法论。该方法论现在成了互联网产品管理需求排序的通用方法。

使用卡诺模型的目的是识别使客户满意的至关重要的需求。卡诺模型通过分析客户对新功能的接受度和产品功能的满意度，帮助找出提高客户满意度的切入点，对产品功能进行分级，从而确定产品实现过程中需求的优先级。卡诺模型很好地阐释了如何分析和寻找核心需求。在卡诺模型中，根据不同类型的需求与用户满意度之间的关系可以将用户满意度的因素分为五类：基本质量需求、期望质量需求、魅力质量需求、无差异需求、反向型需求（见图3-14）。这种分类有助于对客户需求的理解、分析和整理。价值需求的靶心就是找到客户的魅力质量需求。需要注意的是，同一个需求随着市场的变化，其在卡诺模型中的分类会发生变化。当一个需求刚刚被提出，处于新概念阶段时，一般是闪亮因子。当其慢慢被客户和企业接受，处于成长阶段时，就会转化为满意因子。而当其已经成熟成为基本需求时，又会转化成不满因子。表3-19介绍了需求类型及需求描述。

除了可以通过定性分析，还可以通过市场调查确定特定需求到底属于哪一类因子。通过测试特定产品需求的有无及满足程度对产品整体满意度的影响来定量地确定该需求的特性。在较好的客户满意度调查活动中往往可以看到这部分的内容。

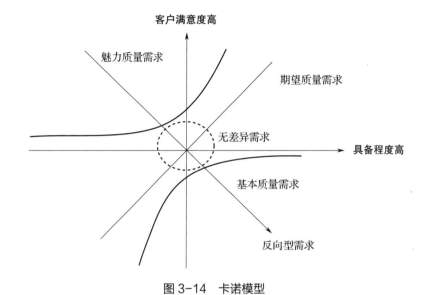

图 3-14 卡诺模型

表 3-19 卡诺模型需求类型及描述

序号	需求类型	需求描述
1	基本质量需求	所谓痛点，对于客户而言这些需求是最基本的需求，是产品必须有的属性或功能。基本型需求的优先级应当排在第一位； 此类需求没有得到满足或在该方面表现欠佳，客户的不满情绪会急剧增加，客户满意度会大幅降低。此类需求得到满足后，可以消除客户的不满，但并不能提高客户满意度，客户不会因此而表现出更多的好感。只要稍有一些疏忽，未达到客户的期望，则客户满意度将一落千丈。 简而言之，满足了，客户也不会表现出满意，但不满足，则客户会特别不满意。 产品的基本质量需求往往属于此类。对于这类需求，企业的做法应该是注重不要在这方面失分。 案例：夏天家庭空调的制冷功能，智能手机的通话功能属于基本需求，必须排在第一位
2	期望质量需求	期望质量需求排在第二位，又称意愿型需求，是指客户的满意度状况与需求的满意度成比例关系的需求，此类需求得到满足或表现良好的话，客户满意度会显著提高。提供的产品、服务水平超出客户期望值越多，客户越满意。

(续)

序号	需求类型	需求描述
2	期望质量需求	这是处于成长期的需求，客户、竞争对手和企业自身都关注的需求，也是体现竞争能力的需求。对于这类需求，企业应该注重提高质量，要力争超过竞争对手。 所谓痒处，就是此类需求得到满足或在该方面表现良好的话，客户满意度会显著提高；当此类需求得不到满足或在该方面表现不好的话，客户的不满也会显著增加。简而言之，提供得越多客户越满意。
3	魅力质量需求	所谓暗处，是指不被用户过分期望的需求。用户意想不到的，需要挖掘/洞察。此类需求一经满足，即使表现并不完善，也能使客户满意度快速提高；此类需求如果得不到满足，往往不会带来客户的不满。随着满足客户期望程度的增加，客户满意度也会大幅提高。简而言之，不提供，客户也不会特别不满意，但魅力需求会转化为基本需求。 这类需求往往代表了客户的潜在需求，企业的做法就是寻找发掘这样的需求，领先对手。
4	无差异需求	客户根本不在意的需求，无论提供与否，对客户体验无影响，它们不会导致顾客满意或不满意
5	反向型需求	客户根本没有此需求，提供后反而引起客户满意度下降，而且提供的程度与客户满意程度成反比，因为并非所有的消费者都有相似的喜好

2. 定性评估方法——分项打分法

将判断需求优先级的要素明确为多个维度，如客户重要程度（同等条件下，优先接纳战略客户和价值客户需求）、本期销售金额、市场格局、普适性、开发工作量、版本节奏等。明确评估要素的目的是使参加排序的人按照一致的角度来思考，避免不同人员思考角度差异太大，减少分歧。评估要素越多，评估越全面，但评估成本相应也就越高。典型情况可以是 5 个左右的要素。为每个维度确定一个权重，每个评估要素对最终优先级的影响是不同的，比如"普适性"的权重可能高于"客户重要程度"，因此要将 100% 的总权重分配到每个评估要素上，明确给每个要素得分对最终结果的影响比例。详细制订每个要素的评分原则，单个要素可以采用总分 5 分、10 分、100 分中的一种，以适用不同的精确度要求。此外，这个分值设定还影响最大值和最小值的倍率。比如 5 分制下，最大分 5 分与最小分 1 分的倍率为 5，而 100 分制下，最大分 100 分与最小分 1 分的倍率为 100，这个倍率在排序打分时将影响打分精确度。评分原则必须用文字详细写出，让评委能够根据文字快速判断出分值，减少主观判断的空间。将上述原则配置到 Excel 表格中或固化到 IT 工具中，要求能够自动对各维度加权求和，最终优先级就是求和结果得分排序。

3. 定性评估方法——矩阵分析法

将需求归类到四个象限，将需求划分成高优先级、中优先级、低优先级三个层次。高优先级需求对客户很重要且很紧急，或者是和客户合同中规定或约定的业务，或者是某些不可抗拒的因素必须满足的需求。如果需求可以在后续版本中实现并没有不良后果，此需求就不具有高优先级。中优先级属于客户需要这个功能但可以在下一个版本实现的需求。低优先级属于既不重要也不紧急，客户不需要这个功能也能正常使用并可以一直等下去。矩阵分析法的需求优先级顺序是：重要且紧急 > 重要不紧急 > 紧急不重要 > 不紧急不重要，在工作中根据当前实际情况把手头上的所有工作根据四象限法则进行重要性与紧急性的分析定义，然后把这些工作放进相应的象限中，最后按照矩阵分析法的顺序来完成工作（见表 3-20）。

表 3-20 需求矩阵分析法

紧急程度	重要程度	
	重要	不重要
紧急	高优先级	中优先级
不紧急	中优先级	低优先级

还有一个紧急效益法，这个方法其实与矩阵分析法道理是一样的。把一个二维坐标轴分成一个矩阵（四个象限），横轴是经济效益，纵轴是紧急程度。第一象限是经济收益高且紧急，第二象限是紧急但经济收益不高，第三象限是不紧急且经济收益不高，第四象限是经济收益高但不紧急。需求优先级排序是：经济效益高且紧急的功能需求 > 经济效益高但不紧急的功能需求 > 紧急但经济效益不

高的功能需求 > 不紧急且经济效益不高的功能需求。

4. 定量评估方法——综合排序法

需求的优先级与价值成正比，与成本和风险成反比。如果已经确定是高优先级必须实现的需求，没有必要纳入其中排优先级。建议对可能加入的特性使用该方法排序。客户代表或产品负责人对收益及损失打分，开发代表对成本和风险打分，按 1~9 对每一条需求打分。总共 4 项评分，相对收益 1 表示没有什么收益，9 表示极大收益；相对损失 1 表示需求不实现没什么损失，9 表示需求不实现损失很大；相对成本 1 表示投入很少，9 表示投入很大；相对风险 1 表示没什么技术风险，9 表示风险很大。

最终优先级 = 价值占比 /（成本占比 × 相对权重 + 风险占比 × 相对权重），相对权重由项目组讨论确定。

5. 定量评估方法

大规模敏捷框架（Scaled Agile Framework，SAFe）制订了一种通用的定量计算法用于评估需求的优先级，称为加权最短作业优先（Weighted Shortest Job Frist，WSJF）。WSJF 的数值越高，则优先级越高。计算公式如下：

WSFJ = 延期成本 / 工作量 =（商业价值 + 时间价值 + 风险和机会）/ 工作量

WSJF 的数值取决于分子 / 分母的值，这里的分母工作量（Job Size）一般指该需求实现所花的工作量，而分子延期成本（Cost of Delay）则可根据自身情况按照不同的维度选择不同的要素进行加权计算。举例来说，延期成本在计算时可以从下面三个方面来考虑。

（1）客户和商业价值（Business Value）：需求对客户或商业的相对价值，比如客户更喜欢哪个？对营收有什么影响？不做会产生什么潜在的负面影响？对应定性评估方法来说，可以通常用高中低进行简单的定性商业价值评估，一般来说高商业价值的需求应该优先交付。

（2）时间价值（Time Criticality）：给客户的商业价值随着时间的推移如何变化，例如，该需求是否有固定的交付日期？在某个时间窗口不上线的话，是否会影响客户的满意度？对于同等商业价值和时间要求的需求，团队通常会选择成本低、交付速度快的需求。因为越早完成越早产生价值，并及早获得客户反馈，增加我们对客户的认知。

（3）风险和机会（Risk Reduction and/or Opportunity Enablement，RR-OE）：该需求能否带来风险的减少和增加产品的机会。如果一个需求会对已有代码模块的实现逻辑甚至架构有重大冲击，尽管这个需求价值很高，团队往往会倾向于将其推迟到以后再做，其实这是逃避风险的自然反应。现在不做会继续堆积现有实现逻辑的代码，以后再做这个需求带来的冲击会更大。因此，对于这种有风险的需求，如果决定必须做，就要早做，直面风险。另外有的需求虽然不能直接给客户创造商业价值，但是因为这个需求能够让我们了解到我们不知道的知识或信息，同时带来其他新的商业机会，这类需求也要重点关注。

在进行定量计算时，可以依据每一条需求进行评估和计算。WSJF 的值越高，表明工作越重要。

3.5.4 需求冲突升级机制

需求提出人对 RMT/RAT 需求分析结果未达成一致可发起升级。市场代表负责推动争议需求上升决策，与需求提交人沟通后确认需要发起争议升级，可代需求提交人发起升级。通常升级场景包括：

- 需求交付的时间延迟；
- 需求实现方案的重大变化；
- 拒绝需求；
- 超期未答复；
- 需求变更；
- 超期未实现；
- 对一线未确认需求随时发起升级（含未确认关闭需求）。

RME（含转发处理人）可对需求处理超出本领域处理范围进行转发处理、升级，如提交到单产品的需求分析后涉及跨产品，单产品 RAT RME 应及时将需求转到解决方案 RAT 处理。解决方案 RAT RME 在需求方案有冲突时发起方案争议升级，由 PL-PMT（产品线内）/ PMT（跨产品线）决策备选方案。解决方案 RAT RME 在各产品线就需求是否接纳，交付时间达不成一致时发起争议升级，由 IPMT（产品线内）/IRB 决策该需求是否投资及交付时间。

3.5.5 需求变更管理

本节介绍需求架构模型二的需求变更管理场景，分系统特性 / 初始需求变更管理和系统需求 / 分配需求变更管理两种场景。

1. 系统特性 / 初始需求变更管理

（1）有以下几种情况会发起对初始需求的变更。

- 当 PDT 进行开发和测试过程中发现有初始需求由于技术或人力等原因导致其内容或实现日期等与下发初始需求时的要求不符时，要及时发起对初始需求的变更请求。严禁 PDT 在不发起变更请求的前提下私自挂起初始需求。
- RME 在对初始需求进行跟踪时，如果发现初始需求的内容、进度等与下发初始需求时的要求不符时也要及时督促 PDT 发起对初始需求的变更。
- RMT/RAT 在分析原始需求变更请求时，可能会发现有必要对其相关的初始需求发起变更。

（2）分析对初始需求的变更请求。

RMT/RAT 在收到对初始需求的变更请求之后，组织利益相关者进行变更分析，利益相关者要包括与初始需求相关的原始需求的提交人、变更请求的提交人以及 PDT。分析时要判断变更的必要性、可行性和关联性。尤其是对承诺的变更要充分考虑对项目和客户关系的影响。如果变更对于其相关的原始需求或其他初始需求有影响，RME 负责发起相关的变更申请并进行协同处理。如果涉及系统需求 / 分配需求的变更，PDT 负责发起系统需求 / 分配需求变更进行协同处理。

对于初始需求的变更请求有如下结论：

1）通过变更请求：变更请求通过之后，RME 实施变更。

2）拒绝变更请求：RMT/RAT 在做出拒绝变更的结论时要给出具体的理由，同时知会变更请求提出人。如果对于分析的结论有异议，则升级处理。

（3）RMT/RAT 要负责把变更的分析结果及时通知到所有利益相关者。

只有 RMT/RAT 才能实施对初始需求的变更。变更请求通过 RMT/RAT 分析之后，RMT/RAT 更新初始需求，替换变更前的初始需求。RME 负责跟踪变更后的初始需求落实到 PDT 实施。初始需求的变更如果涉及计划变更请求（Plan Change Request，PCR），按 PCR 处理。如发生如下情况时，需申请 PCR 决策并及时进行变更沟通，需求变更决策后正式通知一线和客户：

- IPMT/BMT 评审通过的价值特性删除和修改；
- 原则上对客户承诺的所有需求的变更都需要征得客户同意。如存在客户没有同意的需求变更，需申请 PCR 决策；
- 原则上需求 PCR 只能在最后一个版本的 TR5 前申请，如 TR5 后变更需求，申请例外决策。

2. 系统需求 / 分配需求的需求变更管理

（1）发起对系统需求 / 分配需求的变更。

在需求实现过程中，PDT 由于市场、客户、进度、资源等原因需要对系统需求 / 分配需求进行变更时，可提交需求变更申请给产品变更控制委员会（Change Control Board，CCB）。CCB 是产品领域流程变更的专业评审组织，CCB 不直接面向一线和客户需求，负责决策产品内部项目任务书至 EOX 的研发需求变更和产品技术方案变更。CCB 只能决定系统需求、分配需求的变更，即需求实现的变更，不会涉及市场需求。严禁 PDT 在不发起变更请求的前提下私自修改系统需求 / 分配需求与产品设计，只有产品 CCB 决策通过后才能实施对系统需求 / 分配需求的变更。

- 对于计划决策评审点（Plan Decision Check Point，PDCP）前的需求变更可直接由 RAT 根据 RMT 变更决议发起需求变更，版本系统工程师根据需求变更同步分析对系统需求 / 分配需求的变更，组织 CCB 对系统需

- 对于 PDCP 后的需求接纳首先在预留管道内进行，对于超出预留管道的需求，在资源部门无法承接的情况下要启动排序。对于 RMT/RAT 需求接纳时分析接纳需求与基线需求的优先级，在版本无法承接情况下，要求 RMT/RAT 进行接纳需求绝对排序。

PDCP 后的需求变更，如果涉及市场需求（SF、IR、PB、RR）变更，则需要升级到 RMT/RAT 决策，CCB 只负责需求可实现性的评估和影响分析，作为 RMT/RAT 决策的输入。需求变更申请应不晚于版本 TR5 前一个月提出。产品开发到 TR5 之后禁止新增特性，不允许例外申请。TR5 前两个月严格控制大颗粒需求，为保证交付质量建议不接纳工作量超过一定开发工作量的需求。

（2）分析对系统需求/分配需求的变更请求。

产品 CCB 收到需求变更申请后应召开需求分析会，组织利益相关者进行变更分析，包括 PDT 核心组成员和需求变更提交人，分析时要判断变更的必要性、可行性和关联性。尤其是对于承诺的需求变更，要充分考虑其对项目、客户关系的影响。如果变更涉及对初始需求、原始需求有影响，系统工程师需要负责发起系统特性/初始需求的变更申请，与 RMT 协同进行处理。

RAT 收到需求变更申请后，应组织 PDT 与变更需求提交人共同讨论，充分评估对原始需求、初始需求的影响，对客户/市场项目的影响，对上市的影响，对版本开发计划、资源等方面的影响，供 RMT 决策参考。

变更申请决策有如下结论：

1）通过变更请求：变更请求通过之后，系统工程师实施变更。系统工程师负责跟踪变更后的 SR/IR 的实施，变更如果涉及 PCR，按 PCR 操作。

2）拒绝变更请求：产品 CCB 在做出拒绝变更的结论时要给出具体的理由，同时知会变更请求提出人。

（3）产品 CCB 要负责把变更的分析结果及时通知到所有利益相关者。

如果对分析的结论有异议或 RMT、PDT、需求提交人之间无法达成一致，由需求变更发起人发起需求争议升级。

3.5.6 需求管理度量

需求管理涉及的指标较多，可考虑的度量指标如表 3-21 所示。

表 3-21　需求管理度量指标

序号	指标名称	计算阶段或方法	处理部门
1	需求答复满意度	答复满意度 =1- 评价为差的需求数 / 需求总数，统计样本为答复时间落在统计周期内的所有需求	战略市场部
2	需求平均答复周期	从提交到给出首次综合结论的平均天数，答复周期 = 需求答复时间 - 需求提交时间，统计样本为答复时间落在统计周期内的所有需求	战略市场部 / PDT
3	需求及时实现率	及时实现率 = 需求及时完成数 / 应实现需求数，统计样本为预计实现日期落在统计周期内的所有需求	PDT
4	需求承诺变更率	所有初次答复接纳的需求，后续又发生变更的比例	战略市场部 / PDT
5	需求平均实现周期	从需求答复到需求实现的平均天数	PDT

3.6　需求管理相关模板

3.6.1　原始需求模板

原始需求模板如表 3-22 所示。

表 3-22　原始需求模板

属性字段	属性字段说明	样例
需求编码	自动生成	创建完自动生成
需求分类说明	主题、天气、备忘录、安全、定制、全局搜索……	主题
需求来源	客户交流、供应商交流、内部交流、高层拜访、客户声音分析、拒绝的答标需求、公开市场、电商市场、服务需求、面向产品生命周期各环节的设计（DFX）等	供应商交流

（续）

属性字段	属性字段说明	样例
需求标题	简要概括描述需求	支付宝线下扫码操作烦琐，等待时间长
详细描述	需求背景、产品定位、需求价值及规格描述、期望测试样机的日期、期望交付日期、落地版本诉求	在使用支付宝线下扫码支付时，每次要解锁手机，找到支付应用，打开应用后再点击支付功能，操作烦琐，等待时间长
是否保密	是 / 否	是
优先级	高、较高、中、较低、低	中
需求场景	需求应用场景，如拍照	支付
需求管理团队	×× RAT	×× RAT
所属产品领域	×× 产品领域	×× 手机
所属客户	需求是哪个客户提出的	××
所属地区	中国、东南亚、西欧、非洲、美洲	中国
所属国家 / 地区	国家名字 / 对应区域	中国 / 亚太
需求提出人	×××	×××
期望回复日期	202×-××-××	202×-××-××
备注	/	/
附件	/	/

3.6.2 初始需求模板

初始需求模板如表 3-23 所示。

表 3-23 初始需求模板

属性字段	属性字段说明	样例
标题	简述功能	支持访客模式
客户痛点	简要描述客户问题、痛点分析，要求语句通顺，无错别字	熟人借我手机看，不借没礼貌，借了担心一些私人照片、文件被人看到

（续）

属性字段	属性字段说明	样例
价值描述	带来的客户价值	同时满足客户对礼貌和个人隐私保护的需求
场景说明	客户使用场景分析	场景一：熄屏状态手机被借用，通过指纹快捷切换到访客模式； 场景二：亮屏且锁屏状态手机被借用； 场景三：亮屏非锁定状态手机被借用
详细描述	描述清楚规格，不涉及具体的实现方案	①屏幕锁定状态下，客户可以切换访客、机主使用模式 ②客户可以通过不同指纹切换访客、机主使用模式。用户指定的一个指纹可以进入访客模式，其他指纹进入机主模式 ③访客模式中不能访问到机主空间中的个人数据，包括联系人、通话记录、照片、文件等应用
优先级	①如果是卖点，则优先级是极高 ②写入项目任务书、PDCP、PCR等项目关键汇报材料的内容标注为高 ③其他按优先级实际排序	极高
需求提出人	原始提出人和最初提出该需求的公司内部人，不是转述人	张三
需求评审结论	①每条IR都必须通过流程认可的组织决策； ②最新的决策意见放在前面，老的决策意见保留，不需要覆盖； ③填写的格式要求如下： • 决策时间：×××年××月××日 • 决策组织：RAT/RMT/PMT/IPMT/IRB/SPDT RMT，决策负责人姓名 • 决策结论：同意/部分同意落地××版本	决策时间：202×-××-×× 决策组织：×× RAT 决策结论：同意落入××版本

（续）

属性字段	属性字段说明	样例
外部资源	分 3 种情况，分别是无、沿用、新引入 • 默认无，是指无须公司外部资源 • 沿用，是指继续使用已有的供应商，无须引入第三方 • 新引入，是指需要引入第三方进行合作	新引入
内部资源	用户体验、操作系统、软件部等内部部门接口	用户体验
需求来源	RR 编码	RR-×××××××
期望交付日期	×××年××月××日	202×-××-××
涉及领域	产品域，按系统配置选填最主要的产品域	××手机
首发产品	××产品	××手机
宣传口径（KM）	简单易用、喜爱、功能强大、安全可靠、其他	安全可靠
是否接纳	接纳/拒绝（主要因需求变更导致采纳情况变化，变化后要重新填写需求评审结论）	接纳
执行人	RAT 对应的子领域系统工程师	×××
预估工作量（人天）	系统工程师提供，包括开发、测试、用户体验、操作系统、系统工程师、云等端到端的人力投入	×××人天

3.6.3　RAT 汇报模板

RAT 汇报材料原则上控制在 10~15 页，一般采用 PPT 汇报材料。材料应明确诉求，给出建议方案和落地版本等要求（见表 3-24）。

表 3-24 RAT 汇报模板

序号	章节	内容
1	决策意见	新增需求简介：介绍本次接纳了哪些需求，该需求需要多少人力、多少预算，落入哪个 PDT 团队 / 产品版本交付； 裁剪需求简介，同上
2	背景	列出需求清单和原始需求描述，包括原始需求方、需求描述、需求提出的时间和场合等
3	特性及价值	简明扼要地介绍特性开发的价值，如用户体验提升、产品成本降低、可制造性提升、供应链保障性提升等； 需求影响范围
4	需求分析	针对原始需求给出的需求分析； 对系统设置项的影响分析； 系统设计方案； 需求实现工作量分布； 风险评估
5	议题评审清单	是否会改变用户当前的使用习惯； 是否对产品成本有影响； 是否存在其他依赖； 是否有安全风险； 开发工作量是否满足
6	相关决策沟通意见	SPDT、系统工程师及其他相关人的意见

3.7 需求管理相关问题

3.7.1 常见的需求来源

常见的需求来源如表 3-25 所示。

表 3-25 常见的需求来源

序号	主题	内容
1	中长期需求调研、需求洞察	需求调研组通过行业与市场分析、竞争分析、技术方向研究、客户标书分析等维度分析收集产品中长期需求，录入需求管理系统，用于产品中长期规划

（续）

序号	主题	内容
2	客户声音（Voice of the Customer，VOC）	VOC类需求提交责任人通过论坛、官网、微博等线上方式进行客户体验测评/满意度调查，或者线下与客户接触、交流，研究客户行为，听取客户对竞品的评价，最终分析、筛选出产品需求和技术需求，录入需求管理系统
3	零散客户需求	公司各大体系人员拜访客户后都应当整理拜访客户纪要，从中抽取出有价值的客户需求，整理后填入需求管理系统进行统一分析处理。 公司高层主管拜访客户的纪要往往包含客户的重大需求信息，应当重点整理，确保客户需求录入需求管理系统进行统一分析处理。 公司各大体系人员都可能在日常其他工作中接触到客户需求，包括研讨会、展览、售后维护等，都需要及时记录客户的需求信息并录入需求管理系统进行统一分析处理
4	销售项目需求	一般分为两个过程：技术文档答复、提交答复识别的新需求。 收到一线投标项目组或者其他销售项目的技术文档答复需求之后，如果分析需要提交对应项目团队进行技术文档答复，则需要及时提交需求管理系统，添加对应的技术文档以及帮助对应项目团队理解相关标书等文档
5	产品规划和技术规划的需求	在产品线年度业务计划输出后，各PDT产品管理代表根据本年度版本路标规划，汇集需要开发的重大特性，整理出对技术/平台的重大需求并录入需求管理系统，用于技术规划。 根据批准的技术规划计划，通过对客户需求分析、产品需求与现状分析、机会点分析、竞争分析、行业趋势分析等维度分析技术中长期需求，录入需求管理系统，用于技术规划
6	内部原始需求	公司员工在日常工作中，归纳总结针对产品、技术相关的内部改进需求，如产品功能改进、架构提升、降成本、逆向工程、DFX等，并提交到需求管理系统

3.7.2 谁适合担任RMT/RAT组长

RMT组长一般由BMT经理/SPDT经理担任，RMT副组长为SPDT产品管理代表。若RAT在SPDT层级建设，则RAT组长为SPDT经理，RAT副组长为 SPDT 产品管理代表。若 RAT 在 PDT 层级建设，则 RAT 组长为 LPDT 经理，RAT 副组长为 PDT 产品管理代表。

3.7.3 需求决策需要考虑哪些因素

为有效保证版本质量，各需求管理团队决策时不能将需求接纳合入 TR5 后的版本或补丁。接纳需求时必须将研发能否交付作为一个决策因素。作为需求决策时的核心要素之一，工作量和技术方案可行性要在 RMT 汇报材料中有明确体现，议题预审时要把好关，如没有相关内容或分析不清楚，RMT 执行秘书可拒绝上会评审，上会前议题汇报人完成与需求管理团队核心代表的沟通。

为提高特性命中率同时及时满足客户需求，应建立在研版本的需求定期审视机制。重点审视"不确定"和"最好有"两类需求，包括增加需求、删除需求、延期交付（迭代）、需求本身变更等。需求调整信息的来源包括客户沟通、项目进展变化、版本策略、研发能力变化等方面，新需求的决策特别是接纳新需求要放在已有需求中统一排序来看。

产品管理代表协同研发和一线总体负责收集和汇总待审视的需求排序信息，审视信息中要特别注意包含需求承诺及沟通的信息，需要通过与一线及客户进行持续沟通获得，从而形成需求的双向沟通通道。

3.7.4 为什么要做需求确认

研发资源总是有限的，在做需求排序时要统一对需求的价值认识，确保每一分钱都花在刀刃上，保证做正确的事情。如果对需求理解不正确，就会导致做出来的产品与客户期望背道而驰。关键需求（特别是涉及高技术风险和端到端的产品定制）必须与客户亲自确认，甄别需求真伪。开发过程中还经常会面临技术方案的选择，综合研发能力、技术方案和客户需求，选择最合适的方案对客户进行引导。

第四章　战略管理

在展开本章详细内容的介绍之前，先强调下战略管理的重要性。试想一下，如果小米一开始没有选择做高性价比智能手机产品而是选择做 PC 台式机产品，那么即使小米再努力，战术上每个点都选择正确，最终也是很难有现在这个成绩的。回顾小米的发展历程，小米选择智能手机赛道的战略是非常成功的。所以战略并不是虚无缥缈的东西，而是系统性的、实际的、方向性的、全局的、基于未来的、是当前必须采取的，给长期带来重大影响的行动，是达成中长期目标的手段。战略不是研究我们未来要做什么，而是研究我们今天做什么才有未来，是站在后天看明天。战略就是一种选择，是有限资源的取舍，是组织未来发展的方向、目标、路径、关键业务设计及重要举措，是在更长时间周期、更大产业纵深、更宽市场范围内去审视业务发展规划和组织能力建设规划，是对公司未来有重大影响的下一步行动，同时也决定了面向未来要做什么。就像杰克·韦尔奇（Jack Welch）说的那样，战略其实就是对如何开展竞争的问题做出清晰的选择，也就是有所为、有所不为。战略正确了未必有好的结果，战略不正确一定不会有好结果。"不谋万世者，不足谋一时；不谋全局者，不足谋一域""不能只低头拉车，不抬头看路"说的都是这个道理。

战略管理包括战略规划（SP）和年度业务计划（BP）两个阶段以及执行过程中的监控。SPDT 层级的 SP/BP 合称为"产业商业计划"。战略规划即中长期发展规划，是关于公司及各规划单元中长期发展目标、路径、关键业务设计及重要举措的选择和决策。战略规划是看远方、定方向、定节奏、定目标、定策略。从公司的愿景和使命出发，制订未来中长期的业务发展战略规划，确定未来3~5年中长期目标，解决"我是谁，我要干什么，不干什么"的问题。年度业务计划则是看近处，解决当年"我干什么？怎么干？干成什么样"的问题，确定下一个具体年度的计划、任务、人/财/物的分配。战略规划指导和牵引年度业务计划，年度业务计划是战略规划的战略展开，对战略规划进行战略解码，可得出下一年度年度业务计划的关键任务（重点工作）和组织级KPI，年度业务计划同时也驱动年度预算的编制。通常，战略规划又称"春季计划"，年度业务计划又称"秋季计划"。

战略管理的主要活动包括确定战略目标，制订战略规划，决策资源配置的落实执行，并管理监控目标达成。它是一个动态管理的过程。制定战略时要有长远的洞察力，要放眼全球，敏锐感知业务与环境的变化，深入洞察未来的可能性，看清未来的发展趋势和方向，指导产业和产品找准未来的发力点，确保做正确的事。"胜兵先胜而后求战，败兵先战而后求胜"，对企业来说，制定正确的战略价值巨大。一个公司不管生意有多大，资金实力有多雄厚，都不可能做出满足所有人需求的产品。一般来说，不管多大规模的公司都应该聚焦主航道，不在非战略机会点上消耗战略竞争力量。在资源有限的情况下，全公司应端到端卷入，全生命周期计算回报，把宝贵而有限的资源投入能创造最大价值的方向上。

战略规划和年度业务计划在本书中的位置如前言的图1所示，通过市场洞察相关活动洞察出细分市场，市场洞察的输出结果和洞察出的细分市场共同为战略规划和年度业务计划提供输入，战略规划牵引年度业务计划，年度业务计划驱动产业商业计划和全面预算，技术/产品组合规划支撑单产业商业计划，继而支撑战略规划/年度业务计划的制订和发布。

 与战略管理相关的名人名言集

战略是指为实现某种目标或愿景而制订的高层次、全方位的长期行动计划。

亨利·明茨伯格（Henry Mintzberg）

> 战略是方向性的、全局的，是基于未来的，就像下一盘围棋，战略是布局，战术是绞杀时的精算，执行是完成任务的学问。战略正确，精准的战术，严格的执行就会事半功倍；战略失误，战术越成功，执行越有效，就会越迫近全军覆没。
>
> 战略以竞争性定位为核心，对经营活动进行取舍，建立独特的适配和资源配置。
>
> 迈克尔·波特（Michael Porter）
>
> 不要用战术上的勤奋掩盖战略上的懒惰。
>
> 出自《重来：更为简单有效的商业思维》

4.1 战略管理常见的问题

战略管理常见的问题如表 4-1 所示。

表 4-1 战略管理常见的问题

序号	主题	内容
1	缺乏战略规划或战略规划的质量不高	公司缺乏系统性的长远规划，缺乏战略规划流程； 组织内部成员战略规划能力参差不齐，重汇报、轻落实，管理机制和方法不完善； 任务驱动战略规划，缺乏规范的日历指导和协同互锁； 产品中长期规划不全面，无退市计划，缺少中长期销量规划方法； 各部门间缺乏战略一致性，无法达成"左右对齐"的战略共识； 部门述职以描述成绩或差距为主，缺乏对未来一年的业务策略和目标的描述； 想解决太多的绩效差距问题导致迷失了方向； 战略规划特别是经营计划中没有认真地对财务、人力等资源进行配置
2	缺乏有效的执行	投入很多时间和资金用于制定一个可靠而有效的战略，但缺少对其执行过程的检查； 重点工作没有有效承载长期战略，缺乏有效分解和跟踪落实；

(续)

序号	主题	内容
2	缺乏有效的执行	缺少长期目标的绩效衡量方法，没有纳入组织绩效； 执行过程中把期望和检查混为一谈，员工只会做领导检查的事情，而不会去做领导期望的事情； 没有把公司战略和价值观清晰地传达给所有员工，并在公司的每一个行动中强化价值观； 牵引短期目标激励力度过大，缺乏有效的长期目标激励
3	综合	SP/BP/预算/KPI 并未完全拉通，导致部分人在编制 SP 时信心满满，指标偏乐观，以便受重视；编制 BP/预算时谨小慎微，指标偏保守，以便要资源；签署 KPI 文件时锱铢必较，指标偏悲观，以便能得分。三种心态的结果是指标逐次缩短，未能真正拉通从战略到执行全过程； 战略解码不充分、不完善，SP 被"束之高阁"，BP"另起炉灶"，SP 与 BP 之间缺乏有效的解码和承接，而解码不充分或不完善，意味着解出的执行要素不能完全支撑战略，甚至会偏离战略，这样自然会出现战略落地效果不理想的情况； 公司管理层往往直接以预算为标准，给一线员工下达 KPI。一线员工接到高不可攀的指标，先是竭力反对，最后被迫接受。直接的后果就是一线员工动作变形，违背市场培育与发展规律

4.2 SP/BP 组织

战略规划、年度业务计划的责任主体为各规划单元一把手。与产品规划管理相关的 SP/BP 角色如表 4-2 所示。

表 4-2 与产品规划管理相关的 SP/BP 相关角色

序号	角色	职责
1	董事会	批准公司战略规划（含业务、财务、人力资源等）、年度预算、公司重点工作； 对公司战略规划和年度执行中的重大、关键、全局性问题进行审议和决策
2	CEO	提供公司业务战略指引； 审核公司战略规划；

（续）

序号	角色	职责
2	CEO	审核和批准产品线/各营销组织的 KPI 方案； 确定研发的投资方向与重点，审批产品和技术投资组合； 组织制订公司重点工作并监控执行情况； 确定年度业务经营和市场目标等关键业务目标； 定期审视公司战略专题的达成情况
3	IRB	制订公司的战略规划、年度业务计划与预算； 审核产品线及其他下属组织的战略规划、年度业务计划与预算； 审核和批准产品线的 KPI 方案； 审核产品线的产品投资组合，由 IRB 负责投资； 定期审视全面预算、人力预算、重点工作、KPI 等的达成情况
4	IPMT	IPMT 主任是产品线战略管理第一责任人，负责制订产品线战略规划和年度业务计划并确保落地执行，决策下属组织的战略规划和年度业务计划； 审核和批准子产品线的战略规划和 KPI 以及子产品线产品投资组合； 各功能领域成员作为业务团队成员负责制订相应领域的规划，要深度参与产业的战略规划和年度业务计划研讨，并确保达成共识的结论落地执行
5	战略规划部	负责组织制订 3~5 年中长期发展规划及年度业务计划，包括中长期预测； 例行审视中长期发展规划和年度业务计划执行情况； 对产品线端到端运作、长期发展的问题进行深入分析，评估竞争形势，捕捉和分析产品线领域的新市场机会点，发起产品线层面的战略讨论、专题研究，为产品线的长期发展提出建设性建议； 战略规划部是公司战略规划的承接主体
6	产品线总监	制订产品线的年度业务计划与预算； 定期审视产品线全面预算、人力预算、重点工作、KPI 的达成情况； 审核产品线下属组织的全面预算、人力预算、年度业务计划与述职、KPI 目标值、主管绩效
7	BMT/SPDT	制订子产品线的战略规划、年度业务计划与预算； 定期审视子产品线全面预算、人力预算、重点工作、KPI 的达成情况； SPDT 经理为产品领域战略管理第一责任人，负责制订战略规划和年度业务计划合一的产业商业计划，并确保落地执行

（续）

序号	角色	职责
8	产品管理部	参与并全面支撑中长期发展规划和年度业务计划的制订，对产品竞争力负责； 负责新产品的规划与管理以及项目任务书的立项和开发管理，输出高质量的项目任务书和未来 3~5 年产品和解决方案路标； 负责产品短期和中长期需求分析、排序并纳入产品路标，实现需求的端到端闭环管理； 根据市场需求、竞争的变化情况例行审视产品线产品及解决方案规划和已进行产品立项的项目任务书的竞争力； 对新产品、新版本的开发过程进行审计，保证产品在开发过程中符合项目任务书的要求； 负责产品线产品组合排序的管理平衡，制订投资分配和资源配置建议； 负责从产品角度输出对预研、技术、平台 3~5 年需求，牵引与驱动预研、技术、平台的规划及平台项目任务书的开发； 产品管理部是 BMT/SPDT 的战略规划承接主体
9	市场代表	收集行业及市场趋势信息并进行初步分析，挖掘机会点； 提供行业内主要竞争对手的市场表现、产品竞争力分析，提出竞争策略； 收集并分析客户未来的主要痛点需求和影响客户购买行为的主要因素； 提供公司产品在市场上的竞争表现、客户满意度等方面的数据和信息分析报告； 提出有竞争力的营销策略、产品特性和路标建议
10	开发代表	提供竞争对手主要产品的技术竞争力分析报告； 提供竞争对手研发现状及优势分析； 提供公司研发和技术开发的优势及短板分析； 制订技术和研发能力提升方案
11	制造代表	收集分析竞争对手在工艺、制造、采购等供应链方面的主要竞争优势； 提供客户在售后支持、产品体验、满意度等方面的信息； 提供公司主要产品的 DFX 和产品质量方面的分析报告
12	财务代表	提供支持战略规划和年度业务计划的财务分析； 提供各组织财务成本方面的信息报告，辅助制订战略规划和年度业务计划

4.3 SP/BP 流程

4.3.1 战略管理流程图

战略管理流程如图 4-1 所示。

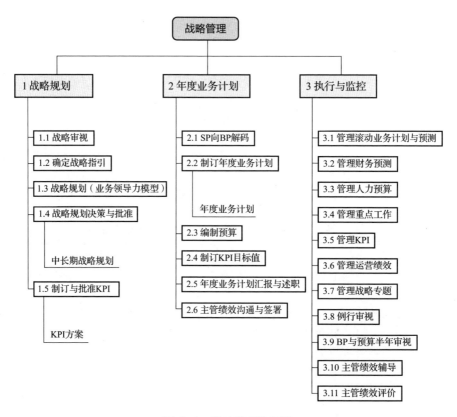

图 4-1 战略管理流程图

4.3.2 战略规划阶段流程说明

战略规划阶段流程说明如表 4-3 所示。

表 4-3 战略规划阶段流程说明

编号	活动	活动描述	负责岗位	输出
1.1	战略审视	通过审视影响战略的关键要素，识别战略的关键假设与现实内外部情况的差异及变化，评估当期战略的健康程度； 战略审视的输出是战略指引、差距分析、业务设计的输入	战略规划部	战略问题
1.2	确定战略指引	针对企业未来发展方向、目标、面临的关键挑战，基于对未来的假设和预期，提出需要在战略规划中进行验证与解答的问题，通常由管理层提议、董事会批准	战略规划部	战略指引
1.3	战略规划（业务领导力模型）	按照业务领导力模型组织各业务领域对上期战略执行情况进行总结，并对目前产品组合竞争力、商业模式、存在的差距（业绩差距、机会差距）进行分析与评估，包括且不限于：宏观经济环境和行业发展的变化、商业模式变化趋势分析、市场格局及客户拓展完成情况、客户战略与痛点分析、区域市场竞争形势与展望、产品组合与版本进展情况、技术/平台/预研与标准、经营执行情况、人力及组织资源情况、产业链竞合情况、运作与质量等； 组织各业务领域开展市场洞察，主要从看趋势、看客户、看对手、看自己、看机会等角度进行分析，聚焦产品线层面的宏观环境与市场趋势、价值转移分析活动、产业链竞合分析等； 结合公司愿景与使命、公司高层领导访谈、宏观洞察报告、市场与客户洞察报告、执行与监控报告、经营分析报告等输入，组织各领域围绕机会，从增长、投入、回报、风险四个维度举行战略意图、创新焦点、当前/未来业务设计、中长期业务目标等业务设计专题研讨会，讲清楚业务策略与财务数据之间的逻辑关系，并关注长期核心竞争力的提升与当期经营目标达成的平衡。制订未来3~5年业务目标，整合关键材料输出战略规划材料，包含差距分析、市场洞察、战略意图、创新焦点、市场拓展、竞争、业务设计、组织、交付与服务、关键任务、财务、人才、氛围等内容	战略规划工作组/规划代表	中长期战略规划

（续）

编号	活动	活动描述	负责岗位	输出
1.4	战略规划决策与批准	审批战略规划中战略目标与业务设计、关键任务及策略、组织和人才、氛围等关键业务策略及行动计划，并给出明确结论：通过/修订后再评审，如果会议结论为修订后再评审，需要再次上会审核直到通过； 审核时需要关注下一年度的财务目标和资源投入预测，该数据将作为年度业务计划的输入。关注组织、人才和氛围是否能够支撑业务中长期规划	战略规划评审团队 CEO 董事会	中长期战略规划
1.5	制订与批准KPI	根据中长期战略目标和战略举措导出战略和战略举措的衡量指标，选择关键的战略衡量指标输出 KPI 方案，批准 KPI 项和权重方案，确保 KPI 项能承接业务单元战略	战略规划工作组战略规划评审团队	KPI方案

4.3.3 年度业务计划阶段流程说明

年度业务计划阶段流程说明如表 4-4 所示。

表 4-4　年度业务计划阶段流程说明

编号	活动	活动描述	负责岗位	输出
2.1	SP 向 BP 解码	SP 向 BP 输入作为 BP 与预算的基础，确保 SP、BP 与预算已有效衔接； 确保战略在年度业务计划中已"落地"关键目标、里程碑及策略，主要关注下一年预测目标（财务目标/业务目标）、主要市场机会、关键任务等	战略规划部	重点工作清单
2.2	制订年度业务计划	对基于战略制订的关键举措进行分解，形成年度关键业务计划，内容包括 18 个月路标/产业经营计划，并基于中长期财务目标与预算对下一年的投入进行承诺。 年度业务计划拉通机会点到订货/收入、计划、预算、KPI、个人绩效等专项工作，指导各级部门开展下一年度工作。通过合理的计划安排及要求来指导年度业务计划编制的全过程，使公司级各规划单元保持协调一致，并实现 BP 与 SP 的衔接	各规划单元负责人	年度业务计划

（续）

编号	活动	活动描述	负责岗位	输出
2.3	编制预算	基于公司 SP 的首年财务目标、业务单元的初始预算，结合历史基线汇总编制公司初始预算并提交评审； 各产品线结合年度业务计划、投资组合策略及产业经营指标，在满足 IRB 资源配置牵引的基础上进行年度预算规划。组织各产品线将人力预算分解到项目/部门，发布年度人力预算基线，梳理预算分解框架/原则，形成预算分解流程； 人力管道和费用是公司投资策略执行落地的载体，通过有效的预算分解、预算执行和过程管理，平衡成熟业务和新业务投入，持续提升组织效率，确保各产业的可持续发展和各产品线战略的达成	财务部/人力资源部/质量与运营部	全面预算，年度人力预算基线
2.4	制订 KPI 目标值	沿战略分解路径通过一系列战略解码活动形成重点工作清单并落入各级主管的 KPI，上下层形成互锁，确保战略被承接和执行； KPI 要聚焦核心战略；对 KPI 要简化管理；KPI 应均衡平衡计分卡四个维度的指标，均衡短期/长期组织目标考核要求，各层组织 KPI 方案需有效支撑上层组织战略和目标的层层落实	各规划单元负责人	年度 KPI 方案和目标
2.5	年度业务计划汇报与述职	年度业务计划初稿完成后，公司应组织部门领导、编写人员、部门骨干人员参与评审，针对计划的逻辑结果、关键战场和机会、公司的主要困难和重点工作及策略、经营指标预算、资源预算等进行讨论和评审，根据评审意见对年度业务计划进行优化； 各领域主管进行述职，主要内容包括对上一年度工作的总结和下一年度工作的规划	各规划单元负责人	年度业务计划述职报告
2.6	主管绩效沟通与签署	将重点工作目标放入重点工作负责人和支撑目标达成的业务主管 KPI，牵引主管对重点工作目标的支撑； 重点工作选定以及目标基线化后，召开组织最高管理者对重点工作责任人的委任状授予会议或者签字仪式，起到目标公示公开、激发重点工作责任人责任感的作用	各规划单元负责人	主管 KPI

4.3.4　执行与监控阶段流程说明

执行与监控阶段流程说明如表 4-5 所示。

表 4-5　执行与监控阶段流程说明

编号	活动	活动描述	负责岗位	输出
3.1	管理滚动业务计划与预测	以 SP/BP 为目标和牵引，实现各项业务计划（产品计划、销售计划、运作计划）集成运作并与财务滚动预测、人力计划有机结合，支撑经营决策	财务部	—
3.2	管理财务预测	基于年度预算进行月度、半年度、年度滚动预测与分析，做实宏微观互锁，结合各产品线经营状况制订各团队过程管控目标，通过科目落地管控措施，实现费用过程管控；基于产品线整体费用管理策略，针对开发费用执行异常情况进行紧急介入，包括但不限于冻结领料、暂停订单下单等措施，跟踪执行	财务部	费用核算报告
3.3	管理人力预算	基于人力损益工作量，结合账户制月度例行输出对项目/部门分摊投资比例分析及各产品线人力预核算执行分析，包括战略资源投入执行分析，并跟踪闭环改进	人力资源部/质量与运营部	人力管道月报
3.4	管理重点工作	重点工作是从 SP 中解码出来的关键任务/战略举措在本年度的具体措施，包括行动、责任部门。重点工作是战略执行落地的重要手段，是支撑长期战略和短期目标达成的优先工作任务；重点工作需按项目化运作，分成立项、执行、结项三个阶段规范开展，例行进行监控、审视，实现有效闭环	重点工作负责人	重点工作清单；重点工作结项材料
3.5	管理 KPI	KPI 管理旨在通过有效组织产品线 KPI 方案和目标制订，确保 KPI 被有效分解和对齐。同时通过监控、分析、预测等方式，确保产品线组织绩效达到预期目标；建议设置 KPI 的组织层级不宜太低，至少是超级产品开发团队/产品开发单元及以上组织	质量与运营部	KPI 得分；KPI 月报；年度 KPI 得分

（续）

编号	活动	活动描述	负责岗位	输出
3.6	管理运营绩效	运营绩效是对业务运作的效果和业务运行效率的度量，运营绩效指标是衡量业务运作绩效的量化管理指标，将战略逐层分解到业务流程，识别支撑战略达成的关键流程和衡量指标，构建支撑战略实现的各层级衡量指标间的关联关系	质量与运营部	—
3.7	管理战略专题	基于公司中长期诉求在战略制高点上沿着战略方向持续投入，支撑公司在生存与发展上取得关键突破和提升。对关键战略性问题进行分析识别和深入研究，形成战略备选方案并落实执行	战略规划部	—
3.8	例行审视	根据需要进行月度/双月/季度/半年度/年度审视年度业务计划执行与目标达成情况，审视公司经营情况、财务目标预测分析结果与实际达成情况、全预算执行情况，识别关键问题和障碍，提出建议措施	各规划单元负责人	—
3.9	BP与预算半年审视	同上，半年度审视年度业务计划与预算执行情况	各规划单元负责人	—
3.10	主管绩效辅导	年中组织对下属成员的KPI进行中期审视及辅导，及时对齐目标，解决问题和提供支持。一般采用集中辅导的方式，每人花20~30分钟陈述关键点，主要内容包括KPI完成情况及风险，承担产品线或上级重点工作、战略目标达成情况及风险等	各产品线主管	各主管KPI
3.11	主管绩效评价	整理产品线及下层组织KPI得分结果，包含近三年各指标完成情况对比，供产品线主管与下属沟通KPI参考；人力资源管理部门根据组织绩效得分排名结果进行组织绩效结果复核，各下层组织KPI得分结果会作为各种年度优秀PDT评选的重要参考	各产品线主管	—

4.4 战略规划

4.4.1 战略规划概述

战略规划由管理层驱动，聚焦关键战略问题，遵从业务领导力模型，通过一致的、规范的方法指导战略开发过程，使公司及各规划单元保持协调一致，确保战略管理例行化、日历化。战略规划的目标是建立企业的核心竞争力和差异化优势，为企业长期发展奠定基础。战略规划的重点在于"看准方向、抓住机会、厘清业务、落实执行"。战略规划的要点是提出问题，基于关键假设洞察业务发展面临的问题和挑战，通过规划识别关键趋势，发现关键机会，识别风险，推动公司解决关键战略问题，弥补差距。确定公司面向未来要做什么，最终让企业管理者做出决策。战略规划在每年春季启动，通过多次沟通会议确定包括业务、组织、人才、流程及管理体系的变革战略与规划，把重点放在价值创造上，明确未来投资的产业方向、排序及投资金额；确定公司何处改变、何时改变以及如何改变的选择；优化公司成本结构，实现持续高回报，最终能创造卓越价值。战略规划是各部门重大行动和决策的依据，是年度业务计划的基础，是各项工作的龙头。

战略专家和主管不应只是战略讨论的组织者和战略规划的撰写者，而是要成为战略制定的参谋和战略落地执行的推动者。要真正让主管团队参与进来，通过碰撞达成共识，让战略规划真正可落地执行，而且让员工发自内心地愿意执行。战略规划团队要敢于提出问题，敢于发声，以结果为导向推动问题解决。

华为公司战略规划的故事

8××是华为公司中长期发展规划的编号，2003年华为公司编制了第一个中长期战略规划，预测未来3~5年公司的发展目标，编号801。当时做801的目的主要是评估公司的价值，把公司出售给摩托罗拉。尽管当初的交易没有完成，但801规划的业务目标全部达成了。这件事情让华为公司真正体会到战略规划的价值。从803开始，华为公司每年在产品线、地区部等开展战略规划工作，一直到813。之后，为消除编号与制订年份不一致导致的理解偏差与沟通不便,从 2017 年开始,中长期发展规划的 8×× 编号与编制年份保持一致。例如,2017 年制订的"2018—2022 年中长期发展规划"的编号为 817。

2010 年 7 月参考 E 公司和 IBM 实践,华为公司明确增加战略到执行流程(DSTE)以强化公司对各个业务的牵引、管理和控制。DSTE 是一级流程,是包含制订 SP 及 BP(含预算)、执行并监控评估的统一流程框架和管理体系。DSTE 流程帮助华为公司从愿景与使命出发,遵从业务领导力模型,制订中长期的业务发展战略规划,通过一致的、规范的方法指导战略开发过程,使公司及各规划单元保持协调一致,确保战略管理例行化、日历化。

华为公司不为短期的利益所动,紧紧地围绕着企业核心竞争力进行经营管理,一些不利于提升企业核心竞争力的事华为公司坚决不做。在一些与企业核心竞争力不相关的利益前,华为公司是经得住诱惑的。可以说为了核心竞争力,华为公司放弃了很多机会与利益。但如果没有核心竞争力,华为公司将永久地失去发展的机会。所以华为公司一直在减少自己的多余动作。从 801 一直走到现在,从商业结果来看,8×× 在面向未来投资、牵引公司发展、平衡长期利益和短期利益上都发挥了积极作用。

> **案例** 石头科技从为小米代工到自主品牌的战略调整
>
> 石头科技作为小米的 ODM 厂商于 2016 年 9 月推出小米定制产品"米家智能扫地机器人",公司的生意模式是把产品卖给单一大客户小米,产品路线需要符合小米的战略,利润的一半归小米。这也是小米生态链与被投企业的普遍模式,被投企业在小米的渠道以"米家"或"小米"品牌销售产品,与小米分享利润。
>
> 而石头科技创始人昌敬认为石头科技成立的初衷不仅仅是做一家贴牌厂商,团队的能力也不止于此,不可能只做 ODM 生意,要选择做自有品

牌。然而，选择做自有品牌并不是一件容易的事。石头科技最初上市的产品第一年从米家获得的收入就有约 1.8 亿元，第二年约 10 亿元。如果做自有品牌与米家竞争，这一年近 10 亿元的收入可能会受影响，而自有品牌也不一定能做起来。经过慎重考虑之后，昌敬还是决定"做自有品牌"，结果他又一次赢了。

2017 年 9 月，顶着"石头"品牌的扫地机上市，成为爆品。首批产品 4500 台，在小米有品上众筹，不到 4 小时售罄。"我们预估一个月能卖 5000 台，后来发现如果敞开卖可以卖 5 万台。这一方面归功于产品本身的竞争力，石头科技为米家开发的第一代扫地机仅具备清扫功能，而第二代产品（石头 S5）集扫地、拖地功能于一体，更加契合中国家庭的习惯。另一方面，石头科技自有品牌瞄准 2000 元以上的中高端市场，且 S 系列产品的战略重心最初放在境外，避免与小米的正面交锋。在石头科技选择"做自己"之后，两家公司可能都意识到未来在扫地机人领域是互相竞争的关系，因此自然地走远了。从 2017 年到 2020 年，石头科技为小米贴牌产生的收入占比从 90% 以上缩小到不足 10%。

 天鹅、梭子鱼和虾的故事

天鹅和梭子鱼、虾一起出去把一辆小车从大路上拖下来，三个家伙一起拉起沉重的小车，用足力气，可无论它们怎样用力地拖呀、拉呀，小车还是在老地方，一米也没有移动。倒不是小车太重，而是另有缘故：天鹅使劲儿往上提，虾一步步向后倒拖，梭子鱼则朝着池塘拉去。究竟哪个对，哪个错，我们不知道，我们只知道小车还是停在老地方。

这则故事蕴含的道理是颇为深刻的，它雄辩地证明：如果有许多人在一起工作，必须思想一致、方向一致、步调一

致，才能获得预期的效果。否则寸步难行，毫无进展。谚语有云："人心齐，泰山移。""不怕巨浪高，就怕桨不齐。"即使心中装着战略意图，但作战沙盘未对齐，执行再有力也是徒劳。

4.4.2 战略审视

战略审视包括战略健康度审视和战略执行审视，战略健康度审视是指通过审视影响战略的关键要素，识别战略的关键假设与现实内外部情况的差异及变化，评估当期战略的健康程度。战略执行审视是指通过审视战略举措执行与目标达成情况，识别关键问题和障碍，评估当前战略落地和执行的效果，提出建议措施。战略审视的输出是战略指引、差距分析、业务设计的输入，一般由战略规划部门牵头，涉及相应的业务部门，保障战略审视工作的有序开展。

1. 战略健康度审视

战略健康度审视是对战略的全面体检。战略管理上方向第一，速度第二。对于一个汽车司机而言，绝大部分情况下方向比速度重要，速度越快，如果方向是错的，结果就是南辕北辙，只要方向是对的，到达目的地就是时间长短的差异。就像我们出门设置导航时往往假定导航给出的路线是正确的，实际开车过程中往往会遇到地图错误或道路临时封闭的情况，需要在行驶过程中不断地修正方向。企业战略管理也是同样的道理。战略健康度审视通过系统性评估既有战略前提假设与现实的差距及差距对战略的影响，从财务、竞争、行业趋势、客户需求四大维度来审视战略的健康程度，能有效识别战略方向上的问题，为战略起到保驾护航的作用。当发现战略所依据的假设已经过时或不正确时，要及时更新和调整战略，确保战略的正确性和灵活性。

验证战略是否健康，方向是否朝着预期的方向发展，实际是极其困难的。因为需要的不仅仅是勇气和智慧，还要收集大量信息，涉及多个部门及各领域专家、外脑资源、蓝军等，通过多方的数据收集和访谈，进行多角度验证，才能保证审视的客观性。战略健康度审视要围绕公司的重大战略方向和战略举措进行，进一步促进战略不断地螺旋式前进，确保业务方向大致正确，引领组织朝着正确的方向不断前进。一般从以下 5 大维度，14 个问题系统性地审视战略健康度，如表 4-6 所示。

表 4-6 战略健康度审视维度和问题

方面	维度	审视问题
绩效指标	财务指标	1. 创造价值情况如何？ 2. 价值创造与竞争对手相比较情况如何？ 3. 销售业绩的增长情况如何？ 4. 增长速度与竞争对手相比较情况如何？
未来趋势	宏观环境	5. 整体宏观环境如何？
未来趋势	行业趋势	6. 重大科技/技术趋势带来哪些影响？ 7. 政策、法律、法规与监管带来哪些影响？ 8. 产业链上决定市场地位的力量是否转移或有变化？（价值转移，战略控制点的变化） 9. 是否存在重大不确定性？
未来趋势	产业结构	10. 产业健康度如何？ 11. 产业结构是否存在结构性变革的机会或调整？
未来趋势	竞争优势	12. 是否清楚地知道所处行业的关键成功要素？ 13. 公司在这方面的表现如何？ 14. 公司的竞争对手在这方面的表现如何？

2. 战略执行审视

战略执行审视是检验战略执行闭环的重要手段。三分战略七分执行，研究表明有 80% 的公司新战略没有达到预期目标的原因是战略执行的问题。很多计划都没有像预期那样得到很好的执行。战略必须闭环管理才能实现战略目标。闭环的战略才是有效的战略。

战略执行过程中涉及审视诸多活动如中长期关键举措、年度业务计划、预算、组织绩效、重点工作、战略路标以及过程中关键问题跟踪等，这是一种贴近现场、观察环境细节的视角，有利于解决具体的问题，但不容易看到全局和趋势。战略执行审视通常是要站在达成 3~5 年战略目标的大周期背景或高度进行的活动，是一种俯视、覆盖全局的视角。因为视点位置高，所以看得远。战略执行审视相当于对战略及执行情况的现状拍照。通过审视知道我们自己在哪儿，目标在哪儿，差距是什么，识别需要改进什么。

战略执行审视是对战略举措的落地动作和执行结果进行审视，从战略执行结果着手，识别问题，从战略制定和战略执行过程管理两大环节审视问题的根因。战略执行审视是战略执行闭环的重要抓手，结合战略规划中期审视活动对战略执行情况进行定期审视，过程中卷积大量市场、经营等相关数据分析提炼，系统评估当前战略落地和执行的状态，审视战略意图、战略举措执行与目标达成情况，从而识别战略执行上的关键问题和障碍。同时根据业务特点采取因地制宜的灵活策略，对不同的产业实施差异化的策略，对于市场变化快的新兴产业或当期经营不佳的产业优先审视，对于进入成熟期的老产业则结合年度业务计划简化审视。战略执行审视维度和关键问题如表 4-7 所示。

表 4-7 战略执行审视维度和关键问题

审视维度	战略执行目的	战略审视关键问题
沟通和动员	统一各层级和职能部门对战略的认知	战略意图是否清晰？ 各层级、各职能部门对战略的认知是否有差异？ 内部沟通是否与外部沟通（如供应商、经销商、外部合作伙伴等）有效结合？
战略举措分解和优先级（KPI/战略目标/重点工作）	整体战略分解为具体举措，确定不同时期战略举措的优先级别。明确 KPI、战略目标等，并协调激励机制/激励组织	战略是否分解清楚了？ 战略分解是否有效落地且达到预期进度？ 是否按照原定的战略举措优先度执行？ 各战略举措与相关部门之间是否互相支持？ KPI 是否分解到各部门？是否与战略举措保持协调？ 激励机制是否与 KPI 相匹配？是否与组织结构相匹配？
资源和投入	对战略执行过程中的资源和投入按照项目化管理运作	战略执行是否按照项目化进行运作？ 是否有明确的项目（群）负责人和产品经理？ 是否把战略举措涉及的资源和投入按照项目交付方式进行分配，把 KPI 分解到项目成员？结果如何？ 有没有 IT 流程支撑？

（续）

审视维度	战略执行目的	战略审视关键问题
对齐激励机制	对战略执行结果的奖惩机制	针对公司或一级组织的战略业务是否有明确的执行结果激励举措？ 激励的效果与战略预期是否一致？ 奖励和惩罚是否有效牵引了战略执行力？
战略执行结果（仪表盘）	审视战略的各关键成功要素执行情况，进行根因分析和提出改进措施	各战略的关键成功要素是什么？完成结果如何？ 针对各关键成功要素执行中出现的问题，是否对其进行了根因分析？哪些是战略设计方面的问题？哪些是战略执行方面的问题？是否有改进措施建议？ 基于业务设计进行根因分析，识别客户选择、价值主张、价值获取、活动范围、战略控制等方面的问题

4.4.3 战略规划方法：业务领导力模型

业务领导力模型（Business Leadership Model，BLM）是 IBM 公司在总结自身多年经营管理经验的基础上形成的一整套战略制定和执行的方法论，也是企业中高层用于战略制定与执行的工具和框架（见图 4-2）。BLM 从市场洞察、战略意图、创新焦点、业务设计、关键任务、组织、人才、氛围文化以及领导力与价值观等各个方面帮助管理层在企业的战略制定与执行过程中系统思考，务实分析，调配有效的资源及执行跟踪，最终达到战略管理的目的。

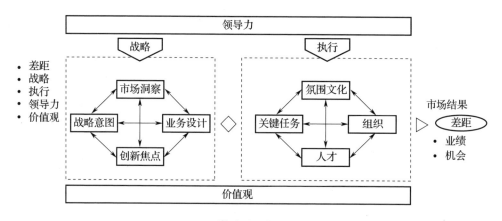

图 4-2　BLM

第四章
战略管理

BLM 有以下三大优点：

首先，BLM 很好地起到了统一语言的作用。统一语言听起来好像平淡无奇，但是一个公司是需要在管理上统一语言的。如果你和 100 个人一起工作，你会发现靠个人的沟通已经不可能把大家连接在一起做事了。如果要和 1000 个人、10000 个人一起工作时，是迫切需要一种方法让所有人都用同样的语言去描述问题，去想办法解决问题，以及在执行时确保有效的沟通。BLM 的逻辑很简洁，其第一阶段的视图就是图 4-2，总共分为 8 块，然后配上一些简单的文字把这一层视图理解到位，然后逐步把它变成日常的管理活动，这就很好地起到了统一语言的作用。

其次，BLM 本身是一个逻辑严密的工具。实际上 BLM 反映了从逻辑上怎样把一个模糊的事情看清楚再坚定地做出来。BLM 其实远不止发生在业务战略领域，它还可以发生在更多其他的领域，BLM 本质上是把做事情的逻辑讲明白，让一个基本不懂战略的新手能够根据 BLM 把战略规划的系列动作做得有模有样。

最后，BLM 强调执行的作用。企业经常出现的问题在于战略上想得很美好，要做世界第一，要打败世界第一，但是大多数企业都没办法把想到的战略通过坚定的执行变成现实。

IBM 应用 BLM 的故事

IBM 走过刻骨铭心的"V"字形路线，他们自己分析为什么会从顶峰掉到谷底，解码出来的一个致命的根因是制定了太多战略，但是战略执行做得太少。比如，很多后来变成现实的技术在 IBM 的战略规划里都出现过，但无一例外都被锁在保险柜里。复杂的官僚体系和部门墙的存在，客户意识的淡漠，还有内部的一些斗争，使得一些人即便看到未来会怎么样但最终没有人去做，最后 IBM 逐渐被谷歌、微软超过了。这促使 IBM 希望通过 BLM 工具让管理团队在做业务战略的时候，要把战略的制定和战略的执行视为同等重要的事来对待，体现在 BLM 的视图上就是把它绘制成如同镜像般五五开的模样，左边是战略的制定，右边是战略的执行，强调执行的重要性。

1. BLM 解读

使用 BLM 做战略规划的核心逻辑是：从差距分析开始，识别业务首先要解决的问题，以公司愿景与使命为牵引，洞察行业价值转移、客户需求、技术与竞争等变化；制订战略意图及关键里程碑和财务目标，围绕客户选择、价值主张、价值获得、活动范围、战略控制、风险管理进行业务设计选择；思考可牵引的创新焦点，并在根因分析的基础上，进行组织、人才、氛围与文化的规划，制定战略举措及识别关键人物以确保战略规划的可执行和目标的达成（见图 4-3）。

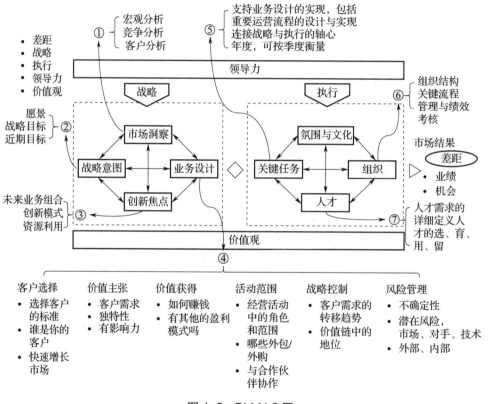

图 4-3　BLM L2 层

2. 领导力

BLM 方法论将领导力和价值观作为其重要组成部分，认为领导力是根本，价值观是基础。领导力是一种战略思维能力、机会洞察能力、项目执行能力。战略思维能力是高层管理者必备的一种能力，高层管理者的领导力培养是通过带领他们的高层团队进行战略问题和机会的洞察与设计以及项目的执行实现的。高层管理者需要对业务结果负责，因此高管层必须亲自领导战略设计与执行。通过对外部市场的持续洞察，识别新机会，开发业务设计，确保这些设计是切实可行的。

3. 价值观

价值观是指个人或群体对于什么是好的、正确的、有意义的和值得追求的一种信念和认知。它可以被看作公司所有员工所追求的一种理念、信念、规范和行为准则，是我们做人做事的标准。作为业务和战略首要责任人的主管，要确保价值观反映在公司的战略上，各级领导者要确保价值观是日常执行中的一部分。价值观是公司的基础和根基，是决策与行动的基本准则。

阿里巴巴集团的6个价值观

1. 客户第一，员工第二，股东第三；
2. 因为信任，所以简单；
3. 唯一不变的是变化；
4. 今天最好的表现是明天最低的要求；
5. 此时此刻，非我莫属；
6. 认真生活，快乐工作。

——来源于阿里巴巴集团的网页"关于我们"

华为公司的核心价值观

坚持"以客户为中心，以奋斗者为本"的核心价值观。华为始终践行以客户为中心、以奋斗者为本、长期艰苦奋斗、坚持自我批判。在此基础上，构建适应业务与人群多元化、奋斗进取、充满活力的组织氛围。持续关心关爱员工，把员工关怀落到实处，不断改善工作生活环境，开展多样性活动保障员工身心健康。

——来源于《华为投资控股有限公司2022年年度报告》

4. 差距分析

BLM 假设战略管理活动的起点是差距。战略是由不满意/不满足激发的。差距是迫使一家公司改进的动力来源，差距会触发公司经营管理层的不满意，不满意会驱动公司产生一系列行为的改变。差距分析是连接现阶段经营活动和长期战略规划的桥梁，其目的是找出战略和执行存在的问题根因，从而驱动战略层面的持续改进。差距分析是战略的制定与执行的起点。差距通常表现为量化的财务数据，包括业绩差距和机会差距。业绩差距是对现有经营结果和期望业绩之间不足的一个量化表达，如"订货目标 10 亿元，实际完成 8 亿元"。业绩差距往往是执行阶段没有做好造成的，常常可以通过高效的执行填补，并不需要改变业务设计，但需要优化。机会差距是现有经营结果和新的业务设计所能带来的经营结果之间差距的一种量化评估。比如，竞争对手开发出全新品类的产品从而在经营业绩上弯道超车。机会差距往往是战略制定方面没有做好造成的，填补一个机会差距需要有新的业务设计。

这两个不同类别的差距会导致在具体用 BLM 时启动环节不同。如果公司差距明确地属于业绩差距，那么进入 BLM 第一件要做的事情是确定战略意图，也就是确定未来要完成什么样的目标；如果差距定性为机会差距，则进入 BLM 的第一个节点应该是市场洞察，因为机会差距源于没想到，所以要去洞察市场，看看到底是什么东西没有想到，要怎样才可能成功。一般来说，值得启用 BLM 的动因是机会差距，也就是说改变命运主要是寻找机会差距并弥补这个差距。这个机会差距的妙处，就是它既是起点也是终点。作为起点的作用是激发改进，作为终点的作用是所有制定战略和执行战略的活动都要指向如何关闭机会差距。因为公司的目标就是通过坚定的执行弥补和关闭看到的机会差距。所以在 BLM 的每个节点，都要考虑差距，把关闭差距作为目标。

需要说明的一点是，差距不只是收入、利润、投资回报率等财务上的表现，市场份额低、销量不足、客户满意度差等市场表现，产品创新能力弱、质量事故多、客户响应速度慢等内部运营能力不足都有可能成为差距。

5. 市场洞察

战略制定前首先要进行市场洞察，市场洞察是后续战略意图和业务设计的基础。对市场洞察有多深决定了企业未来能走多远。市场洞察总体包括两部分：一部分是外部市场环境的分析；另一部分是企业内部运营的分析。外部分析包括宏观趋势分析、行业环境分析、客户需求分析和竞争对手分析等，在这个过程中要了解客户需求的变化、竞争对手的动向、技术的发展和市场经济状况，以找到机遇和风险。基于未来关键假设，通过"五看、六看、七看"等方法进行业务洞察发现机会和风险，目的是解释市场正在发生什么样的改变以及这些改变对公司来说意味着什么。内部分析则包括对当前主流业务模式的评估、竞争优势的分析、当前产品组合及内部运营能力的分析。内部分析要识别企业内部资源和能力上的优劣势，对支撑公司参与市场竞争的核心竞争力现状有清晰的认知。

市场洞察的结果通常表现为：在一片红海市场发现新的蓝海市场，如在手机市场挖掘出折叠屏方向，或个性化领域如游戏领域等细分市场，或者在现有的红海市场之外发现新的蓝海市场，如在手机领域之外发掘智能穿戴设备的需求与市场。在此再次简单总结"五看、六看、七看"的内容如下，详细内容请查看第二章市场洞察。

- 看宏观：主要是 PESTEL 分析，通过对宏观环境变化识别其对整个市场产生的影响。宏观环境主要包括政治、经济、社会、科技、环境和法律等。
- 看行业：分析所在行业的现状及发展趋势、价值转移趋势和影响，通过分析整个产业链上下游各个环节正在发生的变化来评估其对市场未来可能带来的影响。
- 看客户：从外部环境影响和内部经营变化洞察客户的挑战与困难，以及未来可能发生的战略转变。要从客户细分入手识别客户分类，如现有的、新的、潜在的、丢失的客户，分析洞察客户的战略、挑战和痛点，洞察客户需求及期望，尤其是变化情况。对重点或代表性客户开展经营、战略、竞争、采购模式等专题分析，目标是发现机会，寻找短板。
- 看竞争：分析整体竞争态势，确定主要竞争对手（传统对手/新兴对手），通过对主要竞争对手的战略、业务设计、经营状况、竞争优势、资源投入、竞争策略、战术等分析，识别竞争格局的演进，预判未来的竞争形势变化，目标是寻找短板，制订竞争策略（创新焦点、业务设计）。
- 看自己：对客户需求的满足程度如何？产品和服务能力如何？自身的管理和技术水平如何？与合作伙伴的商业互动情况如何？自身优劣势，包括拥有多大的行业影响力、生态号召力、市场竞争力、思想领导力？
- 看机会：识别我们准备参与的这个市场有多大，增长速度有多快，本行业中涌现什么样的利润模型和商业模式，现行的竞争状态如何，总结我们存在什么样的机会和威胁，从中可以获得怎样的见解。

市场洞察还要有继承性，要在上一次战略规划的市场洞察的基础上洞察新的变化。市场洞察力的缺失会对业务设计产生负面影响，因为所采用的支撑信息和假设可能是有瑕疵的或者是错误的。

6. 战略意图

对市场进行深入的洞察后，必须回答"我们要成为一个什么样的公司？公司的追求是什么？想干什么？要去哪儿？"等问题。战略意图的核心是确定组织机构的方向和最终目标，回答"我想干什么？""我去哪儿？"等问题，描述业务或组织发展方向及要实现的中长期目标，清晰地（尽管是粗线条）指出后续战略活动的发展节奏和发展路径，体现出竞争优势。战略意图更多地体现商业领袖对未来的追求，无须过多考虑组织能力的差距。

战略意图包括愿景、战略目标、近期目标，分别对应时间上的长、中、短的概念。最长的战略目标是一个抽象词，叫愿景。愿景是企业对未来的期望，包括企业未来状态和地位的概念化描述。愿景是可持续的，展示了长期的、可持续的获利能力。它具有纲领意义，是一种感情色彩的表述，现实而富有挑战性。

战略目标一般指的是未来 3~5 年要实现的目标，映射在日常工作中对应的是 SP。战略目标是公司的发展方向，要体现核心独特价值和需达到的财务目标。战略目标表现为有效的、合理的、灵活的运营模式及赢得现有市场的增长机会，同时保持快速适应市场变化的能力。战略目标不能只包含财务目标，因为仅靠财务目标还不能对战略活动方向起到明确的牵引作用。

近期目标一般指年度目标，映射在日常工作中对应的是 BP，而 BP 一般是确定下一年马上要做的事情。近期目标表现为业绩可衡量的指标，如利润、成长率、市场份额、客户满意度及新产品等。近期目标需要有策略和重点工作来支撑。特别指出的是，战略目标不等于销售目标，战略目标要更全面，包括规模、盈利、现金流、风险与效率、新产业占比等。

长期、中期、短期三个目标组合形成了我们的战略意图，比如长远看我们要做世界第一，三年后希望能挤进前五，今年希望能做到盈亏平衡，这就是一个典型的战略意图。

战略意图本质上就是三个字：定目标。而目标的高低对人的激发程度是大不相同的。战略意图的高低会严重影响后面的行为。

卖打火机的故事

某个战略规划研讨会议上，培训老师给每位学员发了一张纸，上面写着一段文字，现在有一个销售任务：准备卖10个打火机，每个打火机成本5元，售价15元，请你设计一个方法来完成这个销售任务。接到这个任务后，每位学员都会按照自己的想法完成销售任务。比如，把10个打火机当场销售或者赠送亲友。然后，培训老师把纸收回去，马上就把第二道题发出来，第二道题和第一道题描述的所有信息都一样，只是在销售目标10后面加了一个0，就是让学员销售100个打火机。然后学员发现靠赠送亲朋好友已经不行了，想要找一个小卖部来帮忙销售了。答完第二道题，第三道题发下来，要让学员销售1000个打火机，第四道题是让学员销售10000个，第五道题是让学员销售10万个，第六道题是让学员销售100万个，学员会发现等自己回答完第六道题，回答了卖100万个打火机的时候，自己的所思、所想、所做已经跟答第一道题时完全不同了。这个时候要想的是，我要怎么跟大超市进行互动？怎么能够嵌入巨大的企业食物链中实现规模销售打火机？拿第六道题的答案与第一道题的答案一对比，学员可能会自己扑哧一笑，但笑完会发现自己在流冷汗。其实都是卖打火机，基本动作是一样的，但是由于目标的不同，实质上对自己的行为和想法产生了巨大的激发作用。

这就是一个很典型的例子：不同的战略意图对公司和个人的行为的激发程度是完全不同的，当你知道自己要完成一个极其有挑战的工作时，你会迸发出极大的动力全力以赴地去完成。如果你知道这件事很简单，你可能早上上班以后先喝杯茶，然后花半小时轻松地完成这件事，这两种状态显然是不同的。所以战略意图的好坏很大程度上决定你的成败，因为战略意图就是你目标的高低。目标定得准，所有的事情都激发得很好，然后经过努力也能完成，以后还能好上加好，这叫作事成人爽。目标定得过高会对团队产生巨大的心理伤害，因为每个人都不相信能做成这么高的目标，而且经过一个周期的运转很可能确实没能做成当时定的这个目标，所有团队成员都会产生负面情绪。目标定得过低，就像刚说的例子一觉睡到下午五点半，都懒洋洋的，又激发不起大家的战斗力。如何定一个合适而准确的战略意图？应该是高管或管理团队能够正确地评估团队的极限战斗力，比如摸准了团队最多能跳到 1.6 米，就把战略目标定在 1.65 米，然后带着团队挥汗如雨地去实现它，这样才是一个好的战略意图。

战略意图跟上一个节点的逻辑关系是：市场洞察是指在复杂的环境里通过大量的信息收集和研讨分析，把其中对公司最有影响的信息抽丝剥茧地找出来，于是就能理解环境、竞争对手、客户、自己，然后在理解这些信息的情况下确定公司未来要做成什么样，即确定战略目标。

7. 创新焦点

创新焦点是回答如何实现战略目标的关键点，就是我们要做的事情是原来没有做到的。创新焦点是一个很难用语言描绘的节点，为什么这么说？因为从没想到到想到其实是非常难的，很可能靠自己的努力都很难达成。怎样从没想到到想到呢？很大程度上要靠创新焦点来支撑。创新焦点聚焦于从广泛的资源中过滤想法，通过试点和深入市场的实验探索新想法，谨慎地进行投资和处理资源，以应对行业的变化。通过创新构建业务组合，确保持续成功。实践中可通过产品创新、服务创新、业务流程创新、业务模式创新、文化和管理创新等手段实现。创新焦点的核心是通过这些领域的创新实现资源的高效利用，构建新的增长引擎。

举个例子，假设去年年初公司确定的销售目标是 1 亿元，到年底公司做到了 1.5 亿元，但是隔壁竞争对手公司竟然完成了 5 亿元，然后公司就不满意去年完成的 1.5 亿元这个数字了。公司领导就给公司下年度的战略目标确定为 8 亿元，8 亿元这个战略目标对这家公司而言一年要增加 4 倍多，这是一个巨大的突变，这个突变要怎么才能支撑呢？那就需要通过创新焦点来连接。

基于以上要素和公司的独特背景，要进行差异化以及基于公司价值主张的业务设计，回答一个核心问题：如何构建我们的商业模式来表达公司的战略意图？在业务设计前要回答我们的未来业务组合、创新模式和资源利用的问题，包括增长项目与现有业务的平衡，新业务的开发（H1、H2、H3）。这就是创新焦点的核心。

一个创新焦点方面的内容是未来业务组合，比如一个 SPDT，下面管着几个 PDT，分别属于初创期、成长期、成熟期和衰老期等几个阶段，每个 PDT 所处的历史阶段不同，有的 PDT 当前的状态是有大量的现金流进账，有的 PDT 可能还在初创期，每一分钱的投入都在短期内见不到回报，所谓的未来业务组合就是公司要提前看到哪些 PDT 未来一两年还会给公司带来大量的收入，也就是让公司提前把人和财还有相应的资源投到未来要赚更多钱的 PDT 上，这样就能在市场真正起来的时候增加收入，带来销售额的大幅提升。所以未来业务组合就是公司要把已有的业务通过合适的组合和资源的配备，让它能够挣更多的钱，对应的是开源节流中的开源二字。而资源利用就是讲节流这两个字，公司同样也要认真地回答，有没有把要用的资源都用起来？用得好不好？还能不能用得更好？还有哪些资源可以拿来用？因为很多时候利润是被浪费掉的，或者没有更好地利用资源而流失了。这两种模式可以说是常规打法，所谓常规打法是指通过开源节流一般能够支撑销售目标从 1 亿元提升到 1.5 亿元。但真正神秘而伟大的是"创新模式"，公司必须回答战略意图从 1.5 亿元跳升到 8 亿元要怎样通过"创新模式"完成。比如，公司可能需要从过去的蹬三轮车跑销售改变为买飞机做营销才有可能完成销售额的突变。这个创新幅度就很大，因为创新模式其实就是要告诉我们必须有一些突破性的、革命性的创新出现才能支撑公司完成新的战略意图。

拿卖打火机的例子来说，我们会从卖 10 个到卖 1000 个再到卖 10000 个感受到不断的变化，这个变化过程其实就是在践行什么叫"创新模式"，最开始只是要随便卖几个打火机，很简单，之后业务目标越来越高，挑战越来越大，就会迫使自己想方设法抛弃过去的销售模式，引入新的销售模式，这就是创新。总而言之，就是要把创新变成公司的行为，而且是能够支撑公司的战略目标实现的行为，这是一个桥梁，而整个 BLM 中最无法描述的就是创新模式这一块，就是无法解释公司应该如何创新，而创新是连接到公司的差距、公司战略目标和公司的任务模式必备的一环，创新模式这个问题解决不了的话，那么整个环是断的，公司就无法通过 BLM 右边的实践支撑左边的战略目标，继而缩小差距。所以战略意图是画了一个刻度尺，定义了什么是公司的目标，创新焦点就是公司怎么通过开源节流以及必要的创新来完成这个目标，这就是创新焦点与战略意图之间的关系。

8. 业务设计

明确了战略意图，识别了创新焦点，就要回答怎么做到的问题，这就是业务设计的问题。业务设计是战略设计的落脚点。业务设计是要真正实打实地解答：到底我的客户是谁？我怎么从客户那里赚钱？未来我怎么与这些客户形成牢固的联盟关系，持续地从这些客户那里赚钱？这一串尖锐的问题都得到解答的话，才能真正把事情想透彻。业务设计要与差距分析、市场洞察部分保持前后一致，基于差距分析和市场洞察发现的新问题和新变化进行规划设计，要多从客户视角看对内部的要求，以客户选择出发，关注客户价值主张，结合内部能力对活动范围进行界定，寻求独特的战略控制点，实现价值获取和提升长期的盈利能力。

业务设计是战略制定的落脚点，是迈向战略执行的关键。业务设计要对准战略意图，回答这个业务设计是否提升了公司的战略重点，要基于对市场的洞察思考这个业务设计所依赖的客户角度和经济上的假设是什么，这些假设还成立吗？什么可能使他们改变？客户优先考虑的是什么？他们又是怎样在改变？正在发生的技术转变是什么？他们对公司业务的影响是什么？是什么将我们和竞争对手的业务设计区分开来？还要匹配创新焦点，如新的业务设计能否抓住新的价值来源？这种价值是可持续的吗？客户战略重点的变化对我们的业务设计有怎样的影响？有什么可替代的设计可以满足下一轮的客户重点？创新对客户以及公司的成功是否至关重要？业务设计对组织能力提出了新的要求，我们的业务设计要求的能力是什么？这个业务设计是否建立在现有能力的基础之上？我们能否获得所需要的新能力？我们有能力管理潜在的风险吗？

业务设计涉及六要素：客户选择、价值主张、价值获得、活动范围、战略控制和风险管理，接下来逐一介绍。

客户选择

客户选择是一个首先要回答的问题，即到底谁才是我们的客户。客户是给公司支付金钱养活公司的人。如果把客户识别错了，可以想象后面的投入会产生多大的偏差！但作为一个企业，真正准确回答这个问题又比较艰难，To B 的客户来自不同的行业，面向消费者的客户更是数以亿计，如果一亿人都是公司的客户，那么公司怎么满足这么多客户的需求？这个模式是十分难的。但是回到一个业务单元，公司的客户往往是比较准确的，可以定义的，但在这里经常出现的一个纠结点，就是有一些客户过去与公司做过生意，那么未来他还是不是公司的客户？这不一定是能准确定义的，也就是说"谁是客户"也是在变化的，尤其是会根据公司业务战略的迁移而变化。

选择客户是所有事情的起点，公司把客户选错了可能很快就被市场淘汰了。

客户选择的目的是找出对公司最有价值的客户，按照公司的客户选择原则对不同的客户划分不同的优先级，并以此作为资源配置的依据。在进行客户选择之前，公司需要根据未来几年的财务目标确定客户选择原则，对客户价值的要素（如销售额、利润、品牌提升等）等设置相应的权重。

价值主张

价值主张这个词是英文翻译过来的，含义是公司要识别目标受众，理解目标受众的真实业务需求，体现顾客收益和独特价值，为此产品需要满足的关键信息。简单来讲，就是将业务战略转化为简要声明，承诺为客户提供价值。价值主张是公司带给客户的独特价值，是让客户选择公司的理由。针对不同类型的客户价值主张也不尽相同。价值主张是客户价值需求中，我们能满足而竞争对手不能满足或者满足得不如我们好的部分。确定价值主张时要关注竞争对手，产品差异化是关键。价值主张是业务设计的基础，因为后续运营活动的配称（Fit）都是基于价值主张展开的，从而我们才能真正做到"关注客户，为客户创造价值"。

LV 包的价值主张

我们知道同样是做挎包，LV 的包单只可以卖到几万元，与之形成鲜明对比的是质量不错但不著名的品牌包，售价从几百元到几千元不等。为什么差别这么大？LV 是一个经典的商业案例。很多研究战略的、研究业务运营的、研究营销的公司都在学习 LV，最后大家分析得出的结论是一致的，就是 LV 的成功实际上是它牢牢地抓住了它选择客户的喜好。

那么，LV 选择了什么样的客户呢？他们很有钱，很执着也很愿意把钱花在 LV 包上，因为 LV 包营造了一个成功的品牌，买 LV 包的人不只是买这个包，还是在买"别人羡慕你的心情"，心情是无价的，这就是 LV 的生存之道。它聘请明星做广告，营造非常高雅的用包环境，销售地点也是在高级的百货商场里，用容貌出众的人做服务生，给客户营造一种尊荣的气氛，而且 LV 包这么多年来从来不降价。因为它知道降价会给品牌带来伤害，也会牺牲老客户的忠诚。它会小心地保护老客户的投资，让客户觉得过去花的钱更值钱。它的种种行为都是在构建"价值主张"这四个字，就是说它通过自己的品牌构建来实现客户要的价值。

其实把价值主张与客户选择连在一起看，客户选择是搞清楚谁是我的客户，价值主张本质上是要回答"客户要的是什么"的问题，也就是说价值主张就是你把客户最想要的价值做出来，并且持续地建设它，这就是你的价值主张，最终别人一谈到你，就会觉得你就能提供那样的价值。

价值获得

价值获得是公司获取价值的途径，也就是我们实现上述价值主张的手段，包括我们提供的产品、解决方案和服务。厘清"价值获得"内容的意义在于明确哪些东西才是客户真正需要的，才可能带来销售和利润，才是我们经营的重点。在后期的经营活动中就要重点考虑如何保障这些产品的投资。

前面两个节点回答了谁是我的客户和我的客户发自内心要什么两个问题，第三个节点就要回答我怎么从客户那赚钱的问题，价值获得要回答的就是这个现金流是怎么流动的问题，然后把销售模式和这个盈利模式放在一起考虑。

活动范围

活动范围指的是公司所从事的领域与公司产品有关的端到端的各个节点都包含哪些，他们在做什么，比如制作 LV 包需要有皮料、金属料、各种各样的缝制物品，还有相应的设计师。所有与公司经营相关的供应商和人，他们的生存状态都是什么样的，哪些与公司有关，哪些与公司关系不大，哪些会对公司产生至关重要的影响。每个产业要从一条河流的上游一直看到入海口，公司肯定是产业链端到端环节中的一环，但是从上游到入海口每一个环节都是什么样子，在这个合作范围内公司都要了解清楚。

经营一个企业十分复杂，实际上已经没有人能够根据确定的方程式和规则确保一个企业经营成功，但是优秀的企业家能够从看起来迷雾一团的市场机会中抓住有限的成功机会，并且努力达成。活动范围其实对公司的战略制定有很大影响，它是站在整个产业链的角度选择自身经营活动的范围，管理好"我们做什么，合作伙伴做什么"，选择活动范围的原则是在满足客户价值最大化和企业盈利最大化之间找到业务活动的平衡。客户价值大的活动自己做，客户价值不太明显的活动可以考虑外包出去。

所以活动范围反映了什么呢？与公司有关的经营活动的端到端各个业务单元很可能不属于公司，但公司也要看在眼里，而且需要前瞻性地看在眼里。比如某家公司大量产品都在运用英特尔公司的某款芯片，但是英特尔公司的规律是每过 1~2 年芯片就会更新换代，如果该公司在这方面的节奏没把握好，或者与英特尔公司的沟通没有做好，欢天喜地地签了一个 10 亿美元的大单，那这个大单可能会给公司带来灭顶之灾。因为公司的合同签了，结果等到公司大量生产需要英特尔公司制造的这个芯片时，英特尔公司现在推出了新一代产品，插脚的定义和数量与原来的不一样，不兼容，没法用，旧芯片停产不再供货，于是公司就卡在那里没办法向客户交代了。所以说必须把这种端到端的经营活动看在眼里，想在心里，否则一定会在某个地方遭殃。

活动范围一方面是要看到，另一方面是要逐个去跟踪。哪个节点我一定要自己做？哪个节点我可以外包给别人做？哪个节点可以合资和控股或者通过其他的方法来做？把这些都看在眼里、想在心里之后，制订出最符合自己的业务策略出来。

战略控制

战略控制是对关键资源（如客户关系）和核心能力（如低成本研发）的控制，其目的是保护我们持续获利。通常通过围绕价值主张进行配称的方法构筑战略控制点。战略控制是 BLM 的精华所在，所有的产业价值都会随着时间的推移而发生转移，最典型的价值转移案例参见第二章市场洞察中的"PC 行业的价值转移案例"，也就是说每一个行业随着时间的推移，它的利润点会迁移。如果公司能够前瞻性地预见这个行业的利润点将会迁移到哪里去，提前在那里雇人、搭帐篷、建基地、修厂房，那么公司三年后的利润一定会大幅增长，因为公司提前看到了价值的转移，只要这个预测是对的，就会赚大钱。在行业演变过程中，最赚钱的领域一定会不断地迁移，如果某家公司能提前占位，站到了应该站的那个点上，那么这家公司会因为当年超前的眼光而获得很好的回报。用雷军的话就是"风口上的猪也会飞"。如果看得准但没能够在执行方面做好，就会是黄粱一梦。

战略控制其实是描述客户需求在转移，战略价值也在转移，某家公司提前看到这个未来，那么这家公司实际上就拥有了未来。

中国互联网代表性企业的战略控制点

腾讯抓住了社交和移动互联网船票"微信"，阿里巴巴抓住了电商和支付，百度抓住了搜索，字节跳动抓住了信息分发和短视频，美团抓住了团购和外卖，网易抓住了游戏，拼多多用低价抢了电商平台的生意等。2022 年底爆火的 ChatGPT，又是下一个各大厂商追求的战略控制点……

风险管理

风险管理是战略制定过程中识别的一些潜在的问题，这些问题尽管目前尚未对现有业务产生明显的影响，但是未来将会是阻碍我们实现战略意图的短板。风险管理的前提是准确识别风险，针对识别的主要风险制订预案，减少甚至是消除风险发生可能造成的影响。风险管理提醒我们，每一个想法都是美好的，但它有可能是不真实的，甚至可能像漂亮的蘑菇一样是有毒的。因为有可能看走眼，或者是看错了。没有人能证明对这个信息当前的分析就是对的。公司只能凭借团队经验、勇气、视野去做相应的推理和讨论。所以风险管理提醒我们，要看到万一不成功该怎么办，有没有解决办法？或者有没有降低损失的办法？这么做或许会损失一些机会，比如可能会比较谨慎，少投入一些，但很可能会在某种程度上避免了灭顶之灾，所以风险管理也是在左半边，是战略制定一个必要考虑的因素。

9. 关键任务

战略制定后就是如何有效执行了，一般从关键任务、正式组织、人才、氛围与文化四个方面落实战略。其中，关键任务是指满足业务设计所需要的关键策略和行动，是满足业务设计和价值主张要求所必需的行动，哪些任务是由我们来完成的，哪些任务可以由价值网络中我们的合作伙伴完成？组织间的相互依赖关系是有效业务设计的基础。关键任务是战略举措的支撑和分解，关键任务有点像年度战略解码出来的优先级最高的工作，也就是说为了支撑左边的业务设计，最应该抓的10件事情是什么？把这10件事情通过管理团队的研讨，解码清楚，才能够支撑后续不同团队在不同领域持续数年的执行。

关键任务的第一个效验标准是要无缝地支撑业务设计，第二个效验标准是瞄准最开始的起点，就是差距，要看是不是将这10件事情都做成功了差距就能够被弥补。如果发现这10件事情都做成了，好像离当初的差距还是挺大的，就意味着中间的解码出现了偏差。要重新去效验。如果在解码出来的这10项关键任务中所有的事情都做到了满分都不能弥补差距，那么一定是在某个地方出现了偏差，需要停下来整改。

此外，关键任务还要表达很多细节，比如应该包含市场增长与格局扩张这些内容，包括精细化经营、竞争合作策略等，关键任务还有可能是人才领域的，如特别缺乏某领域的专业人员，那么为了在这个领域有所突破，就必须把它列为一个最高层面的关键任务来特定地去跟踪执行，缺少了这群人，战略根本不可能成功。

关键任务要支持业务设计尤其是价值主张的实现，它是连接战略与执行的轴心点，是执行的其他部分的基础。

10. 人才

当目标确定或者关键任务确定时，需要通过组织、人才、氛围三个支柱来解码到底怎样确保这个任务能达成。要使战略能够被有效执行，员工必须有能力、动力和行动来实施关键任务。对于既定的关键任务，需要人们有合适的技能和动力来实现它。为了支撑这些关键任务，整体布局是什么样子，现有人力资源的特点、能力以及竞争力怎么样，如何提升能力，缺乏的关键人才是怎么获取的。总而言之就是关于人才选、用、留、育、管的思考，要把这些东西想清楚，最终才能有效跟踪和执行这些事情。

11. 组织

为确保关键任务和流程能有效地执行，需建立相应的组织结构和考核标准，包括人员结构设置、人员单位的大小和角色、管理与考评、奖励与激励系统、职业规划等，以便管理者指导、控制和激励个人和集体去完成团队的重要任务。

组织弹性更大一些，比如未来要打一个持续 3 年的仗、有 10 项关键任务，那么公司该怎么去设置这个组织，要不要调整组织结构？各业务单元的人力编制总量是多少？哪些岗位最关键？人员需要什么样的能力，需要什么样的经验？人力层级分布如何？如何在区域布局？主要的业务流程是什么，是怎么流动的？怎样对每个节点实施考核？如何衡量各关键组织绩效？哪些关键岗位的职责及衡量指标需要优化界定？这些都是组织管理必备的内容。

12. 氛围与文化

氛围与文化是指组织的行为方式。有效的组织文化会培养、奖励和强化关键任务的执行。评估现有组织氛围是否支撑新的战略执行。有效制订企业价值观、行为期望及权力分配有助于完成关键任务。企业应创造好的工作环境以激励员工完成关键任务，积极的氛围能激发人们创造出色的成绩，使得他们更加努力。

氛围与文化像一个巨大的磁铁，它能够驱动几百人、几千人往同一个方向使劲。组织是很复杂的，每个业务单元可能有几百人、几千人，BLM 虽然是个优美的模型，但是要把它变成几百人、几千人日常的工作，需要文化氛围去驱动，否则容易出问题，一个团队可能有几百人，每个人的状态都不一样，有的人被激发得很充分，天天想打仗，有的人已经惰怠了，天天想休息，还有的人身在曹营心在汉，所以要靠氛围与文化把这个团队的人凝聚在一起，共同朝一个目标努力。氛围与文化就像阳光和空气一样，无时无刻不在影响公司的团队。

13. BLM 的不足

BLM 有一个很大的缺陷，那就是缺少财务管理。经营一个公司最主要的三项是人、财、事，BLM 把人和事讲清楚了，财没有说。所以需要在 BLM 中增加财务要素，从机会、增长、投入、回报、效率、风险六个维度对 BLM 进行补充，指引拉通业务战略与财务结果之间的逻辑关系，以实现"业务 – 财务 – 业务"的循环。

4.4.4 战略解码

如前文所述，战略是中长期发展的目标和路径，它描绘了持续商业成功的蓝图，这无疑很重要，所以大部分企业都很重视战略的制定。但如果无法将其变成现实，再宏伟和完善的战略也无济于事。业界常说："三分规划，七分执行"，好的战略不仅要有清晰的定义和明确的目标，关键还在于如何有效执行。执行就是把战略转化为行动计划，并对其结果进行测量。执行是促成一个战略获得成功的真正关键因素。正确地完成任务以及比下一个人更好地完成任务，要比梦想一个新的愿景规划重要得多。执行之所以关键，是因为执行是目标与结果之间的桥梁，战略解码则是从战略规划到战略执行中不可或缺的步骤之一，是保障战略得以有效执行和落地的重要手段，也是战略闭环管理的关键环节。战略规划完成后，为了确保公司中长期战略的落实，在进入具体的战略执行活动之前，先让战略举措利益相关者都参与进来，沿战略分解路径，通过一系列可视化的战略解码活动把组织的战略层层分解为一个个目标和具体可执行的行动措施，将组织的战略转化为全体员工可理解、可执行、可管理、可衡量的战略举措、战略目标和重点工作，并落实到各级主管 KPI 和个人绩效承诺中，上下层互锁，确保战略的有效承接和执行。战略要落地,必须有很强的执行力和组织支撑,包括正式组织、人才、氛围文化等,否则再好的战略也会落空。

如图4-4所示,在战略规划阶段,将中长期战略分解成战略举措,定义战略举措衡量指标并拆分到未来三年。在年度业务计划阶段,从战略举措及三年衡量指标池中选取关键指标,提炼总结形成战略目标,这个提炼后的战略目标就是年度战略目标。为了牵引各级组织对当期业务结果负责,同时也对中长期持续发展负责,在组织KPI绩效目标中应单独设置考核年度战略目标达成情况的指标。

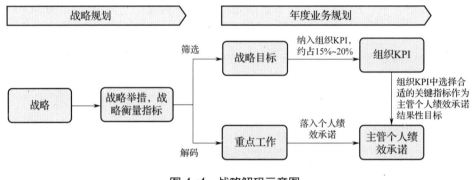

图4-4 战略解码示意图

1. 战略举措

战略举措是指实施战略的一组相关关键任务集合,也可以是最高级别的关键任务,是战略的关键成功要素(Critical Success Factors,CSF)。关键成功要素是指为达成企业愿景和战略目标需组织重点管理以确保竞争优势的差别化核心要素。通常,关键成功要素是指一些特性、准则或能力,如果能够适当且持续地维持和管理就能对公司在特定产业中竞争成功产生显著的影响。一般一个组织的关键成功要素有5~9个。战略举措包括但不限于以下方面:市场策略、关键竞争力提升举措、关键盈利策略(变现方式、商业模式设计、定价策略)、成本策略、供应与交付策略、行业伙伴合作策略、投资组合和生命周期管理、运营与效率提升举措、组织架构与流程支撑等。前面有关中长期战略规划的内容中已经谈到,在战略规划阶段要进行市场洞察,识别战略意图和输出创新焦点并进行业务设计,这些战略规划活动的输出是战略举措的重要输入。同时通过差距分析得出的机会差距或业绩差距,以及上层要求、客户的声音、内部短板等也是战略举措的重要输入。在确保理解了业务战略和差距,选择合适的思维方式和结构化框架以后,导出战略举措。

战略举措更多考虑面向未来的、关键的成功要素,是对战略具体明确的举措,不是例行的工作。战略举措的设计要考虑如果不做会怎么样。为支持达成战略目标和确保竞争优势,企业需关注组织重点实施和管理的工作,关注如不实施或实施失败将可能导致战略损失或战略失败的工作,聚焦关注"关键的少数"(28原则),同时要兼顾长短期的目标。战略举措有以下几个关键特征:一是瞄准成功,成功即原定的战略意图及业务设计达成,所有的战略动作都应该瞄准"成功";二是聚焦关键,聚焦最重要、最集中、对战略目标绩效贡献最大的驱动因素;三是强调内在因素,影响战略成功的因素包括内在的、外在的各种因素,战略举措偏重于通过主观努力能够改善的"因素";四是符合SMART原则,即必须具体(Specific)、可衡量(Measurable)、可达成(Attainable),与其他指标具有一定的相关性(Relevant),具有明确的截止日期(Time-bound);五是具有可操作性、可管理性,便于对后续战略执行进一步分解和跟踪管理。

平衡计分卡维度的CSF样例

- 财务:扩展高利润产业、利润最大化、销售增大、端到端成本降低、资产利用率最大化;
- 客户:市场份额提升、产品价值最大化、提升品牌形象、构建与客户/渠道亲密关系、提高产品质量;
- 内部运作:按时开发符合客户需求的新产品、中低端产品免维护、采购流程效率化、缩短供货周期;
- 学习成长:全球视野人才获得、构建先进的企业文化、构建知识管理体系、提高IT能力。

华为公司 2022 年年报发布会上公布的战略举措

2023 年及未来几年，华为公司的战略关键方向是开创增长机会、提升发展韧性、构筑差异化优势、以质取胜，以及确保高质量的业务连续和产品竞争力。以下 5 条是华为公司的战略举措：

1. 使能各行各业数字化、智能化、绿色化，开创增长机会；
2. 优化产业组合，提升发展韧性；
3. 加强芯、软、硬、端、网、云协同，构筑差异化优势；
4. 以质取胜，持续让华为成为 ICT 行业高质量的代名词；
5. 压强式研发投入，确保高质量的业务连续，提升产品竞争力。

2. 战略衡量指标

战略衡量指标是衡量战略举措的量化指标，用于衡量战略举措中长期目标是否达成。德鲁克说过"没有度量就没有管理"，对于战略和战略举措也一样。明确定义战略衡量指标是后续战略执行管理的重要基础，是对战略及战略举措进行管理的重要手段和前提。

为了支撑战略落实，基于战略衡量指标的现状以及中长期的目标将战略举措的目标分解到未来 3 年，这既是对中长期目标达成的过程定义，也是对规划周期首年度业务目标的进一步清晰化，3 年目标分解一般是参照财务预测将中长期目标分解到 3 年时间内逐步达成。每年目标中的衡量指标可以是战略衡量指标，也可以是支撑战略衡量指标的子指标。战略衡量指标制订时需具有一定的挑战性，且分解的每一项任务需可执行、可落地、可跟踪管理和 SMART 化。需要非常明确地提出每个关键战略举措在下一年的分解目标是什么，怎么做。下一年的具体任务与措施中要明确本行业要孵化的 0~1 解决方案清单（含客户/项目）、开发的 L3（L3 指产业管理单元，详细介绍见第一章概述）解决方案清单。其中第一年的目标是年度业务计划的重要输入，也是年度战略目标 KPI、组织 KPI、重点工作的重要输入，由年度重点工作进行承接。关键战略举措在下一年分解的任务是获取下一年度预算重要的支撑，讲清楚下一年要达到怎样的目标、要干哪些事才能讲清楚为何要那么多的资源。战略衡量指标一般应用在战略目标、重点工作目标和下层组织的 KPI/ 个人绩效承诺中。

从战略到战略举措 / 战略衡量指标的分解过程

从战略到战略举措 / 战略衡量指标的分解过程如表 4-8 所示。

表 4-8 战略到战略举措 / 战略衡量指标的分解过程

战略	战略举措	战略衡量指标
有效增长	打造中国区领导者格局，构建海外重点国家和行业格局，实现市场持续有效增长	1. 全球收入 ×× 亿美元 2. 中国区份额增长 ××% 3. 海外收入 ×× 亿美元

5 年走遍全球排名前 100 的旅游景点

如果你定了一个长远的战略目标："5 年走遍全球排名前 100 的旅游景点"，过了一年你会发现，努力工作挣钱才能去旅行，这样太麻烦了，还不如宅在家里舒服，这样你定的战略目标就不了了之了。或者工作一年之后，你决定把这个目标完成的时间全部都放到第 5 年，即前 4 年拼命工作，第 5 年辞职去旅行，不过这样你最终完成目标的概率不会高。从战略执行管理的角度出发，你需要把这个长远目标分解到每一年。比如第一年先挣一笔钱，第二年先把中国走完，这样在 5 年走遍全球 100 个旅游景点才有可实现性。

3. 战略目标

战略目标一般是指未来 3~5 年要实现的目标，是基于公司中长期战略诉求，重点围绕有里程碑意义的、基于新产品、新方向、新客户、新能力、新平台、新特性、格局提升、增强竞争能力等领域的核心战略诉求，瞄准对公司未来产生重要影响、构筑竞争优势的关键成功要素，牵引公司业务在战略方向上取得关键突破和提升。战略目标是公司战略达成最直接、最有效的定义和描述，具体内容包含战略目标名称、中长期战略意图、年度目标分解和衡量指标。一个公司的战略达成与否主要依赖其战略目标是否达成。战略目标要聚焦核心战略诉求，而不是下一层级部门目标的简单汇总，不追求面面俱到。

一个好的战略目标具有分类均衡、聚焦、可衡量、延续性、协同性、目标互锁、挑战性、充分对标、分层管理等特点。战略目标不等于销售目标，战略目标需要包括规模、盈利、现金流、风险与效率、新产业占比等方面，尽量不要和财务指标混在一起。设置战略目标的难点是如何设置少而精的战略目标，能体现公司战略导向，做加法容易，做减法难。其详细特点介绍如下。

- 分类均衡：考虑产品线业务种类的发展节奏不同，孵化期业务的战略目标更关注运作和竞争力，脱离孵化期业务的战略目标更关注客户和竞争力。
- 聚焦：战略目标要瞄准能对未来产生重大影响，构筑竞争优势的关键成功要素，数量精简而不追求面面俱到。订货、收入、盈利目标等经营指标已经在 KPI 中体现，不在战略目标中专门体现。
- 可衡量：战略目标要有清晰的中长期战略意图并可分解为 3~5 年的年度战略目标，衡量指标要聚焦目标的关键要素，要清晰明确、易管理、可评估。
- 延续性：新一年度战略目标的制订要基于上年度目标的执行情况，要区分和说明哪些是上年继承下来继续开展的，哪些是新增的，以保持战略的严肃性和延续性。公司在年中审视时可以根据实际情况申请调整战略目标。
- 协同性：在战略目标制订过程中要与相关部门的战略目标联动，做到协同运作、力出一孔，关键点要落入相关部门的战略目标中，确保战略落地。
- 目标互锁：在战略目标制订过程中，产品线与营销、市场、技术开发等部门要目标互锁，各 SPDT 与技术平台等部门也要目标互锁。这些组织之间有协同关系，如果不互锁，各自为战，最终可能会无法达成一致的目标。

- 挑战性：战略目标的设定必须具有挑战性。如果战略目标继承自上年度战略目标，原则上需基于上年基线实现改进提升。如果战略目标源自上层团队战略目标，达标目标不低于上层团队的战略目标承诺。如果战略目标源自当年重点工作，则达标目标不低于重点工作设置的目标值。

- 充分对标：战略目标的设定是否有战略意义，决定权还是属于业务一把手，战规部更多地起参谋作用。先提出一些战略目标然后逐步修订，通过这种方式可以快速和业务对齐，也为后续持续跟进推动落地打下了坚实的基础。这一点必须做充分，多做几轮也没关系，但一定要确保战略目标达成共识且有挑战性。在实际处理时要敢于拿 SP 的中长期目标来提升牵引强度。

- 分层管理：战略目标管理讲究传承性，除了上层对产品线的战略诉求，还有产品线对内的战略诉求，两层战略目标保障了战略目标的一致性，同时确保了已分解的战略目标可以有效执行。

战略目标整体由公司战略规划部统筹，需要公司一把手围绕公司战略方向及区域战略意图，以自上而下为主、自下而上为辅结合制订，亲自牵头组织专题研讨拟定，并分解落实到责任人。可以从以下四个方面开展战略目标的制订：审视上一年战略目标执行情况，对未完成但符合方向需延续的战略目标予以继承，对需要退出的战略目标说明原因；通过筛选和分解识别当年需要新增的战略目标；公司、产品线以及相关部门战略目标对标互锁；分层分级，关注中长期战略意图及战略举措的落地。

战略目标必须规范管理过程以确保有效落地，首先是建立战略目标管理的负责人和赞助人机制，落实到具体责任主体，保障专项资源投入，实现战略目标项目化管理；其次通过管理团队例行审视、进展简报等形式，保证管理层和相关部门对战略目标的关注和有效投入；再次，各级组织要按照季度、年中、年度审视自己和下级组织的战略目标进展，战略目标的周期一般比较长，在年初制订目标时看得不一定准确，所以在年底评价时，要考虑业务环境变化；最后，战略规划部要例行对每个战略目标和目标子项进行全面跟踪和监控，基于翔实的数据和事实分析，及时识别问题和风险，推动闭环改进。

战略目标的结果评价要根据目标的最终达成效果来确定，而不是简单地基于预设的目标机械地采用数字计算的方式计算结果。以产品线战略目标结果评定为例，首先基于关键评价要素来提供相应的基础数据，对极少数由于客观原因取消或延迟的战略目标项目需单独提供说明；其次，产品线结合战略目标关键进展和业务的长远影响，给出定性和定量的自评结果；最后，基于各产品线战略目标完成的基础数据和部门自评，对公司战略贡献的实际效果等，由公司上级部门给出战略目标结果终评。

战略目标是战略执行的管理工具。战略解码过程瞄准的是中长期战略，而不仅仅是关注第一年。在实际运营过程中，一般战略目标的制订包括了未来 3 年的分解措施和各年度目标，要进行绩效考核评估和结果应用，以促进目标持续达成。针对第一年战略目标的分解，该年的指标值与重点工作第一年的 KPI 值要进行对齐，将分解后的年度战略目标纳入 KPI 进行管理和考核是保障中长期战略实现和延续性的关键手段。这样把中长期目标和首年目标有机结合起来，考核当下，牵引未来，从而实现"积跬步以至千里"，有助于促进各级管理者聚焦战略并围绕着战略目标开展工作。另外，KPI 的导向性非常强，容易让组织过度关注当期 KPI 的达成情况，缺少对未来战略的投入，致使公司中长期的战略落地进展缓慢。所以建议在组织的 KPI 中加入战略目标，根据战略目标的重要程度，一般占该组织年度考核指标的 15%~20%，均衡该组织的长期利益和短期利益。

为牵引各级组织和干部敢于在中长期战略方向上做出贡献，在经营奖金的基础上，通过建立战略目标奖金管理机制，对完成战略目标的组织授予奖金激励。同时将战略目标的达成结果用作干部战略贡献的重要参考标准，体现在相关的结果应用中。实践过程中经营奖金分配主要考虑当期经营结果，干部任用主要考虑中长期战略的达成情况。

4. 重点工作

重点工作是从 SP 中解码出来的战略举措在规划周期首年度需要落实事项的总

称,包括行动、阶段性目标、责任部门,是支撑中长期战略和短期目标在首年落地执行的优先工作任务。重点工作是战略解码最重要的输出之一,通过战略解码过程一系列的活动,审视上年度战略目标和重点工作达成情况,收集和总结分析内外部客户和管理层的当年诉求,研讨评审战略举措当年目标达成的差距、痛点及对策,层层分解得到重点工作内容,一般是结果性指标,每项重点工作要用一句话来总结提炼,既要精炼又要体现重点。经决策后形成重点工作列表并指定重点工作负责人,由业务管理团队成员担任。每个部门的重点工作建议10项左右。

这些重要的工作任务如何被有效管理,直接关系到执行的效果。重点工作需要匹配公司组织架构,进行分层分级管理,在IRB、产品线、SPDT、功能领域等组织层级分别设置重点工作。下级部门的重点工作需要承接上级部门分解过来的重点工作子项目,建立承接关系,最终可以支撑上级部门的重点工作目标达成。

重点工作与日常工作的差别是日常工作是对业务目标的维持和微幅改进,重点工作聚焦战略目标的达成。当年战略目标实现主要依靠重点工作支撑,不要将日常工作纳入重点工作(见图4-5)。

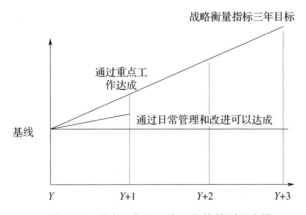

图4-5 重点工作和日常工作的差别示意图

要想高效地完成战略解码会议从而高质量地输出重点工作,需要企业不断地探索和在实践中优化。战略解码会议大致经历了头脑风暴、高绩效团队研讨、团队共创等不断变化的过程。不同的会议形式，其议程设置、时长安排、会前准备、现场引导、会议效率、会议效果等有所不同。所以，如何开好战略解码会议，对于解码质量甚至后续的执行管理都至关重要。

近些年，战略解码会越来越多地使用团队共创法，团队共创法是一种结构化的征集观点、达成共识的集体研讨方法。团队共创法适用于激发团队创意与新视角，建立责任感，发展整合性的思考方式（包含理性与直觉）、达成团队共识等场景。通常团队共创法有五个步骤：①提出问题；②头脑风暴 – 激发新想法；③组织群组 – 发掘新的见解；④命名群组 – 引导一个共识；⑤赋予群组意义。

4.4.5　战略解码方法：业务执行力模型（SP 阶段）

通常战略解码采用业务执行力模型（Business Execution Model, BEM）开展，BEM 是一套战略执行运营方法论，是一种结构化的战略解码方法，能有效支撑战略的落地。该方法对战略按一定逻辑顺序进行结构化、可视化解码，通过关键成功要素导出战略举措、战略衡量指标、年度重点工作，确保重点工作对齐战略。后续通过项目化方式执行与管理重点工作，并对重点工作以及战略效果进行闭环管理与改进，以保证战略目标的达成。通过战略衡量指标进行闭环监控和评估，针对差距进行持续改进。战略解码完成战略的分解往往不是一步到位的，而是需要层层分解、逐步细化的。BEM 战略解码逻辑如图 4-6 所示。

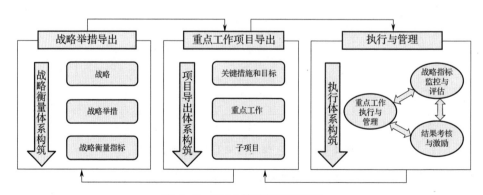

图 4-6　BEM 战略解码逻辑图

BEM 解码的步骤如表 4-9 所示。

表 4-9　BEM 解码步骤

编号	活动	活动描述	输出
1	明确战略及战略目标	在战略意图中明确战略，并对战略进行明确的定义	战略及战略描述
2	导出关键成功要素	识别为支撑战略目标达成的中长期关键成功要素，导出达成战略的关键成功要素	CSF 列表
3	导出战略衡量指标	确定本战略周期中对应的 CSF 的内容和范围，识别 CSF 对应的战略衡量指标	战略衡量指标
4	导出年度业务关键措施 & 目标（CTQ-Y）	对齐和围绕战略举措分析差距，导出本组织层级年度业务关键措施和目标	一层 CTQ-Y 列表
5	年度业务关键措施 & 目标分解	基于导出的 CTQ-Y 分解导出下一级的 CTQ-Y，形成 CTQ-Y 树	CTQ-Y 树
6	年度重点工作导出	根据组织维度从 CTQ-Y 树导出重点工作，基于 CTQ-Y 树按工作相关性原则识别和组合形成年度重点工作，确定重点工作负责人	重点工作清单
7	重点工作子项目导出	对重点工作所包含的 CTQ 进行分解，识别和导出重点工作子项目	重点工作子项目

下面介绍前三个步骤，余下的步骤在 4.5.3 中介绍。

1. 明确战略及战略目标

基于战略规划简要整理战略方向，根据战略意图、业务设计等信息归纳总结组织的战略及战略描述。为了便于理解与沟通，可以对战略方向用一个简练的短语进行战略描述，如有效增长，然后对有效增长进行具体化、可衡量的描述，以便后续结构化导出战略的关键成功要素。

2. 导出关键成功要素

制定战略和战略举措需要考虑战略的继承性，还需要考虑到相关领域（包括功能领域、产业领域等)。如前文所述,战略举措更多地考虑面向未来的、关键的战略成功要素,是具体明确的举措,例行的工作不用纳入战略举措。从战略向战略举措导出过程中的输出要求包括:

- 战略举措名称建议不要从目标结果的角度描述,其目标结果用战略衡量指标来定义和衡量。要以战略成功要素的方式描述,建议采用动宾/主谓结构。
- 围绕一个重点或中心主题进行描述,简洁、明确,不会产生歧义。
- 要有结构化思维,先要理解战略并选择合适的思考框架导出战略举措,通过结构化方式呈现战略举措与战略之间的连接关系。细化战略举措到关键任务时也同样先考虑战略举措的关键要素,然后导出。
- 一个战略一般导出 3~5 项战略举措,一个战略举措导出 3~5 项关键任务,关键任务是战略举措的支撑和分解。
- 为了支撑战略达成分解需要实施的战略举措,列出每个战略举措的中长期目标,以及这些举措之间的依赖关系。
- 遵循 MECE 原则,即相互独立、完全穷尽。相互独立意味着问题在同一维度上并有明确区分、不可重叠,完全穷尽则意味着全面、周密。

战略举措分解完成后,需要对其完备性进行审视,避免重大遗漏,否则将无法支撑战略目标的达成。可以使用平衡计分卡从财务、客户、内部运作、学习成长几个维度检验 CSF 之间的均衡性。分析各 CSF 间的因果关系,反向检验这些战略举措能否支撑战略目标达成。如果 CSF 间存在不均衡(不同维度 CSF 数量或 CSF 颗粒度差异过大)或存在独立的 CSF 或 CSF 间缺乏因果关系时,需重新审视 CSF。

某公司的战略及战略举措分解案例

某公司的战略及战略举措分解案例如表 4-10 所示。

表 4-10 某公司的战略及战略举措分解案例

战略	战略描述	战略举措
有效增长	1. 通过为客户提供创新和集成的解决方案，做好客户界面，持续提升客户满意度，实现差异化、精细化的格局管理 2. 打造中、欧两个本土化①市场，将亚非拉等成熟市场做厚，推动新开发市场快速增长 3. 实现份额第××名，收入增速达到行业×倍，收入年增长××%，贡献利润率>××%	优化传统产品和服务格局 增加传统领域收入 加速新领域增长 建设第二个本土化市场—欧洲 提升客户价值 强化客户关系 提供创新和集成的商业解决方案
引领产业	1. 通过流程集成，加强对一线的授权及授权后的管理和监督，完善管控模式，促进组织间的协同，优化区域组织结构，构建全球整合型组织，提升合同质量，促进契约化交付，实现20××年管理费用达到××% 2. 通过赋能与促动，创造一个能让员工相互协作、创造自主解决问题的轻松环境，激发员工，勇于担责	确保面向未来的技术和服务竞争力 降低成本 提升运营效率 建设全球整合型组织 构筑一流组织文化 构建良性的产业链生态环境 扩大产业作战空间 提升合作质量 强化客户关系
卓越运营	1. 通过打造管道操作系统，构筑未来控制点和领先优势 2. 优化与客户做生意的方式，将价值构筑在软件和服务上，把软件和服务打造成核心竞争力 3. 主动开展产业链管理，构建有效竞争及利益分配的商业环境	提升产品和服务经营效率 降低全流程成本 构建全球整合型组织 提升商业解决方案集成能力 确保未来核心技术领先 促进产业链健康成长 优化投资组合管理

① 本土化，指将产品、服务或内容适应本地市场的过程。

用平衡计分卡检验 CSF 之间的均衡性

分析各 CSF 间的因果关系，反向检验是否支撑战略目标达成。如果 CSF 间存在不均衡（不同维度的 CSF 数量或 CSF 颗粒度差异过大），或存在独立的 CSF，或 CSF 之间缺乏因果关系时，需重新审视 CSF（见图 4-7）。

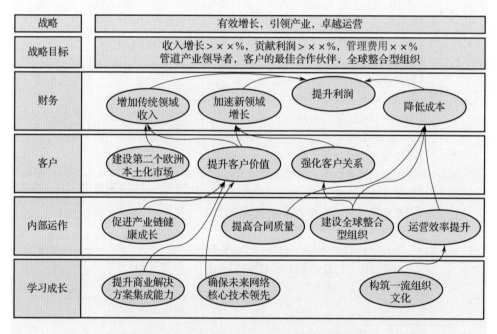

图 4-7 用平衡计分卡检验 CSF 的均衡性

3. 导出战略衡量指标

首先考虑不同业务类型（成熟业务、新业务等）的差异化，从期望带来收益的角度寻找衡量指标。明确可以导出战略衡量指标时直接导出。如果有的业务还不成熟，则不仅要从收益绩效结果角度衡量，还要考虑过程中的衡量指标以及资源投入、能力等方面的指标。导出战略衡量指标通常有以下参考原则：

- 理解选择战略举措的目的，战略衡量指标更多的是衡量战略举措能否达成的结果指标，从期望带来收益的角度寻找衡量指标，避免有过多的过程指标，如质量事故数等。
- 战略衡量指标不宜过多，要保证颗粒度。一个战略举措通常导出 1~3 个战略衡量指标为宜，通过筛选确定后需进行管理的数量一般为 30~40 个。
- 一般从结果指标开始，由后往前识别构成要素，成熟业务一般以收益（Outcome）结果指标为主，关注格局、规模等。对新业务还需要进一步解码，不仅从收益绩效结果角度衡量，还需要考虑过程的衡量指标，即输入和活动的指标。
- 衡量指标可以是定量或定性的，要 SMART 化，不成熟的可以搁置，纳入指标池的指标要可量化、可监控、可考核。
- 战略举措描述未变但范围出现变化的时候需要关注对战略衡量指标的定义及指标值的调整。
- 对于指标的选择需基于战略解码输出的指标池，按照战略相关性、可测量性、可控性和可激发性四个方面筛选合适的指标项。

如果无法直接导出，建议采用 IPOOC 方法先分解，找出影响关键成功要素 CSF 的构成要素，基于构成要素导出备选指标，根据战略举措细化关键任务再从中筛选战略衡量指标。IPOOC 方法从输入（Input）、过程（Process）、输出（Output）和收益（Outcome）四个维度识别影响战略举措的构成要素，逐步细化识别衡量指标，帮助战略举措落地，确保不遗漏。IPOOC 方法不仅可以应用于战略衡量指标的导出，也可以应用于战略举措的导出。

IPOOC 方法示例

假设战略为有效增长，识别的关键成功要素为提升价值市场份额。先根据 IPOOC 方法识别出 9 个构成要素，并找到 11 个备选指标，再根据战略相关性、可测量性、可控性和可激发性的评价项与备选指标的相关性，根据相关程度设置分数：0（无相关）、1（弱）、3（一般）、9（强），如

表4-11所示。另外,权重的大小还应体现公司的战略诉求。例如,对于成长期的产业重点牵引规模,收入的权重大于毛利率和贡献利润的权重;对于成熟期的产业重点牵引利润,毛利率和贡献利润的权重大于收入的权重。最终选出两个可能的KPI,山头目标完成率和价值市场份额占比,这两个指标可以体现核心战略诉求。

表4-11 IPOOC方法示例

CSF	IPOOC	CSF构成要素	备选指标	评价效果				分数
				战略相关性	可测量性	可控性	可激发性	
提升价值市场份额	输入	匹配客户需求的解决方案	客户需求包满足率	3	3	3	9	18
			技术标排名	3	3	1	3	10
		专业服务拓展人员到位	专家到位率	1	9	3	3	16
	过程	规范项目运作管理	流程符合度	1	3	9	3	16
		改善客户关系	客户满意度	1	3	1	3	8
			SSPR完成率	1	3	1	3	8
	输出	获取到的价值客户合同	签单率	3	9	3	3	18
		竞争项目的胜利	山头目标完成率[①]	9	3	3	9	24
	收益	价值市场份额提升	价值市场份额	9	3	3	9	24
		订货增加	订货	3	9	3	3	18
		利润改善	销毛率	3	9	3	3	18

① 山头目标,指在公司战略规划下对新区域、新客户和新产品的拓展与突破,与战略目标类似。

4.4.6 KPI 指标方案

组织绩效是指在某一时期内对组织基于自身职责定位承接的公司或上级组织目标完成结果的衡量，它通常以关键绩效指标即 KPI 的形式表现，并且强调组织绩效目标应分解落实到相关责任主体。组织绩效管理可以将公司的战略和业务目标转化为具体的指挥棒和组织贡献的评价标尺，将 KPI 方案作为上下沟通公司目标的工具，有利于保证战略执行的一致性。举个例子，公司要实现 1000 亿元的销售收入目标，为支持目标达成需要将这 1000 亿元的目标分解落实到各个业务组织。通过组织绩效管理牵引着各组织对公司战略目标达成一致认同，并将目标转化为本组织具体的行动，协同发力，定期审视执行情况，推动开展改进行动，确保目标达成。以下介绍 KPI 方案和 KPI 的设计过程。

1. 平衡计分卡

平衡计分卡（Balanced Score Card，BSC）是业界常用的一种组织绩效衡量方法。它是将组织愿景和战略转变为四个维度（财务、客户、内部运营、学习与成长），以此组成绩效指标架构来衡量组织绩效（见图 4-8）。

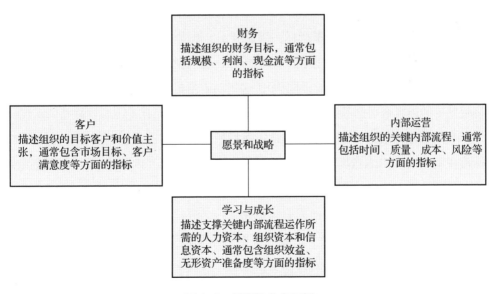

图 4-8　平衡计分卡示例

平衡计分卡源于一个战略的框架，它帮助高级管理层把公司的愿景和战略转变为一套连贯的业绩指标。一个结构严谨的平衡计分卡应当包含一系列相互联系的目标和指标，这些目标和指标不仅前后一致，而且相互强化。平衡计分卡不仅考虑财务指标，同时引进了未来财务业绩的驱动因素，包括客户、内部运营、学习与发展，这四个方面使企业能够在短期目标和长期目标、结果和动因、硬性客观指标和软性主观指标之间达成平衡。平衡计分卡一方面将财务指标作为终极目标因而获益，另一方面也避免了一味强调改进短期财务目标而造成的短视和扭曲。

财务目标是平衡计分卡的所有其他层面的目标和指标的核心。平衡计分卡反映战略的全貌，从长远的财务目标展开，然后将它们与一系列行动相联系，这些行动包括财务、客户、内部运营以及学习与发展，以实现其所向往的长期业绩增长。对产品线进行主要牵引的财务指标包括规模类的销售收入、衡量盈利能力的毛利率和利润等。企业在不同的生命周期阶段有不同的财务目标，如孵化期、投入期、成长期、成熟期和衰退期，其牵引点由不考核财务指标到逐步牵引规模、利润再到投资回报率。

在客户层面，企业确定他们希望竞争的客户群体和细分市场。这些细分市场代表了公司财务目标的收入来源。客户层面使企业能够根据目标客户所在的细分市场调整自己核心客户的结果指标：满意度、忠诚度、保持率、获得率和获利率。对产品线的牵引除了客户满意度的结果指标，还包括战略目标、业务连续性目标达成率、产品竞争力这样的动因指标，这些动因指标通过提前设定一些可主观或客观评价的内容牵引产品线，不仅关注短期财务结果，而且关注长期战略的实现。

在内部运营层面，管理层要确认组织擅长的关键内部流程。内部业务流程指标重视的是对客户满意度和实现财务目标影响最大的那些内部流程，包括创新流程、经营流程及服务流程。

平衡计分卡的第四个层面为驱动企业学习与成长的目标和指标。财务、客户和内部运营层面的目标确定了企业为获得突破性业绩必须在哪些方面表现突出，而第四个层面即学习与成长的目标为其他三个层面宏大目标的实现提供了基础框架，是前面三个计分卡层面获得卓越成果的驱动因素。学习与成长层面一般分为四个主要范畴：员工能力、信息系统能力、激励、授权和协作。

一个优秀的平衡计分卡,应该是为业务单位战略定制的成果(滞后指标)和业绩驱动因素(领先指标)的适当组合。如果只有结果指标而没有业绩驱动因素,就难以反映企业业绩是如何实现的,并且可能导致短视的局部最优的行动。如果业绩驱动因素不和结果指标相连接,就可能只实现局部改进,却不能为业务单位带来任何短期或长期的价值。最好的平衡计分卡能清晰地诠释企业战略,使企业战略可以通过一系列目标和指标以及它们之间的联系推断出来。

KPI方案设计要力求聚焦核心战略诉求,简化管理,均衡短期与长期组织目标考核要求。KPI方案设计包含两个方面:指标项和权重,均需聚焦核心战略诉求。指标项的选择应注意从平衡计分卡的四个维度考虑。四个维度的指标应均衡,尽量保证每个维度都有合适的考核指标项,确保核心战略诉求得以实现。KPI方案设计还应兼顾长期战略和短期目标。很多企业在设置KPI时,关注短期指标较多,如当期收入、当期利润等。而产品体系要考虑长期的投资回报,因此KPI方案要强化长期目标考核牵引,避免一味强调改进短期财务结果而造成的短视和扭曲,要做到长短期平衡。

 某公司的产品线平衡计分卡 KPI 指标参考项

产品线平衡计分卡如表4-12所示。

表4-12 产品线平衡计分卡示例

序号	牵引点	指标项
1	财务	销售收入、制造毛利率、销售毛利率、贡献利润
2	客户	战略目标、产品竞争力、客户满意度
3	内部运营	重大事故数、重大事故恢复及时率、存货周转率、库存周转率、内控成熟度
4	学习与发展	组织干部人才

其中,牵引长期目标的指标项主要有战略目标、产品竞争力、组织干部人才等。

2. 各部门 KPI 指标设计过程

正如战略解码完成战略的分解往往不是一步到位的，而是需要层层分解的。各层组织 KPI 方案也需有效支撑上层组织战略和落实本层组织的目标。KPI 作为战略落实的指挥棒，应分层设置和管理，下层应支撑上层 KPI 方案，为公司战略落地保驾护航。基于各组织的职责和战略诉求，KPI 方案需匹配该组织的独特价值和贡献，为下层组织设计合适的 KPI 方案，既能支撑产品线战略的达成，又能体现各部门独特的价值，落实差异化考核，牵引各部门积极工作。KPI 方案还需牵引同层级组织间的协同运作，支撑上层组织整体战略和目标的达成。

产品体系组织设置 KPI 层级主要有各产品线及其直属功能部门、各 SPDT 和各 PDU。产品线在设计下层组织 KPI 方案时根据组织定位按照经营团队、PDU、端到端职能部门和各领域部门四类组织分别设计。

- 经营团队指各 SPDT，牵引策略是达成经营结果的同时按不同生命周期牵引：孵化期牵引竞争力领先，投入期牵引竞争力领先的同时兼顾经营，成长期牵引规模，成熟期牵引利润，衰退期牵引投资回报率，共同支撑产品线 KPI。
- PDU 以契约交付为主，并承接部分产品线的经营结果。
- 端到端职能部门指战略规划、质量运营、财务和人力资源部，考核策略是承接产品线的经营结果及关键独特价值，分别为战略规划、产业发展、质量、成本、效率、预测准确率、费用等。
- 各领域部门指销售、市场、采购、制造、供应、服务等领域，考核策略是承接产品线的经营结果及本流程阶段面向客户及端到端结果的完整职责。
    ◊ 销售的 KPI 指标参考：市场占有率、合同质量；
    ◊ 市场的 KPI 指标参考：规划产品端到端准确性、成本规划竞争力、产品竞争力；
    ◊ 采购的 KPI 指标参考：采购成本降幅、器件质量、采购交付及时性；
    ◊ 制造的 KPI 指标参考：成本降幅、制造质量、交付及时性；

◊ 供应的 KPI 指标参考：供应库存周转率、生产备货周期、销售与运营计划匹配率；

◊ 服务的 KPI 指标参考：工程成本降幅、交付及时性。

3. 产品竞争力指标

在这里着重介绍一下产品竞争力指标。产品竞争力是指在目标市场通过客户感知和市场项目竞争中体现出来的、能打胜仗的系统能力，该能力可支撑商业成功，是商业竞争力与技术竞争力的综合体。通常，产品竞争力体现在产品能更好地满足客户需求的差异化特点上，如产品质量更好、成本更优（适合批量发货类的产品）、可显著解决客户问题/痛点和诉求（清晰地定义产品场景）、五易（易集成、易配置、易销售、易安装、易维护）等。如何打造产品竞争力请查看第五章内容。产品线的核心战略内容之一是提升产品的竞争力，通过投入开发有竞争力的产品并销售换来营收和利润，所以规划如何提升产品竞争力并实现商业成功是公司战略规划与执行的基础。没有竞争力（或竞争力不足）能否取得商业成功呢？过去也许可以，今后恐怕很难。当竞争对手的产品能影响客户感知和市场份额时，弥补与其的差距将非常吃力。为尽量避免这一问题，建议在考核产品体系时设置产品竞争力这一考核指标，主动牵引竞争力提升并评估产品对市场竞争力诉求的支撑。

 米家扫地机器人的产品竞争力

2016 年之前的扫地机器人面临最大的问题是什么？有三个：

第一，容易被卡住。扫地机器人是在家里无人的情况下去清扫的，而家里的环境非常复杂，且每个家庭都不一样，扫地机器人在运行的过程中经常会被线绊住或被地毯卡住，所以网上流行这么一句话：每天回家第一件事情就是，去找扫地机器人在什么地方。

第二，覆盖不全。全面覆盖对技术的要求是很高的，至少机器人能去的地方都要扫到，否则就变成卫生死角。

第三，扫得不快。如果一台洗衣机工作 4 小时都洗不完几件衣服，那么这台洗衣机就很差了。扫地机器人也是同样的道理。

因为这三个问题的存在，所以很多人开玩笑说这个产品是一个"成人玩具"。扫地机器人在2014年、2015年被连续评为"双11"买了就后悔的产品之首，因为它是购买后一个月内就闲置的产品。2016年问世的米家扫地机器人使用了激光雷达导航、优化避障算法等技术把这三个问题都解决了，产品月活跃度在80%以上，日活跃度达到30%。而且这款扫地机器人可以定时无人运行，比如设定在星期一到星期五的工作时间进行清扫，那么这5天里家里人不会感知到它的存在，等到周末倒一下垃圾就可以了。

这三个问题的解决构建了米家扫地机器人的产品竞争力，该产品上市不到一年销量就突破100万台，成为一款真正的单品爆款产品。更重要的是，在销量如此高的情况下，依然保障了极其优秀的用户口碑。所以说，具备核心竞争力的产品，用户才愿意传播。

案例 为什么苹果手机那么贵还是有这么多人买

单纯从硬件参数角度来说，许多旗舰安卓手机早已超过苹果手机，很多消费者反映苹果手机信号不好、充电速度慢、不支持内存拓展，还卖得那么贵。但是为什么苹果手机仍然有那么多粉丝，每次苹果推出新款手机时还是有这么多消费者购买？

除了口碑和品牌知名度很高，苹果手机的系统操作简单且安全系数高是一种差异化的竞争力。苹果手机采用的是封闭式设计，拥有完善的应用生态系统，提供了更加优质的服务。苹果手机与安卓系统手机是两种生态的竞争。苹果手机系统流畅，不会出现一些大的漏洞，也没有广告弹窗，给人干净整洁的感觉，且苹果手机对用户隐私的重视程度非常高，所有应用想调取用户信息，必须经过用户授权，以避免隐私泄露。

4.5 年度业务计划

4.5.1 年度业务计划概述

年度业务计划是各部门在秋季开展的下一个财政年度业务计划的制订工作，是在公司战略的指导下对战略的承接，是战略规划本年度自上而下逐层分解出的具体落地计划，承接战略规划第一年里程碑任务并支撑战略规划闭环的关键活动。年度业务计划顺应公司战略的方向、策略和节奏。各部门基于中长期战略规划，将战略中本年度市场空间及机会、业务目标及策略、战略举措、财务预测、组织人才氛围规划等输入年度业务计划中，同时结合收集到的 VOX[⊖] 将战略规划进行自上而下的分解，结合市场洞察和细分市场管理的输入，确定年度业务目标和重点策略，包含过去一年各部门的总体运营情况、未来一年的年度目标、财务预算、产品策略、区域销售策略、客户拓展策略、服务策略、品牌策略、交付策略、产业链竞合策略等内容。最终落实到经营目标、投资预算、可执行的路标、年度项目清单等下层组织的具体任务中并明确责任人。年度业务计划不仅仅是计划，也包括对内外环境的分析和执行措施的计划，以及所需的资源、预算、执行监控、计划调整等方面内容。

年度业务计划从战略举措入手，确定执行这些举措的详细行动步骤、所需资源和负责人员。重点在业绩的衡量和管控上，年度业务计划与预算明确当年的产品投资组合规划及具体金额。第一年把财务预测作为未来财年企业管理层和高层管理间"业绩合同"的一项内容。每个季度进行年度业务计划的季度审视，由各部门管理团队对各部门上个季度的运营指标和业务计划执行情况进行回顾检查。

4.5.2 SP 向 BP 解码

由战略规划部门负责战略规划向年度业务计划的解码，战略规划向年度业务计划的输入是抓好战略到执行管理的关键环节。作为战略规划周期的"开局年"，首年的重点工作是进一步把战略举措具体化，落实到具体责任组织及个人，并明

[⊖] 它是指各种来自内外部的声音，如客户的声音（VOC）、管理层的声音（Voice of the Management，VOM）、员工的声音（Voice of the Employees，VOE）。

确进度要求，以及确保可执行、可管理。

通过专题传导和深潜建立战略规划与年度业务计划的有效衔接，强化战略规划向年度业务计划导入，承上启下，上下对标，确保战略规划、年度业务计划与预算更好地衔接，最终确保战略有效展开及落地（见图 4-9）。

- 将战略规划首年度可参与的市场空间及机会点输入年度业务计划，作为"机会点到订货/收入"活动的输入；
- 将战略规划中的战略意图、业务设计/战略举措（3~5 年）输入年度业务计划，作为"战略目标""年度重点工作"的输入，明确战略举措/关键任务清单、负责人及细化战略衡量指标，确保关键任务可衡量、可执行、可考核、可管理；
- 将战略规划中的五年预测包括损益、效率和人力等目标输入年度业务计划，作为"编制预算"活动的输入，明确首年财务目标预测、人力预测（收入、利润等关键财务指标，投入/经营策略）。

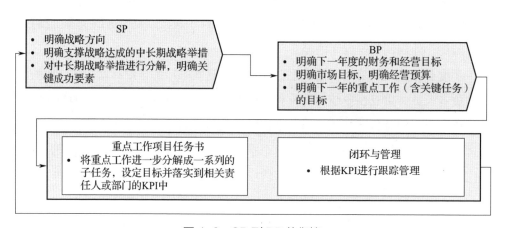

图 4-9　SP 到 BP 的衔接

4.5.3　战略解码方法：业务执行力模型（BP 阶段）

本节承接"4.4.5 战略解码方法：业务执行力模型（SP 阶段）"的内容，介绍 BEM 解码的后续步骤。

1. 导出年度业务关键措施 & 目标（CTQ-Y）

首先要对齐关键成功要素，同时结合 VOX 导出年度关键质量特性和绩效衡量指标。CTQ（Critical to Quality）即关键质量特性，是指从客户或经营视角看产品或流程所表现出的关键特性。Y 是 CTQ 的绩效衡量指标，通过 Y 可以知道现有的绩效水平，选定有效的项目，将 Y 作为测量 CTQ 的核心指标做持续的趋势目标管理。CTQ-Y 的识别要求目标 SMART 化，方便后续更加明确高效地实施落地。

导出 CTQ-Y 的方法分以下四步：

- 基于关键成功要素收集相关 VOX 信息，分析现状、差距及影响战略目标达成的业务关键问题；
- 根据存在的问题识别对当年业务的要求，导出能确保本组织生存与优势的核心诉求；
- 针对核心诉求导出备选 CTQ；
- 将备选 CTQ 与 CSF 进行关联检验，选定本层级 CTQ 及其衡量指标 Y。

案例 战略解码方法 BEM（BP 阶段）导出 CTQ-Y 示例

战略解码方法 BEM（BP 阶段）导出 CTQ-Y 示例见表 4-13。

表 4-13 战略解码方法 BEM（BP 阶段）导出 CTQ-Y 示例

战略	战略举措 CSF	战略衡量指标	现状，VoX/对标	关键措施（CTQ 层级 1）	衡量指标（Y）
有效增长	提升价值市场份额	战略/山头目标完成率，价值市场份额占比	1. 部分区域以短期的机会/项目来选择价值区域、客户，缺乏系统的方法论指导；2. 以短期/现实贡献为主要选择标准，缺少衡量中长期发展的规划和指标设计，行为短视；3. 对区域、客户的市场洞察不足，缺乏深入理解；4. 缺乏针对价值市场、价值客户的长期拓展资源投入策略	提升价值市场拓展能力	专家到位率 专项拓展资源投入 战略/山头目标完成率 价值市场收入

2. 年度业务关键措施 & 目标分解

在实践中经常还要对 CTQ-Y 进行分解，形成 CTQ-Y 树，然后基于 CTQ-Y 树按工作相关性原则识别和导出年度重点工作。为什么要先导出 CTQ-Y 树？首先是以始为终，从战略出发确定对今年业务要达到的目标要求。其次是为了支撑战略目标的达成，每个层级都要清楚自己的目标，将定性的 CTQ 和定量的 Y 做成目标树，然后从上而下圈定各层组织重点工作。

此处可以使用全量分解法（Total Productivity Management，TPM）、流程分解法（Business Productivity Management，BPM）、参数分解法（Critical Productivity Management，CPM）将一层组织的 CTQ-Y 分解到下级部门，并自上而下地确定各层 Y 的基线和目标值。实际运作中往往是先给出重点工作的建议，再通过战略解码会议研讨产生最终的重点工作清单。根据战略的不同选择适合的思考框架，有时候需要分析多层，每层可能会使用不同的思考框架。不同的思考维度会导出不同的结果，当不能导出理想的战略举措时，尝试从其他视角来思考和理解战略。通过战略解码最终展现出一棵完整、有逻辑的大树。

全量分解法是对综合目标进行全面的解构，确保分解目标能够支撑全量目标。其上下分解指标的量纲保持一致，通常用于对财务类事项的分解，如规模、利润、份额、成本等。例如产品线的收入目标层层向下分解，先到各子产品线，再从子产品线到产品领域 SPDT，这样层层分解，每个下层目标的合计就等于上层目标。收入、成本这种目标的分解一般适合使用 TPM 方法（见图 4-10 和图 4-11）。

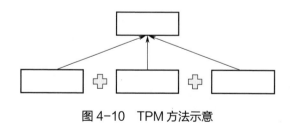

图 4-10　TPM 方法示意

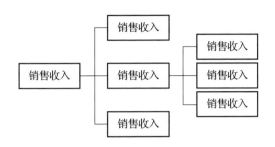

图 4-11 TPM 方法案例

流程分解法是从流程主要问题入手进行差距分析，从客户 – 输出 – 流程 – 输入 – 供应整个流程来分析影响因子，这种方法更适合业务流程的分解。以客户为中心，为确保总体流程绩效提升，沿着业务流程通过 COPIS 分析（Customer，客户；Output，输出；Process，流程；Input，输入；Suppliers，供应商），对目标和措施进行分解和导出项目，通常用于效率、周期类事项的分解，如价值链、业务流等流程类（见图 4-12 和图 4-13）。

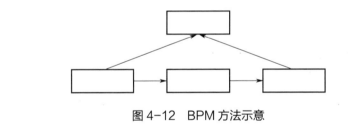

图 4-12 BPM 方法示意

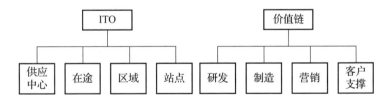

图 4-13 BPM 方法案例

参数分解法是按照关键成功要素，将复杂问题系统性解构为多个关键构成要因的方法，寻找系统内部的关键参数。通过关键参数的改善，支撑系统特性的改善。通常用于研发产品类或原因 → 结果性事务的分解，如支撑战略达成的关键要素（见图 4-14 和图 4-15）。

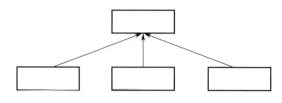

图 4-14 CPM 方法示意

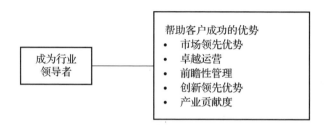

图 4-15 CPM 方法案例

CTQ-Y 分解案例

CTQ-Y 分解案例如表 4-14 所示。

表 4-14 CTQ-Y 分解案例

战略	战略举措 CSF	战略衡量指标	关键措施 CTQ 层级 1		关键措施 CTQ 层级 2		责任部门
			关键措施（CTQ 层级 1）	衡量指标（Y）	关键措施（CTQ）	衡量指标（Y）	
有效增长	提升价值市场份额	战略/山头目标完成率，价值市场份额占比	提升价值拓展能力	专家到位率 专项拓展资源投入 战略/山头目标完成率 价值市场收入	建设匹配价值区域组织	价值区域人员投入 专家到位率	×××
					完善价值区域拓展策略	GTM 规划完成率	×××
					资源再聚焦重点国家突破	专项拓展资源投入 战略/山头目标完成率 重点国家收入	×××

3. 年度重点工作导出

基于 CTQ-Y 树按工作相关性原则，识别和组合形成年度重点工作。还经常需要对 CTQ-Y 进行分解，识别和导出重点工作子项目。重点工作导出过程中要结合当年相关输入，包括来自管理层、客户的关键诉求以及业务执行过程的痛点，思考弥补战略举措当年目标差距的关键措施。对识别的关键措施拉通整合形成重点工作，设定重点工作目标及负责人。

重点工作的导出方法如下：

- 基于支撑关键财务结果和核心战略达成的相关 CTQ，形成本层组织重点工作；
- 按功能或业务领域维度组合 CTQ，形成功能或业务领域的重点工作；
- 部分只输出下级组织管理的 CTQ，可下发给下级组织纳入其重点工作；
- 输出重点工作清单，明确重点工作负责人，衡量指标基线和目标；
- 一项战略举措可以由一个或多个重点工作来支撑，重点工作名称一般按"手段＋目的"的结构描述，如："通过×××，达成×××"。

讨论重点工作清单一般有清单研讨和团队共创两种方式，清单研讨方式一般在召开会议之前要准备好两类信息，一类是前期已经分析导出的战略举措，另一类是收集的各个维度的 VOX，包括客户满意度、客户关键诉求、业务执行过程痛点和诉求、业界标杆洞察、管理层要求、员工声音等信息。这些信息都需要在研讨会上展开，作为研讨的输入。以产品线层级的重点工作研讨会议为例，与会人员主要包括业务管理团队（Staff Team，ST）委员、列席成员、工艺工程师（Process Engineer，PE）等，根据参会人数进行分组，一般每组 10 人，分成 4~6 组进行研讨。当各个小组达成共识后，安排各组代表发言，然后将每个小组的观点进行整合，进行集体评议，最终确定本年度产品线的重点工作清单。

团队共创方式适用于需要发掘新创意的场景，激发团队发现新视角，建立一种共享的责任感，运用整合性思考方式达成团队共识。采用团队共创方式可以让每个人都发表意见，总结出优先级最高的工作，然后结合总裁意见确定最终工作清单。参考 5 个步骤来开展：第一步，提出问题，比如如何达成业务目标？第二步，组织参会人员头脑风暴，讨论各种方案和措施，激发新想法；第三步，将填写着各种想法的卡片贴在白板上进行排列，同类的放在一起形成一个类别，以参照讨论，或许还可以发掘到新的见解补充进去；第四步，为每个形成的措施归类命名，引导大家达成共识；第五步，讨论这些归类后的措施之间的关系，以及其对于目标问题的作用和意义，引导大家理解这些相互关联的措施是如何共同解决问题或支撑目标达成的。一般针对提出的问题，每个人提出 3 条建议，然后组内发表讨论，小组决策出来 5~6 个最重要的想法，再将各个小组头脑风暴的想法集中，根据大家的意见进行分类排列，最后一句话归纳形成一个主题，确保涵盖了每个条目的意思。

4. 重点工作子项目导出

各部门在完成年度业务计划汇报之后确定最终的重点工作清单。工作任务明确以后，主管需要考虑如何有效地管理和执行这些重点工作任务，组织签发年度重点工作，并明确后续的管理要求。重点工作支撑公司长期战略和短期目标，如果当年的重点工作无法达成或者交付结果不满足要求，则直接影响公司既定的战略目标达成。重点工作目标的达成，跟项目管理一样，需要平衡众多关键因素，包括范围、进度、风险、质量、资源等，需要汇聚各方力量，兼顾各方诉求，协调各方共同行动，最终达成目标。

在实践中人们通常采用项目化运作方式管理重点工作，即把一项重点工作看作一个项目，采用项目管理的方式来管理，在重点工作管理中整合资源，解决好如何做，由谁去做，怎么做好的问题。在规划阶段发布重点工作清单并将重点工作目标纳入主管 KPI 中。在启动阶段完成项目立项、组织和准备工作，包括项目任务书开发和评审、团队组建等活动。对解码时形成的重点工作进行目标和措施对齐并做基线化。在执行阶段兼顾项目进展监控，包括风险和问题管理、变更管理等活动。在项目收尾阶段完成项目收尾和结项相关动作，包括对上一年度重点工作进行完成情况的验收，项目的结项评审和评优激励等活动。通过管理重点工作的启动、执行和关闭三个阶段的各个关键活动，确保重点工作管理达成目标。

英国有句谚语：目标是刻在水泥上的，计划是写在沙滩上的。意思是目标是固定的，不会轻易改变，而计划随着项目进展要经常做适应性调整。重点工作选定以及目标基线化后，为了促进重点工作目标的达成，增强重点工作负责人的使命感，必须召开组织最高管理者对重点工作责任人的委任状授予会议或者举行签字仪式。一般产品线及以上层级组织会正式颁发签署的委任状。委任状是一份双方签字的"军令状"，是各项目负责人与上级对项目目标和工作任务签字的承诺。其具体内容是整个项目的总体目标，通常是由项目任务书材料中重点工作的范围和主要衡量目标提炼出来形成的。委任状一般简洁明了，目的明确、可衡量，这样也便于后续重点工作结项时对照委任状衡量目标的完成度进行评价。同时为了鼓励所有员工不断改进，支撑产品线的关键业务目标达成，在立项时发布该年度优秀重点工作的激励方案，以表彰在重点工作中做出突出贡献的团队和个人。

4.5.4 编制预算

预算是公司战略与经营绩效联系沟通的工具，也是公司各层级组织落实责任与目标制订的基础。企业的资源总是有限的，明确的长期目标和计划使企业经营有着明确的发展方向，需要把资源进行合理的分配，把好钢用在刀刃上。全面预算管理是为数不多的几个能把组织的所有关键问题融合于一个体系的管理方法之一。通过人、财、事等资源配置预算和对责任主体责、权、利的明确界定，对有限的资源进行最佳的安排使用，以预算完成情况作为绩效评价依据，避免资源浪费和低效使用，平衡当期效益和长期战略，最终实现企业价值最大化。

年度业务计划中做好投入和产出的预算管理非常重要，对产出目标和投资预算做好规划，围绕投资展开，投资必须有产出。基于各产业商业计划与公司下年度经营约束，由财务部门负责输出下年度研发预算分配规则与下年度研发预算分配建议，内容包括下年度投资策略、研发预算分配规则、研发预算总包、对各 IPMT 预算和各产业预算分配建议。对于投资预算，先确定研发投资总额，然后根据投资组合分配资源。研发费用支撑业务经营目标实现，从"集团→IPMT → BMT → SPDT →项目 + 部门公共"层层递进。宏微观互锁是做好投资预算分配的关键。一方面由底层部门或预算单元提出预算需求，然后逐层向上汇总形成总预算；另一方面由上层管理人员结合各产业的中长期策略和业务规划，制订年度目标和计划，逐层向下分解，直到底层部门或预算单元。

对产品体系来讲，其核心定位就是产出有竞争力的产品和解决方案，牵引公司有效增长。各产品线要结合投资组合策略、产业经营指标及产业商业计划，在满足 IRB 资源配置牵引的基础上进行年度预算规划。在产品体系产出目标制订过程中，各产品线要以产业长期发展的视角关注机会点发掘和客户关键需求与节奏，各市场区域从一线和客户的视角深入挖掘机会，梳理区域机会点与订货和收入数据，共同完成年度目标的对齐和互锁。在经过多轮循环碰撞后，机会点最终落实到每个客户群，有效保证机会点最终形成产出，并形成产品体系的关键路标。根据产出的年度目标和关键路标，再对资源进行合理的分配。

"人、财、事"一致是支撑投资组合管理的基础。"人、财、事"要集成与统筹管理，中长期概算、年度预算（财）、人的预算（人）都与业务规划（事）紧密关联，不可割裂，否则会出现"巧妇难为无米之炊""拿着牛刀杀鸡""有钱没人"等各种状况。有的商业计划往往在执行过程中才发现人、财、物等各方面的资源不匹配，甚至根本就不足以支撑计划的执行。商业计划牵一发而动全身，方方面面都必须考虑到，有了充分的资源保障，商业计划才有可能执行下去。对人力的分配还要关注其特点，人不是钱和物，要考虑队伍的稳定和配合情况，不适合大开大合和一刀切。因此投资预算中"人"的预算应该单列管理。

在各预算单元（IPMT/BMT）的预算编制过程中，业务主管是预算编制及生成的第一责任人，需关注各关键要素的完整性及输出质量。预算生成遵循以下基本原则：

- 年度预算需注意与 SP/BP 的衔接，资源配置要承接战略落地，同时要考虑当年损益预算的约束。
- 公司层面确定当年研发投入比例以及产品开发、技术开发的分配比例。
- 预算编制要综合自下而上与自上而下形成的双重约束，平衡达到最优资源配置点。各预算单元在预算编制过程中需各司其职，完成投资方、经营方和开发方的业务对标及预算互锁，充分实现投资方、经营方、开发方的责、权、利相匹配，驱动各方自我管理、自我经营，确保资源投入策略有效执行。
- 预算编制颗粒需细化至最小管理单元项目，最小单元项目根据产品投资清单的颗粒度来确定。产品预算基于项目预算、部门预算及受益关系生成。
- 预算编制必须包含预算假设，即体现财务数据背后的年度关键业务投入计划，包括但不限于自有及外包人力计划、关键业务性费用的采购计划及采购节奏等。预算假设需可量化，不可只包含定性的文字描述。
- 预算编制需人、财、事拉通，科目维度预算需注意内在逻辑的校验。

1. 年度宏观预算

宏观预算是指授予各业务管理团队/产业的费用总包和人力投资总额，由上层管理人员结合各产业的中长期策略和业务规划，制订年度目标和计划，逐层向下分解，直到底层部门或预算单元。SPDT 建立年度费用预算计划，负责自主经营和预算分解并管理可控费用包，决定是否追加投资，IPMT 根据战略经营方向、财务政策等审核 SPDT 费用投入。产品开发单元（Product Development Unit，PDU）负责费用管理，建立 PDU 费用报告和考核机制，PDU 承接 SPDT 授予预算，并负责提高资源利用效率。按 SP/BP 规划，若业务预测萎缩，收入、订货等经营指标增长速度同比下降，对应产品投资（如研发费用）也会做相应调整。若业务预计增长，收入、订货等经营指标增长速度同比持续提升，对应产品投资如研发费用也会相应加大。

年度宏观预算一般过程活动有：由产品管理部参考本年度人力分布情况制订年度版本列表，拟制年度规划清单，由项目管理部结合存量项目 PDCP 合同书和历史执行情况，输出本年度存量项目清单和所需资源，拟制项目规划清单，同时结合上述两方面内容，输出完整的《年度规划项目清单》。基于《年度规划项目清单》和宏观预算分解结果，参考历史经验基线，制订项目年度预算。由运营管理部进行年度人力宏观预算分解，由财务代表进行年度费用宏观预算分解，通过项目概算支撑年度规划。

- 年度宏观预算（费用）：依据各产品领域经营目标，财务部门组织年度费用宏观预算分解并发布，同时给出（雇员）费用能支撑的人力上限。
- 年度宏观预算（人力）：人力资源部基于雇员费用预算，编制人力部分初始预算，组织年度人力宏观预算分解，并发布基线。这一步需要产品负责人协助提供项目人力/费用以及项目对各资源部门的诉求，通过项目卷积出各部门预算初稿。根据新的预算诉求匹配原有预算分布，与产品负责人共同完成预算调整方案。此项工作建议与年度预算相结合。

图 4-16 为具体研发预算费用从 IPMT 到项目的过程。

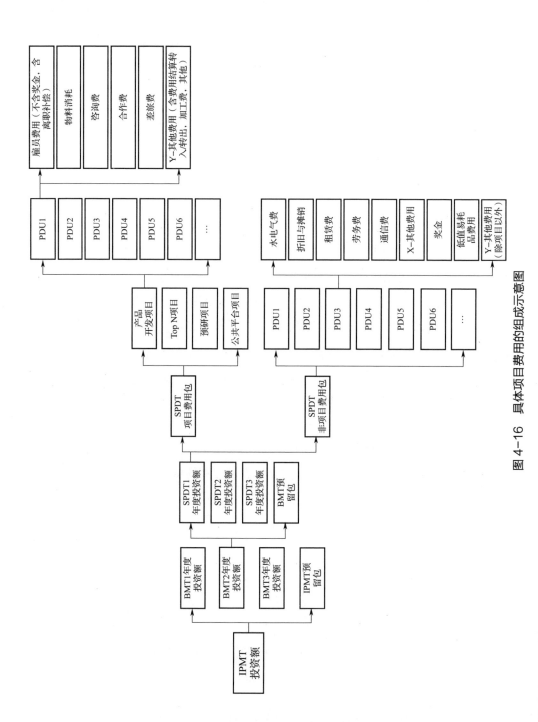

图 4-16 具体项目费用的组成示意图

安克创新公司 2020 年的研发投入比例

根据安克创新公司 2020 年年报，2020 年公司实现营业总收入 93.53 亿元，其中研发投入 5.67 亿元，占营收比例为 6%。以其中 75% 对应投入产品规划中，25% 由 IRB 直投技术开发。这些数据就是宏观研发投入数据。

2. 年度微观预算

微观预算是各业务管理团队将费用及人力宏观预算分解到年/月度的研发项目粒度（见图 4-17）。由底层部门或预算单元提出预算需求，然后逐层向上汇总形成总预算。所有项目都要有预算，严格执行"有预算，才有项目"的要求。产品体系的项目类型包括规划类项目（如项目任务书开发项目、业务规划项目等）、研究类项目（如技术开发项目、研究项目、创新孵化项目等）、开发类项目（如产品、平台、解决方案、子系统产品开发项目等）、维护类项目（如生命周期项目等）、其他类型项目（如研发能力提升项目、生态与产业发展项目、管理改进项目等）。

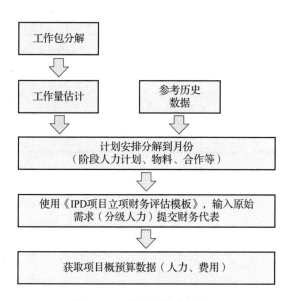

图 4-17　微观预算分解过程

年度微观预算在年度宏观预算的约束下由产品部门和 PDU 共同制订年度微观预算基线：

- 项目管理部根据项目组合排序拟制年度微观预算，项目经理参与制订微观预算；
- 运营管理部审核并发布年度人力微观预算；
- 财务代表审核并发布年度微观预算；
- 拟制年度项目年度费用需求如表 4-15 所示。

表 4-15　年度项目年度费用需求

项目类型	预算	占比	1月	2月	3月	4月	5月	6月	7月	8月	9月	10月	11月	12月
产品开发项目 1														
产品开发项目 2														
平台开发项目 1														
技术开发项目 1														
技术预研项目 1														
生命周期项目 1														
部门公共项目 1														
合计														
宏观预算														

- 分科目费用如表 4-16 所示。

表 4-16　分科目费用示意图

费用明细（万元）	1月	2月	3月	4月	5月	6月	汇总
雇员费用							
离职补偿							

（续）

费用明细（万元）		1月	2月	3月	4月	5月	6月	汇总
业务费用	物料消耗							
	差旅费							
	合作费							
	咨询费							
	加工费							
	实验测试费							
	费用结算转入转出							
	其他							

3. 宏微观预算互锁

IPD 项目的产品投资分析要对齐年度业务计划，通过宏微观预算互锁管理机制构建从产业投资到项目执行的闭环管理。宏微观互锁是基于投资策略将宏观预算和研发项目微观预算汇总进行偏差管理。通过宏微观互锁牵引年度业务计划的有效分解，并支撑各 IPD 项目有效决策，保障战略的落地。

年度预算需注意与 SP/BP 的衔接，资源配置要承接战略落地，同时要考虑当年损益预算的约束。财务目标可以看作产业的财务承诺，是批准产业预算的重要支撑。预算可以看作该产业为达成业务目标所需要的资源投入（人、财、物）。一经批准，可以看作投资方对该产业的承诺。中长期财务预算（一般是五年）及财务目标，至少要包含第一年的年度预算，以及前三年的财务目标承诺。后两年为了支撑行业战略规划的财务目标，重点是趋势与追求牵引，不作为承诺。宏微观预算互锁如表 4–17 所示。

表 4-17 宏微观预算互锁

类别	2019 年（实际）	2020 年（实际）	2021 年（预测）	2022 年（规划）	2023 年（规划）	2024 年（规划）	2025 年（规划）	2026 年（规划）	CAGR[①]（2021—2023 年）
可参与空间									
产业整体收入				承诺	承诺	承诺			
产业 1				承诺	承诺	承诺			
产业 2									
……									
产业整体销售毛利率				承诺	承诺	承诺			
产业研发费用（不含奖金）				预算建议					
产业研发费用率（不含奖金）									
产业研发人力（SPDT人数，不含外包）				预算建议					
产业销管费用（行业业务部）				预算建议					
产业销管人力（行业业务部）				预算建议					

① Compound Annual Growth Rate，复合年均增长率，是一项投资在特定时期内的年度增长率。

预算生成后，各产业根据预算分解里程碑，确定该产业内每个产品的预算总包，再分解预算费用至大类科目。

建议为各级经营团队（IRB/IPMT/SPDT/TMT/项目）和资源团队创建费用和人力账户，采用账户的形式管理投资业务流相关的费用和人力等数据，实现投资过程和结果的可视化和可管理，如图4-18所示。经营团队在"有钱才能办事"的财务约束下，决策好每个需求，花好每一分钱，用好每一个人，实现投资回报的最大化。每个预算管控单元（账户）对应一个业务管控单元（如SPDT），将账户制作为项目经营管理方式，在账户内实现项目费用和预算互锁。当账户内的预算费用不能支撑项目需求时，则影响项目执行，需要对项目范围进行调整，或者向上级申请预算变更。

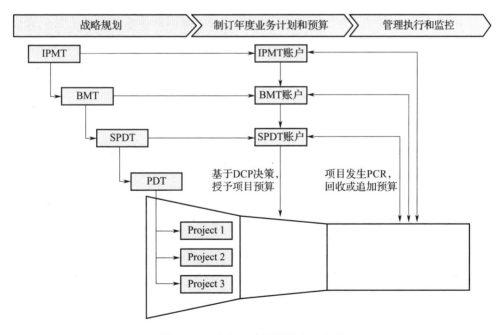

图4-18 各级经营团队账户示意图

4.5.5 制订KPI目标值

确定了KPI方案，就需要思考如何设置KPI目标值。KPI目标值要体现公司战略、部门SP和相关管理要求。KPI的目标设置有讲究，既要设置得有一定的挑战，让被考核团队需要跳一跳才能够得着，又不能设置得太高，怎么跳都无法达成会使被考核团队失去努力的积极性。KPI目标值通常会设置底线值、达标值和挑战值。底线值是基于公司管理的基本要求制订的，低于底线值即为不可接受。达标值要体现公司的业务发展诉求，其中财务类指标基于预算制订，非财务类指标基于业务目标制订。挑战值体现出强有力的牵引，需要付出超出预期的努力才能达成。KPI目标值设置可参考预算、历史表现、组织能力基线、业界标杆和行业标准等。

KPI是针对全年的，一旦发布应尽量保持稳定。只有在发生重大变化时才可以变更KPI。针对KPI变更应设计一些基本的管理原则，防止无序化。例如，产品体系层面KPI变更有以下管理原则：

- KPI变更是为了更好地牵引对应组织的业务策略调整及管理优化。越接近年底，其牵引的意义和价值越小，原则上第四季度不进行目标调整。
- 预算变更是在财务类KPI目标值（底线值、达标值和挑战值）变更的基础上，预算不变，KPI目标值原则上不变。
- 核心战略诉求、外部市场环境、产业链供应状态等客观情况、组织结构、职责发生重大变化导致KPI目标值发生重大变化，可申请KPI目标值变更。
- 发起目标值变更时，若其影响程度难以评估，可不调整目标值。采用备案机制，年末评价时可作为关键参考依据。

KPI目标拟制后，就进入KPI过程监控阶段，过程监控是历时最长的阶段，是关系到战略能否落实的关键阶段，也是运营发挥价值最大的阶段。运营的核心是采取一系列有效的措施和行动，让业务持续实现目标。在KPI过程监控阶段通过不断地发现问题，分析问题根因，找到系统解决问题的措施，将过程监控和问题解决流程融入流程和管理体系，达成目标的同时可防止问题重现。

具体到KPI的每一个指标，组织绩效负责部门都会明确专人负责看护KPI，月度统一审视结果，对于关键风险指标按照上述管理思想进行重点监控、分析和改进，促成达成目标。KPI看护部门对每个指标进行责任分解，形成责任矩阵。

4.6 产业商业计划

4.6.1 产业商业计划概述

产业商业计划是站在单个产业视角开展中长期（一般是未来 3~5 年）的商业计划，重点是看清本产业商业及盈利模式、产业/产品演进及关键路标、产业中长期投资策略、产业中长期发展方向和投资回报预期、功能领域支持保障规划、产业业务战略的数字化表达等方面的内容。在产业商业计划设计过程中要识别影响未来的盈利关键点、断裂点和短板，给出构想建议。以"短期有竞争力，长期有持续盈利能力"为原则形成本产业场景的商业模式构想。针对产业细分市场确定/优化适合本产业包含盈利逻辑说明的商业设计构想，结合产业发展趋势给出商业模式演进建议。产业商业计划的价值是帮助产业经营管理团队把产业分析得更全面、想得更清楚、看得更长远，让战略更可行，协助产业经营管理决策层看清一个产业中长期发展趋势，为决策管理提供依据，并能将产业从中长期规划到下一年的执行策略细化及产品的开发执行衔接闭环，加强产业战略的落地执行。

产业商业计划的制订应遵循以下几个原则：

- 每个产业都应该有独立的产业商业计划，并且要例行刷新。
- 外部产业环境发生较大变化的成熟产业需要制订完整版产业商业计划，坚持 SP 与 BP 并重。
- 孵化期、投入期产业需要制订完整版产业商业计划，重点关注的是方向和目标、机会的取舍，规划重点放在 SP 上。
- 变化小的成熟产业、方向清晰的新产业适用简化版产业商业计划，简化规划运作，重点关注执行和运营，规划重心放在 BP 上。
- 原则上产业商业计划规范内的产品/版本要有简化版项目任务书，需求决策授权给 SPDT。

产业商业计划的负责人是 BMT/SPDT 经理，由对应的产品管理部牵头，组织本领域研发、市场、财务、人力资源、质量等部门协同完成相关工作，输出产业商业计划并于每年年底完成汇报和签署。产业商业计划中的产业投资策略、中长期业务目标(市场份额、格局、竞争力等)等要在公司层面进行决策,对规划和决策的质量要求比较高。中长期财务目标与预算申请中的一部分为产业商业计划,产业商业计划定稿后即表示预算生成。

4.6.2 产业商业计划与战略管理的关系

战略规划在每年春季启动,由公司层面逐层分解到产品线(IPMT)和产业(BMT/SPDT)。在产业层级解码确定下一年的商业计划,以支撑战略目标落地。SPDT 层级的 SP/BP 合一称为产业商业计划。SPDT 的商业目标和资源计划要求向上涉及产品线层级、公司层级的商业计划,整个过程形似如图 4-19 所示的"V 模型",通过"V 模型"实现 IRB/IPMT 层级的 SP、BP 与产业层级商业计划的传承和支持。

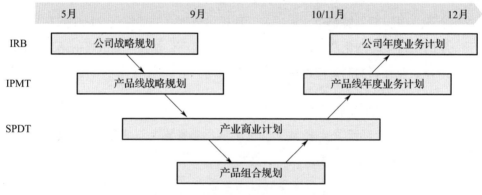

图 4-19 各级产业级商业计划的传承和支撑"V 模型"

产业商业计划通过与 SP 的互锁对准公司战略,实现自上而下承接上层组织的战略分解,有效衔接公司 SP-BP- 预算。各业务单元基于战略和约束自下而上形成预算卷积,基于产业商业规划制订年度目标与预算,将下一年的执行策略细化并向上申请,支撑公司产业整体预算的生成,通过预算分配保证战略的落实。根据关键战略假设和自上而下的资源投入,推动公司内部投资方与各业务团队相互承诺,制订战略目标、18 个月产品开发路标、未来三年中长期产业经营目标(市场份额、格局、竞争力等)、组合策略与路标、关键战略举措、投资回报承诺、产业生态、下一年度关键业务战略(含产品开发、产业经营、生态与产业策略等)、投资策略与年度预算等,并进行持续的闭环管理,定期审视,一旦发生变化要及时调整战略。

这里解释一下什么是关键战略假设。关键战略假设是基于洞察对未来的一种基本判断,是对本行业的战略方向、目标或举措有重大影响的假设,不建议过多。没有正确的假设就没有正确的战略,没有正确的假设就没有合理的行动路径和战略目标。为了支撑业务的假设,可以附上全球市场空间(Global Market View,GMV)预测作为影响关键假设的支撑素材。对关键假设的挑战和质疑是评审的一个重点。关键战略假设要闭环管理。关键战略假设在最终产业商业计划批准后将会作为闭环管理的基础,定期审视。对于新进入的行业或引领型行业,不确定性强,可以考虑采用情景规划的方式,基于不同的战略假设,制订不同的目标、举措、投资策略,具体由各产业 BMT/SPDT 自行把握。当关键战略假设出现变化时,要及时调整战略。

4.6.3 产业商业计划内容

产业商业计划核心部分由产品规划流程输出并支撑,按需引用产品组合规划流程所输出的产品组合策略,按战略管理流程定义的时间节奏和要求进行决策。其中战略部分采用 BLM,通过市场洞察、战略意图、创新焦点、业务设计明确战略方向与目标,解码形成关键战略举措,并落实到关键任务、人才、组织、氛围文化上。产业年度商业计划基于战略制订的关键举措进行分解,形成年度关键业务计划,内容包括 18 个月路标、产业经营计划、并基于中长期财务目标与预算对下一年的投入汇报进行承诺,详细内容如下。

- 对上一轮规划执行结果的审视。重点要关注投资方与业务方之间相互承诺的执行情况,是否都符合预定的目标。如果没有达成,则需要说明为什么没有达成,存在哪些问题与挑战。问题的分析要尽可能客观,不能客观地分析问题就不能正确地解决问题。

- 对关键战略假设进行刷新。这些假设应该是对本产业的战略方向或目标、举措有关键影响的假设。没有正确的假设就没有正确的战略,对关键假设的挑战和质疑也是会议评审的一个重点。为了支撑业务的假设，可以附上市场空间预测和影响关键假设的支撑素材。

- 明确中长期战略方向、追求与目标。本产业基于战略假设未来需要集中力量突破的关键战略方向是什么？我们的追求与目标（财务目标、格局追求、竞争力目标等）是什么？这个方向应该是用我们的强点攻击对手的弱点，且能够实现利益最大化的点。

- 明确关键战略举措。为了支撑战略的达成我们需要完成哪些关键任务，每个关键任务的三年目标是什么，这些关键任务之间的依赖关系是什么。

- 关键战略举措在下一年的分解。为了支撑战略落实需要非常明确地提出每个关键战略举措在下一年的分解是什么。18个月的产品路标可以放在附录中，并要说明路标是如何支撑关键举措达成的。

- 中长期预算及财务目标。财务目标可以看作业务方的财务承诺，是批准产业预算的重要支撑。预算可以看作业务方为达成业务目标所需要的人、财、物的投入，一旦批准，可以看作投资方对业务方的承诺。中长期预算及财务目标至少要包含第一年的年度预算以及三年的财务目标承诺。

4.7 产业投资组合管理

产业投资组合管理是战略规划/产业商业计划的重要组成部分，是战略意图的直接体现。产业投资组合的依据是产业目录。产业投资组合策略制订和分配资源预算分解，能有效拉通人、财、事，实现人、财、事的有效协同和最大限度地发挥资源价值，更是实现战略目标的最佳途径。产业维度的投资组合关注的是单产业的投资计划和单产业下对应产品（族）的投资计划和投资组合，优先对成长期、成熟期、衰退期的单产业进行产品（族）投资组合分析。

产业投资组合业务部分需要聚焦于投资计划（生命周期、价值定位、投入回报、投入策略及投资组合）的相关内容，财务部分需基于投资计划部分输出投资概算（节奏和强度）相关内容，并在产业SP评审时申请决策以下内容：

第四章 战略管理

- 产业的战略、目标与战略举措；
- 产业投资计划（生命周期定义、价值定位、投入回报目标、投入策略、投资概算）；
- 投资组合（包括投资排序和组合结构）。

同时为了规划需要，对标业界标杆和明确改进方向，管理颗粒度必须与行业的实质匹配。投资组合管理的颗粒度清单每年 SP 启动前例行审视，随 SP 启动刷新发布。

> **案例** 通过 2022 年年报看华为公司的产业投资组合韧性
>
> 2023 年 3 月 31 日，华为公司发布 2022 年年报，2022 年全年营收 6423 亿元，同比增长 0.9%；营业利润 422 亿元，营业利润率 6.6%。此次华为公司公布年报的一个显著特点是：首次公布了按照产业组合划分的板块收入，包括运营商业务（2840 亿元）、企业业务（1332 亿元）、终端业务（2145 亿元）。重点业务中，数字能源收入 508 亿元、云计算业务收入 453 亿元、智能汽车解决方案部件收入 21 亿元。谈及原因，华为公司轮值董事长徐直军先生在现场答媒体问时表示：过去的几年，华为公司一直在构建一个强韧性的产品组合，现在已经形成由 ICT 基础设施、终端、华为云、数字能源和智能汽车解决方案等面向客户的产业组合，以及由 2012 实验室、海思作为后盾的技术支撑平台。这些产业中，既有传统的优势产业，也有开创型产业；既有稳定发展的产业，也有快速成长的产业；有依赖先进工艺的产业，也有不依赖先进工艺的产业；有硬件主导型产业，也有软件主导型产业。无论从产业结构看还是从未来发展空间看，华为已经构筑了一个有强大韧性的产业组合，从而为公司的持续生存和发展奠定了坚实的基础。将这些重点业务单列，是希望它们能够面向未来更好地发展。
>
> 华为公司过去十几年都按照运营商业务、企业业务、消费者业务公布业绩报告，这种方式很难看出具体业务的体量与涨幅，而在单列之后，诸如云、车、数字能源等新兴业务更有存在感，肩负的生存使命也更直观。

4.7.1 生命周期差异化投资

在产业投资组合管理中首先要考虑产业的生命周期，按照产业不同生命周期进行预算生成。通常，产业生命周期分为五个阶段：孵化期、投入期、成长期（快速成长期、稳定成长期）、成熟期、衰退期。基于生命周期差异化的投资管控规则是一种"自我管控、自我约束"的机制，通过不同生命周期投资回报约束平衡产业间的资源投入，主要用于大颗粒产业所辖 L3 产业或产业细分领域的组合与投资资源配置。产业生命周期随产业目录刷新，由 IRB 签发。在 BP 与预算阶段按照该机制对各产业进行"++、+、保持、-、--"的投资预算分配。处于不同生命周期的产业，要求投资策略、预算规则和汇报要求相对等，获取投资的权利与承担回报的义务相匹配。各 SPDT 按不同生命周期牵引投资效率共同支撑产品线 KPI。表 4-18 介绍了各产业生命周期的差异化投资策略和关注点。

表 4-18 生命周期差异化投资策略及关注点

	定量标准	定性分析	投入策略	投资回报要求	生命周期关注点
孵化期	按清单管理	规模投资前的准备阶段，主要包括创新产业孵化 & 关键技术，无上市产品、新兴商业机会（EBO）或关键技术原型机	规模投资前的准备阶段，投资按额管理，滚动投入。要敢于投资，牵引竞争力领先	孵化新产业，关键技术	主要看技术储备、市场潜能、商业模式的探索与孵化，允许失败，重点回答要不要投的问题
投入期	第一款主力产品上市<3年	市场初期拓展阶段，由于客户接受度、解决方案竞争力、商业模式等因素，收入少且增长缓慢，可能出现亏损	研发投入按额管理，不以当期财务结果为约束，可以根据需要追加投资。牵引竞争力领先的同时兼顾经营	构建竞争力和格局	重点关注市场规模洞察、市场格局、商业模式探索与构建、技术发展趋势、价值需求管理、竞争力规划与评估、重点客户的获取与份额，不强调盈利，但关注首次盈利年的规划

（续）

	定量标准	定性分析	投入策略	投资回报要求	生命周期关注点
快速成长期	未来3年收入年均复合增长率>50%，产品上市>3年	市场空间快速扩大带来快速增长，收入高速增长，市场份额显著提升。但同期竞争对手增多，价格下滑，利润增长慢于规模增长	资源投入持续增加以构建市场格局，快速获取份额。产业投资要比对规模增长速度快速增加投资，牵引规模	收入增长率>50%，市场份额持续提升，可以当期亏损	重点看规模和市场格局的构建，追求当期盈利，关注累计盈利年的规划
稳定成长期	未来3年收入年均复合增长率>15%	市场空间快速扩大，收入快速增长至一个稳定的增长水平，份额持续攀升。竞争对手开始稳定，成本快速下降，利润增长快于规模增长	资源投入强度基本保持稳定，研发投入增长要低于销毛额增长。收入稳定增长，份额持续攀升。进入成熟期2~3年开始释放资源	当期盈利，实现当期利润增长快于规模	重点看盈利与效率，在保证格局的基础上关注销毛、贡献利润率和ROI的提升
成熟期	0<未来3年收入年均复合增长率<15%	技术和市场都已经成熟，市场趋于饱和，空间平稳增长，收入增长放缓，销售增速放缓，格局和份额稳定	研发投入按率管理，未来3年稳中有降。保持一定投资持续做大规模和盈利，牵引利润。进入衰退期前的2~3年要开始规模释放资源	实现累计盈利 投资效率持续提升	重点看投资效率与盈利，在维持份额不下滑的基础上，通过投资效率牵引资源的释放
衰退期	未来3年收入年均复合增长率<0	产业空间萎缩，由于消费偏好变化、技术升级及替代产品竞争等因素，市场空间下滑，收入减少，竞争者逐渐减少退出	快速释放资源，按额管理。要快速减少投资，追求ROI和效率	重点看盈利与效率，ROI强牵引，销毛率和贡献利率持续提升	重点看盈利与效率，ROI

4.7.2 产业定位差异化投资

产业投资是面向中长期的，因此投资总额虽然受公司当年的经营约束，但每个产业的投资额度不能根据产业当年收入确定，而应该基于该业务在所在行业中的位置（优势、追赶型、开创型、其他）、2~3年后的经营追求、产业未来的变化等多种因素而确定，基本规则如下。

- 每个产业要自己与自己比改进，与业界最佳标杆比竞争力、比效率。通过对标业界最佳标杆确定合适的投资强度、投资方式和投资回报要求。
- 每个产业要看产业代际、技术演进、生命周期和价值定位（产业生命周期和价值定位是制订投资约束的重要依据），确定投资策略与投资分布（如下一代产品和现有产品的投资分布）。
- 优势产业在保证竞争力领先的前提下关注投资范围、投资强度，投资回报率，关注盈利与效率，调整投资结构，把握投资节奏，ROI遵循自我改进或对标业界最佳持续提升。
- 追赶型产业选好机会，投入聚焦，未来2~3年内适度超前配置，规划期内ROI达到行业标杆水平。短期内资源配置可相对宽松，但要坚定方向往前走，进攻路径要想清楚、说明白，关注承诺对象的投资范围、投资强度、投资方式，投资回报关注增长与格局。
- 开创产业保证一定的投资强度，采用滚动投资方式，关注投资范围、投资强度、投资方式，投资回报关注竞争力、生态、商业模式等能力的构筑。
- 其他产业要对标业界最佳持续提升效率，贡献利用率要超过产业平均水平。关注投资范围、投资强度，投资回报关注盈利与效率。

除了要量化分析大颗粒产业的投资范围、投资强度、投资回报、投资方式、投入方向，还需要向下看到产业目录L3层或产业细分领域。

4.7.3 产业组合排序与取舍

承接公司的SP/BP目标，对已经进入的产业一般采用"麦肯锡矩阵"（详细介绍参见第五章的产品组合投资排序方法）作为产业组合排序和取舍的工具，从产业吸引力和竞争力等角度对产业分类管理，优化投资组合。提升产品组合竞争力，使组合投资效益最大化。排序和取舍时还需要考虑以下几点。

1. 面向中长期进行资源配置

在投资组合管理中，中长期与短期投资的平衡非常重要。IRB/IPMT 层级 SP/BP 要对准公司战略方向构建持续领先的产业投资组合，平衡中长期利益和短期利益。产业投资组合要面向中长期的业务追求进行资源配置，合理分配有限的资源使投入产出最大化。因此 IRB 投资总额虽然受公司当年的经营约束，但每个产业的投资额度不能根据产业当年收入确定，而应该基于产业在行业中的地位（优势、追赶型、开创性、其他）、2~3 年后的经营追求、产业未来的变化等多种因素而确定。

为了保障中长期投资，公司要进行战略投入，基于公司中长期战略诉求在战略制高点上沿着战略方向持续投入，支撑公司面向未来的生存与发展取得关键突破和提升。对于公司战略投入项目，要给予足额的资源投入。在满足公司生存底线的前提下，预算生成要基于战略投入清单给予优先保障。战略投入预算执行要单列显性化管理，不受经营波动的影响，一经批准，不允许调减，对战略投入项目按节约不归己的要求进行约束，并用于考核激励。

战略投入管理有以下几个基本原则：

- 公司战略投入管理的核心原则是基于中长期战略诉求确定战略投入的方向和项目，持续保障项目的资源投入，要有明确的目标管理（阶段性里程碑）和责任人，不断推进，结果导向。

- 公司战略投入在经营环境面临挑战时也应持续进行，避免大起大落。对未来不确定性方向的探索，要敢于投入，提前构建技术和产业锚点。

- 支撑中长期战略的关键项目，涉及公共跨部门受益、业务部门难以承担的必要投入，可申报公司战略投入。各业务部门要敢于在战略方向上主动投入，明确属于业务部门自身承担的业务职责，原则上要敢于在战略方向上主动投入，要纳入业务部门的正常预算，相关投入可单列管理，以便评估投入产出。
- 公司战略投入管理要拉通"人、财、事",力出一孔。基于业务目标匹配人力和费用预算资源,公司战略投入项目的费用、人力由公司财经部门和人力资源部协同,单列管理,专款专用,专人专用,节约不归己。

某公司坚持平台投资,实现效率持续提升

在2018年以前,某公司产品线各产业分别投资建立平台,互相不拉通,造成平台通用性差,投资效率低,之后又尝试由产业筹备投入平台,但是经常因为投资额度、特性需求、受益比例等产生纠纷,结果造成"三个和尚没水喝"的局面;为实现"重塑××,实现超越"的战略目标,2019年以来平台化和自研芯片成为产品线的核心战略。为了进行中长期的战略平衡,保障持续有效的战略投入,产品线采取一系列措施:平台独立成灶,独立管控,优化分摊机制等,坚定了平台和芯片的投资,才为后来的效率持续提升打下了坚实的基础。

2. 必须敢于落刀,有舍才有得

除了例行开展投资组合管理,产品体系也会集中审视产品投资组合,从产品维度进行审视,识别"尾端"产品,必要时进行关停。尾端产品识别的原则,主要包括看历史、看未来、看战略价值三个方面。

- 看历史:审视过去三年累计ROI、累计盈利、人均收入、人均利润、产品竞争力、产品所处生命周期阶段。
- 看未来:审视未来三年预测的机会和收入增长、利润增长、当期盈亏平衡和累计盈亏平衡、ROI改进、人均收入增长、人均利润增长。
- 看战略价值:审视产品在未来是否存重大战略机会,是不是整体解决方案(如有)中不可或缺的产品,是否对市场或竞争造成重大影响等。识别的尾端产品在整个产品体系进行全面评审排序以确定后续产品的收缩规模和节奏。

某公司产品体系筛选尾端产品

某公司产品体系对所有产品进行投资组合审视,在"看历史,看未来,看战略价值"原则的指导下,筛选尾端产品。

某产品线 A 产品:根据客户要求厂商强制统一的新规范要求进行研发的,和公司规划版本不一致,无法使用统一版本交付,产品持续亏损。处理建议:启动 EOX,停止该产品承接任何需求,并完成与客户的沟通,逐步释放全部研发人员。

某产品线 B 产品:2021 年收入规模不足 1 亿美元,同比没有增长,一直处于亏损状态,预期 2025 年实现累计盈利,老版本架构厚重,导致定制和质量的问题较多,包袱较重。处理建议:聚焦版本,停掉其他版本的开发,减少×××人到新产品。

某产品线 C 产品:过去几年持续亏损,虽然亏损逐年减少,但没有实现当期盈利,在产品线排名靠后。过去 2 年虽然中国市场发展迅速,但客户对该产品的成本尤为关注,而 C 产品由于成本比较高未能大规模部署,导致在该产品领域投入巨大,规模增长却未达预期。处理建议:C 产品进入维护状态,停止规模开发,减少×××人到新产品。

3. 压强原则

在组合管理中有一个"压强原则",将有限的人力、财力投入具有战略意义的制高点,才能形成合力,利用"压强原则",实现局部突破;同时要兼顾队伍的连续性和稳定性,根据产业生命周期进行人、财的调控。

4. 覆盖多生命周期产业经营

公司应用的投资组合管理最好涵盖投入期、成长期、成熟期和衰退期等多生命周期产业经营,可有效对抗单一产业的波动和业绩风险。为了应对经营和供应的极端场景而采取的业务连续性战略,可以很好地应对各种危机带来的冲击。

4.7.4 投资回顾及差距分析

在中长期战略规划中，如何评价一个产品的投资效率？如何看待每个产品的价值和贡献？哪些产品为公司带来利润和现金流？哪些产品的投资存在风险？在产业生命周期过程中，也需要定期对投资行为和结果进行审视和回顾，确认商业计划是否可行，投资决策是否正确，发掘投资机会点和揭示投资风险点，并及时给出调整建议。对于产品投资最终的评价需要依靠投资回溯来做出，用投资回溯及差距分析这个动作来考量产品是否成功或失败以及总结其中的经验教训。

投资回溯指结合各产品（业）的历史规模、盈利、投资效率，总结出历史投资过程中的得失，包括但不限于市场、竞争、产品策略、端到端运营、研发投资效率等维度。差距分析则是按照 BLM 方法进行业绩回顾与差距（业绩、机会）分析，包括宏观环境、竞争对手分析等，并将输出的结果输入战略规划流程。常见的投资相关指标有投资回报率（ROI）、投资回收期、风险资本回报率（Return on Risk Capital，RORC）等投资效率指标。一般来讲衰退期的产品 ROI 或 RORC 一般都处于高位，投入和导入期的产品 ROI 有可能为负。成长成熟期的产品数量和类型一般最多。投资回溯分析可以从表 4-19 所示的几个维度进行。

表 4-19 投资回溯分析角度和常用指标

分析	分析角度	常用指标
规模	分析思路：分析产品的成长性、规模及格局建设情况（可关注产品在切换时对整体规模的影响）。 • 分时间维度看历史发展规律是否健康； • 从产品构成看收入变化及产品演进情况； • 分区域看产品销售分布，对比竞争对手看差距	销售订货、销售收入、市场空间数据、市场份额、竞争对手对比数据（分产品、分年收入增长率及复合增长率、空间增长率、环比、销售占比、市场份额）
盈利	分析思路：结合生命周期利用损益倒推及关键财务指标定位问题，看历史趋势及分时间维度的走向。 • 产品投入、盈利与投资年限的关系； • 分年的产品构成、成本降幅、商务降幅分析 SPDT 所属产品系列演变及其构成，影响盈利的关键因素； • 从产品生命周期的维度看规模、投入及盈利	制造毛利率、销售毛利率、贡献利润率、亏损产品专题

（续）

分析	分析角度	常用指标
投资效率	采用波士顿矩阵、成长地平线、累计静态投资组合管理模型、动态投资管理模型等方法（参考第五章）查看投入产出的情况，投入的资本是否得到偿还。通过排名看各个产品的经营表现。 • 在同类型产品中对比计算 ROI； • 采用折现的方式计算投资回收期（静态、动态）； • 重点看累计收回投资的时间； • 分析尚未收回投资产品的问题及改进建议	ROI、投入产出比、投资回收期、研发费用额、竞争对手数据

 投入产出分析的九宫格示例

投入产出分析的九宫格示例如图 4-20 所示。

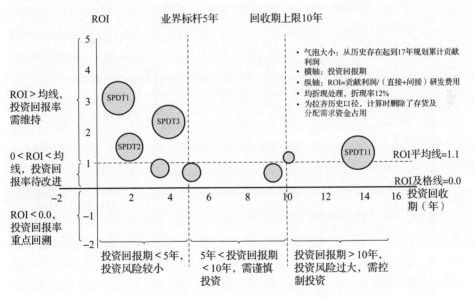

图 4-20　投入产出分析九宫格示例

4.7.5 投资审视

投资审视通过审视产业中长期发展规划、资源分配策略的执行落地情况和效果，及时识别问题，揭示风险，支撑产业组合管理。投资审视分为商业计划对中长期规划承接审视、投资执行闭环审视、中长期规划延续性审视。一般由公司财务部输入年度/半年度投资执行闭环报告，并按季度进行审视。具体要求如表4-20所示。

表4-20 投资审视活动内容及输出

序号	活动	活动内容	负责岗位	输出
1	商业计划对总长期规划承接审视	审视投资策略和关键战略举措在规划首年的导入，分析偏差的合理性及其对中长期的影响，及时预警。 时间要求：第一季度	财经代表	商业计划对中长期规划承接审视报告
2	年度投资执行闭环审视	审视关键战略假设与投资策略，上年度研发预算的执行，关键里程碑目标（含财务与非财务）的进展与风险，及中长期规划的合理性，支撑产业排序和组合策略的调整。 时间要求：第二季度	财经代表、战略与业务发展代表、产品组合与生命周期管理代表、人力资源代表协同输出	年度投资执行闭环审视报告
3	半年度投资执行闭环审视	审视关键战略假设与投资策略，半年度研发预算的执行，关键里程碑目标（含财务与非财务）的进展与风险，支撑年中预算调整。 时间要求：第三季度		半年度投资执行闭环审视报告
4	中长期规划延续性审视	审视两轮规划的重大变化及其合理性，及时提出产业投资排序，投资回报诉求和财务约束规则的调整建议。 时间要求：第四季度	财经代表	中长期规划延续性审视报告

4.7.6 产业画像

产业画像是从外部产业角度看公司当前各产业的整体情况，通过数据分析、提取、归纳、形成各产业规模、格局、投入、收益等基准范围，再结合公司自身产业发展阶段、产业定位、战略诉求设定各产业投资基线给出投资建议，作为产业投资决策的参考依据。一般选择对应产业的标杆进行分析，对照标杆竞争对手分析各产业的投资特征，借鉴竞争对手投资的得与失，揭示当前产业投资中存在的问题，需要改进或有风险的地方。追赶型产业要与业界最佳比差距，优势产业要与自己比改进。

1. 产业画像的关键要素

基于各产业在行业中的位置，每年对各产业明确定义产业定位，可分为优势产业、追赶型产业、开创型产业和其他产业。对于不同产业投资画像的目标与重心有所差别，但从总体上看，产业投资画像的关键要素大致包括以下几个方面。

- 产业边界：对比公司与竞争对手投资范围的差异是后续比较各厂家投资效率的基础。其中，投资宽度是比较各厂家产品组合/产品系列差异，投资深度是比较厂家对产业上下游价值链的关键投资领域的差异。随着市场不确定性变化，投资深度的差异性越来越重要，体现厂商对于产业关键控制点的把握能力。

- 产业规模与格局：反映市场的成长趋势、吸引力及各个厂家的市场表现情况，主要指标是市场空间和各厂商收入及份额。不同成长性、成长阶段的产业投资效率存在较大差异。在同样的产业内处于不同地位的厂家的投资策略及投资重心也会存在一定差异。产业规模与格局是后续的投资强度与盈利能力分析的基础。

- 产业投资强度：基于不同地位、发展阶段，各厂商在同一产业的研发投入（钱与人）有一定差异。通过对各厂商历史与当前投资强度的分析，可以梳理一个产业的整体投资范围，特别是不同时期的投资强度变化情况，作为投资强度的参照标杆。

- 产业盈利水平：与产业投资强度类似，通过分析各厂商的单产业盈利情况，可以梳理产业销毛与利润水平的大致区间。一般来说，单产业的整体销毛水平差距不会太大，但是利润水平可能存在较大差异。

- 运营效率：对于规模大、周转快的产业，运营效率特别是存货周转率（Inventory Turnover，ITO）、应收账款周转天数（Days Sales Outstanding，DSO）就成为需要特别关注的指标。

2. 产业画像的主要工作模式

首先确定产业主要竞争对手清单,一般来说,选择产业内 3~4 家领先企业,但对于某些产业也会选择一些具有代表性的、区域型或者与公司业务类似的厂家。然后确定产业投资边界,各厂家在某一产业的投资方向大致相同,但是在宽度和深度方面会有较大差异,关键能力反映的投资效率也有很大不同,因此需要定性分析各厂家的投资范围。产业宽度是以外部产业角度按产业常用的分类方式归纳该主要的产品组合/产品系列,包括公司未涉足的领域。在同一产品系列中比对各家对客户需求场景的覆盖差异。产业深度是分析各厂家对产业上下游价值链的关键投资范围,尤其是能体现产业控制点的领域,如关键部件、标准、算法等。在分析产业宽度和产业深度时,需要注意将收购、出售、合作等投资方式标识出来,因为这个投入往往不会出现在财报的研发费用栏目中,但会影响后续投资效率的分析。产业画像的核心环节是解构产业投资要素,也是难点环节,需要战略、洞察、产品管理、财务、人力资源等部门通力合作。产业画像通常包括以下 5 个方面要素(见表 4-21)。

表 4-21 产业画像分析要素及内容

序号	要素	包含内容	说明
1	行业情况	TAM、TAM GAGR、SAM、SAM GAGR、份额(TAM)	行业规模及增长情况,公司可参与市场规模及增长情况,各厂家排名情况
2	厂商规模	收入与增长情况,含净销售收入与设备收入	横向对比各厂家销售表现
3	厂商投入	研发费用、研发费用率、研发人数	横向对比各厂家研发投入表现
4	厂商盈利能力	销售毛利率,利润额及利润率,ROI	横向对比各厂家盈利表现
5	厂商运营效率	ITO、DSO	部分产品(服务器等)提供,横向对比各家周转效率

产业投资画像的关键输出是输出产业投资策略建议。通过投资数据的对比，将各种分析结论转换为在公司产业中可真正落地的参考价值。产业投资策略建议将直接用于公司层面的投资组合管理工作，通过给各产业提问题、找方向，作为后续各产业投资规划的指引建议和相应约束。之后，基于所有产业的年度战略规划对各产业拉通审视，形成下一年的预算分配建议。

3. 产业画像内容

产业投资策略建议主要围绕投资范围、投资强度（人、钱）、投资分布、投资回报（收入规模、销毛率、利润）、投入方向（代际、技术方向）、投资方式（自研、并购、投资、联盟等）等方面，具体如下。

- 投资范围：面对客户机会发现当前的产品或解决方案有缺失的情况决策是否进行自研投资，实时审视投资范围是否合理，与战略定位是否匹配。特别要关注各厂家在产业链上的关键布局，在产业深度投资方面给出建议。

- 投资强度：特别是处于高科技产业的所有厂家都希望能够增加投资强度，但是不仅资源是有限的，而且合理的投资力度和投资节奏才能产生最佳的投资效果，把"好钢用在刀刃上"。基于产业中的位置（优势、追赶型、开创型）、2~3年后的追求、产业未来的变化，将这些产业分成需加大投入、需保持投入、需控制投入、需尽快缩减投入四类。对于投资策略摇摆不定的产业，如果没有破釜沉舟的提前投资是难以与强大的领先者同场竞技的。对于一些战略投入行业，可通过提前投资驱动增长按未来收入目标配置资源。

- 投资分布：投资组合管理的颗粒度为产业维度，在此基础上结合行业整体情况、产业定位、差异化生命周期管理等工具，对所有产业进行下层投资分布审视。每个产业要往下看一层，看产业代际、技术演进、子产业，确定投资策略与投资分布，包括未来投资规划的合理性分析。结合产业的初始规划情况及时发现问题，并给出投资对应的策略建议，确保聚焦投入面向未来的机会。

- 投资回报：所有产业最终的表现情况都可以反映在投资回报上，但回报不仅是看收入增长指标，还可以用研发效率、盈利能力来衡量。根据产业类型、发展阶段、产业地位、战略诉求，对每个产业制订合理的投资回报目标才能引导产业健康发展。各产业的投资回报要求可以与产业本身对比，与产业标杆对比，与其他同类业务对比，目前常用的指标如下。
  - ◇ 收入目标：收入总额、收入增速与复合增长率、收入增速与投入增速。
  - ◇ 研发效率：研发费用总额、研发费用率、研发费用率改进、人均研发费用、研发人数。
  - ◇ 盈利能力：销售毛利、销售毛利率、制造毛利率、贡献利润总额、贡献利润率、人均贡献利润额、ROI。

对于优势型产业强调保持投资强度，聚焦关键场景进行投资，确保竞争力持续领先。对于追赶型产业，收入目标是最重要的牵引方向，但同时也要关注盈利能力，并对研发效率提出合理诉求。开创型产业大多处于探索阶段，因此不设定特别强硬的投资回报要求。对于其他产业，则需要通过盈利目标进行强约束，保证投资回报满足要求方可持续投资。

华为公司对视频监控行业的产业画像实践

2018年华为公司在视频监控行业产业画像分析时发现竞争对手海康威视、大华不仅投资了视频存储转发平台、大数据&智能分析平台、摄像头，还有一系列存储、计算、云服务产品，尽管华为也具备生产这些产品的能力，但是并没有从视频监控端到端的业务需求进行整体投资考虑。因此，当时产业画像就做出了"投资范围包括所有摄像头、云、平台、存储、计算、统一责任主体，所有硬件/软件的创新，都要围绕这个业务进行"的建议。该建议在2019年、2020年的产业商业计划中均得到进一步加强。

4.8 SP/BP 相关模板

4.8.1 中长期战略规划模板

中长期战略规划模板如表 4-22 所示。

表 4-22　中长期战略规划模板

序号	章节	内容
1	差距分析	上一年战略规划执行情况回顾； 差距与最高优先级的关键问题
2	市场洞察	产业发展趋势与策略：看趋势、看行业、看竞争、看客户； 商业模式分析与策略； 未来 3~5 年的主要市场机会
3	战略意图	未来 3~5 年的战略意图，包括愿景、中长期（3~5 年）目标
4	业务设计	客户选择与价值主张； 价值获取与盈利模式； 业务范围与战略控制； 风险及风险管理
5	战略执行	关键业务策略及任务分解； 下一年的目标； 组织、人才、氛围与文化
6	关键信息归档	本年度的战略规划纸质签字归档

4.8.2 年度业务计划模板

年度业务计划模板如表 4-23 所示。

表 4-23　年度业务计划模板

序号	章节	内容
1	上一年年度业务计划执行回顾	上一年经营目标完成情况：从规模、成本、投入、回报和人力等维度统计预算/预测/预算完成率/同比等指标； 上一年分品牌经营目标完成情况：如果产品线有多个品牌，按品牌列出经营完成数据；

（续）

序号	章节	内容
1	上一年年度业务计划执行回顾	上一年分产品经营目标完成情况：统计具体产品分类在各个细分市场的统计完成数据； 上一年关键问题和经营数据：列举出最高级别的经营问题和原因分析
2	市场洞察	市场洞察出最新的趋势、行业、竞争、客户情况
3	经营策略	产品策略； 销售策略：区分品牌，区分国内国外； 投入策略：业务连续性策略单列； 人力策略
4	关键假设与本年度业务计划	外部假设：包括政治、经济、法律、行业政策等假设； 内部计划：产品策略（如产品定位、竞争策略）、市场份额目标、销售计划、渠道计划、营销资源投入计划等
5	本年度经营规划	本年度整体经营规划：从规模、成本、投入、回报和人力等维度统计预算/预测/预算完成率/同比等指标； 本年度分品牌、产品、重点销售区域等维度的经营规划
6	本年度产品开发预算	产品直投：从人力和费用两个维度投入产品的预算和同比增长比例； 技术投入：从人力和费用两个维度投入技术开发、能力中心、公共、制造等分摊项目的预算和同比增长比例
7	本年度业务计划关键措施和重点工作	本年度商业计划主要结论； 列出本年度的重点工作、责任人和责任部门
8	附件	本年度产品投资清单：本年度按费用和人力两个维度统计上市产品维护费用、已立项产品在研投入、未立项新项目投入、公共分摊费用等类别的项目清单。 本年度产品开发预算：本年度按费用和人力两个维度统计项目的预算明细

4.8.3 产业商业计划模板

产业商业计划模板如表 4-24 所示。

表 4-24　产业商业计划模板

序号	章节	填写说明
1	本次规划回答的最重要的战略问题	描述清楚本次产业商业计划重点要回答的问题。 最重要的战略问题要聚焦，一般在 5 个以内
2	战略回顾：上一轮规划执行结果审视	重点关注投资方（IRB/IPMT）与业务方（SPDT）之间相互承诺的执行情况，是否都符合预定的目标（包括本年度关键目标的达成情况，投资组合特别是资源投入转移的执行情况，以及关键举措的执行情况，规划版本重点场景竞争力落实情况等）。 如果目标没有达成，需要说明原因、存在的问题、差距与挑战，问题的分析要尽可能客观，不能客观地分析问题就不能正确地解决问题。 首次做商业计划的行业可以跳过本节
3	战略洞察：关键战略假设及风险	关键战略假设描述，附上全球市场空间预测作为影响关键假设的支撑素材。与此无关的假设与趋势分析不用在此展示。 如果不是首次规划，要说明本轮规划较上一轮有哪些关键假设发生了变化，导致怎样的影响（如影响空间、节奏等）。 关键战略假设的影响评估中如果涉及会造成行业的战略方向、目标无法达成的风险，作为战略风险单独列示，并闭环管理
4	战略意图：中长期战略方向与目标	基于战略假设，本行业未来需要集中力量突破的关键战略方向是什么（如对行业/产业的引领&行业价值构筑的控制点、市场格局、竞争力、运营效率等），这个方向应该是我们构筑行业优势和商业成功的关键方向。 我们的追求和目标（财务目标、格局追求、竞争力目标等）是什么
5	战略举措及下一年的分解	为了支撑战略的达成分解需要实施的战略举措，列出每个战略举措的中长期目标以及这些举措之间的依赖关系。包括但不限于以下方面：市场策略、关键竞争力提升举措、关键盈利策略（变现方式、商业模式设计、定价策略）、成本策略、供应与交付策略、行业伙伴合作策略、投资组合和生命周期管理、运营与效率提升举措、组织架构与流程支撑等。战略举措及相应目标将作为战略目标进行闭环管理。

（续）

序号	章节	填写说明
5	战略举措及下一年的分解	为了支撑战略落实，需要非常明确地提出每个关键战略举措在下一年的分解目标是什么、怎么做。 分解的每一项任务需可执行落地，可跟踪管理，SMART化。 关键战略举措在下一年分解的任务是获取下一年度预算重要的支撑（达到怎样的目标，要干哪些事，才能讲清楚为何要那么多的资源）。 下一年的具体任务与措施中要明确本行业要孵化的0~1解决方案清单（含客户/项目），开发的L3解决方案清单
6	中长期财务目标与预算申请	财务目标可以看作行业的财务承诺，是批准行业预算的重要支撑。 预算可以看作行业为达成业务目标所需要的资源投入（人、财、物），一经批准可以看作投资方对行业的承诺。中长期预算及财务目标，至少要包含第一年的年度预算以及3年的财务目标承诺。行业细分到各产业的收入目标要与各产业进行互锁。 5年财务规划中的后2年是为了支撑行业战略规划的财务目标，重点是趋势与追求牵引，不作为承诺

4.8.4 重点工作模板

重点工作模板如表4-25所示。

表4-25 重点工作模板

战略	战略举措	本层级重点工作			重点工作分解			
		重点工作/负责人	衡量指标	目标/基线	承接部门/负责人	子任务/子任务	衡量指标	目标/基线
有效增长								

4.9 SP/BP 相关问题

4.9.1 如何做实 SP

首先，BLM 中的要素要可衡量，而不仅仅是讲故事。比如，市场洞察环节要输出机会、细分市场的市场空间、公司可参与的市场空间；在业务设计环节要输出战略投入的方向、策略、节奏、排序等可执行策略；为实现战略意图要输出内部的效率改进目标及改进措施等。

其次，SP 要明确决策包括战略目标、投入回报的诉求、业务组合、价值定位、投入排序与策略等内容。相关决策内容要做好战略归档，并做好后续跟踪闭环管理。

最后，SP 决策的相关要求作为 BP 的输入，在 BP 中要落实。SP 评审后，不是回去改改材料，束之高阁，而是要归档并按决策的要求在 BP 中落实。SP 输出战略目标要在下一年的组织 KPI 中有承接，同时有配套的考核和激励机制。除此之外，还要落实战略专题管理机制，对于影响战略目标达成的重要战略举措有专题闭环管理。

4.9.2 如何避免战略规划与执行两层皮

IBM 公司设计了战略领导论坛（Strategic Leadership Forum，SLF）来构建业务单元的战略。SLF 是业务单元经营管理团队的一次为期 4.5 天的工作会议。通常每个业务单元高管团队有 10~15 名成员。这个战略规划周从前一周的周日晚上开始，到当周周五下午结束。在这一周内战略规划的制订就会完成。SLF 的流程如下。

- 会议前一个月，业务单元（BU）领导举行启动会以确定经营数据需求，与会者在 SLF 之前审查这些数据。
- 星期天晚上的目标是就绩效差距达成共识——正在努力解决哪些最主要的问题？"最主要的问题"不是"一些主要问题"。成功的团队聚焦解决一个差距。在设计战略中，最终失败的因素可能是想解决太多的绩效差距,容易导致高管团队迷失方向。
- 在接下来的 4 天里团队完成 BLM 的每个部分:周一早上所有高管团队成员集中花 1 小时听取关于战略意图的讲解,讲解结束后高管团队分小组进入分组讨论环节,花 3 小时就其业务战略意图达成共识。此后,每天高管团队都采用类似的方式,将自己平时的战略思考集中提出碰撞、讨论并形成充分的共识,最终在周五形成战略规划报告。

这里再举一个阿里巴巴的例子,阿里巴巴很少开只有一天的战略会,其首席战略官曾鸣曾说,因为大家会因为一天的时间比较匆忙,自以为达成共识,但第二天早上都推翻了,然后重新来过,最重要的问题是需要反复打磨的。为避免战略规划和执行两层皮,阿里巴巴的一个做法是注重培育中层的战略能力,让直接带兵打仗做业务的人逐步具备战略思考的能力,因为中层管理人员承上启下,没有战略思考的能力就没有办法接住上面传下来的想法,也不能把一线的很多情况进行提炼并用一个有效的方法往上传递。

4.9.3　战略目标与重点工作的区别

战略执行过程中战略目标和重点工作是主要的两种工作手段,这两种手段在日常运作中经常容易混淆,甚至很多人对这二者的定位和区分不是很了解。

战略目标与重点工作有两个比较明显的区别:一是战略目标的时间跨度长一些,偏中长期,重点工作则是聚焦在本年度;二是战略目标需要更多跨部门的协同。战略目标聚焦业务目标的达成,重点关注的是未来 1~3 年的战略如何落地,要达成什么样的业务诉求。战略目标不是一个组织的目标,是各个组织协同共同完成的,因此要加强各部门的战略方向及执行协同,及时揭示风险、闭环问题,防止在一轮业务周期走下来之后,才发现战略走偏了,或者战略执行上出现了问题。重点工作则是本年度的具体措施,为了支撑业务设计的构建,在流程、组织、人才等管理机制方面制订有效措施助力业务目标的达成。

4.9.4 产品线的哪些部门涉及战略目标制订

产品线及各业务 SPDT 需要制订自己的战略目标，产品线战略目标制订的责任主体是产品线解决方案规划部，SPDT 由产品管理代表负责。产品线的战略目标由各 SPDT、功能领域来承接，市场相关目标与业务单元进行对标互锁，技术相关的目标与技术研究和开发等部门进行互锁。由于战略目标主要涉及产品、格局、能力、竞争等领域，所以除了 SPDT，通常研发管理部、营销部、战略与业务发展部这些功能领域也要制订和承接战略目标。

4.9.5 CSF 和 CTQ 的区别

CSF 是中长期维度识别的影响战略目标达成的关键要素，CTQ 是短期维度识别的支撑 CSF 目标达成的业务关键改进点。CSF 相对稳定，CTQ 针对业务的短板/痛点可能每年有所不同。举个例子，小明的愿景是将来"进入一流企业"，其中一个 CSF 是"考入 985 大学"，现在高一的 CTQ 是"提高学年成绩排名"。

第五章 技术/产品组合规划

产业战略落地的核心抓手就是技术/产品组合管理，产品组合是指一个产业的SPDT在一定时期内生产经营的各种不同产品的组合。产品组合管理是一个动态的决策过程，在有限的投资约束下，通过匹配产业战略对产品组合进行评估、筛选、排序，在产品间合理分配资源，实现战略机会与短期盈利的平衡、竞争压制与空间成长的平衡、未来新技术投资与当前竞争力构建的平衡，确保产业生命周期内的产品组合价值最大化。

产品组合管理的本质是提升产品投资效率，基于产品系列开展投资管理，优化产业内部资源配置，提升研发效率，实现产品组合价值最大化。产品组合管理的目标是通过明确产业内产品组合竞争力构建，发现并例行审视问题产品的投资定位，管理好成熟期、衰退期产品的资源释放和迁移，聚焦目标市场，寻找满足消费者或企业客户需求的产品组合，从而实现企业的价值，以达到投资策略的平衡。要实现这个目标并不容易，不仅需要对市场状态足够敏感和对产业趋势有足够的前瞻性，站在产业视角持续看产品组合策略与资源的合理配置，从产品规划单业务作业模式转变为面向产业组合构建市场洞察与商业构想、组合规划、生命周期管理、产业链管理、商业设计、组合营销等核心能力和管理体系，确保准确把握产业投资方向和策略节奏，对产品进行合理组合及资源配置，提升产品组合竞争力和产品投资效率，明确产品投资回报预期、投资额度等；还需要有组织和流程来承载这些能力的长期建设和积累，使得我们真正有能力去持续研发满足用户需求的高质量产品。产品组合管理是一个持续的、动态管理的过程，其面临的最大挑战是短期和长期的平衡。

技术/产品组合规划流程就是要承载这样的使命，支撑产业的可持续发展，以产品组合及其生命周期为管理对象进行规划，持续提升各产业产品组合的竞争力。通过技术/产品组合规划流程牵引产品管理回归到本来的定位，定义组合管理对象，明确组合策略，生成内部路标和生命周期计划，从而客观地认识产品管理的过去，准确地定位产品管理的现在，前瞻性地面向未来进行产品组合与生命周期管理，该投入的资源投下去，该释放的资源快速释放，最终实现产业投资人均效益最大化的目标。引领公司各个产业实现最终的商业成功。

技术/产品组合规划在本书中的位置如前言中的图1所示，其中技术/产品组合规划承接战略目标指引，分析细分市场及需求，支撑产品组合定义，对内提效率，对外扩空间，做好前瞻性规划，持续构建产品竞争力。技术/产品组合规划流程每年跟随产业商业计划开展，赋能产业商业计划，覆盖老旧、小、新、问题产品等全组合场景。日常持续的内外部市场洞察和需求收集是做好技术/产品组合规划的基础。定义产品规划与技术规划互锁机制，强化产品平台对技术/系统/总成/供应商规划的清晰牵引。根据市场节奏需要或在重大项目任务书立项前刷新技术/产品组合规划。从项目任务书侧重"生"的规则转变为"生""养""死"全生命视角价值最大化管理，构建面向产品组合和生命周期的核心能力和流程管理体系。本章重点介绍如何有效规划产品组合和落地，技术规划与产品组合规划的原理是相通的，限于篇幅，本书不再详细展开技术规划的介绍。

> **案例** 从华为公司互联网业务的试水看产品组合规划
>
> 2010年随着收入增长率从30%落到10%左右，华为公司也在为自己未来的增长寻找新的机会点，互联网业务是一个尝试的方向。截至2011年年底，华为公司面向普通消费者的天天系列产品包括天天聊、天天浏览器、天天电话、天天记事、天天音乐、天天阅读、网盘等几个产品初

长成。2012年，华为公司开始执行预算管控制度，要求所有非主流航道产业"自负盈亏"，此时公司重新审视互联网的战略方向，发现互联网业务并没有非常清晰的商业计划书，只有一个研发预算战略投入包，该业务存在大量无订单的人力外包混乱局面。当被发现时，投资金额已经累计达5000万元。最终，华为公司做出一个重大战略调整：停掉所有天天系列的产品。天天系列产品，最终昙花一现。其实开始投入时，每个产品都能找到市场对标的产品，大部分来自美国，且进入市场时间并不算太晚。因为2010年移动互联网刚刚起步，智能手机的格局还不是很清晰。任何一个产品成功都可以让公司赚很多钱，这些产品也都成功研发并上线了。可是运作了一年多，发现一切远不是大家想象的那么美好：用户增长困难，没有变现的途径，一直都处于收入为零的状态。

其实天天系列产品并非一无是处，只是产品有点多，也有点杂，定位不是非常清晰，研发投入效率较低，当时阿里巴巴的IM旺旺产品团队才20人，而华为天天聊团队加上外包人力有上百人。也许可以重点筛选一个产品并重新分配资源，聚焦突破。

安克创新公司对产品组合的应用实践

安克创新公司认为，企业做到一定规模的一条发展路径就是不止步于单品，而是要定义自己的产品组合。举个例子，一棵果树上最有价值的是果子，但是如果没有树干传输养分，果子是不能成活的。树干是销量支柱，给整个产品线甚至整个公司贡献流量。果子是利润，是可能销量不高但是赚取大部分利润的产品，具备独特的差异化卖点，并且用户愿意为差异化买单。做产品组合也是一样的道理，要想清楚果子是什么。那些看起来最诱人、能够产生更多利润和收益的产品是什么。树干也就是在产品组合中能够引流的产品是什么？如果从这两个角度去思考产品组合，就会意识到不是所有的产品都应该长得一模一样。

5.1 产品组合规划常见的问题

产品组合规划常见的问题如表 5-1 所示。

表 5-1 产品组合规划常见的问题

序号	主题	内容
1	产品规划质量不够高	对战略规划的承接不足，产品中长期规划不确定性高； 产品规划从商业视角考虑不足，未将其视为投资行为进行管理； 没有进行细分市场选择，容易导致市场机会丢失； 规划方案维度不全，缺少能产生差异化特性和产品竞争力的系统性方法与机制，如缺少产品卖点及竞争力、投资收入分析等； 缺乏长期技术开发和储备，技术规划偏重近期产品应用，技术路线图与产品路线图难以持续对齐； 产品度量体系尚不完善，过程性、管理类的度量指标较少，不利于管理决策
2	只管生、不管养，更不管死	只管输出产品和版本的项目任务书，不管养，更不管死，导致产品在生命周期各个阶段的管理是脱节的； 产品规划与技术、总成、供应商规划互锁机制不明确； 缺乏支撑产品规划落地的计划； 缺少后评价的机制，难以形成持续改善机制； 没有考虑短期与长期的平衡
3	没有产品规划团队和产品规划方法论	产品规划没有组建跨部门团队运作； 没有统一的产品规划流程，缺少方法论、工具和模板； 信息分析过程无方法，分析不深入； 输出报告单一，缺少技术可行性报告、投资分析报告等； 未形成规范化的流程项目制运作，无考核及评价机制
4	资源配置效率低	缺少资源匹配策略，导致规划落地困难； 产品组合管理不足导致资源配置效率低，看不到资源全貌，进而影响产品开发节奏； 项目年度预算不清楚，年初闭着眼睛花钱，年底勒紧裤腰带过日子； 产品规划和预算无法动态匹配； 经常出现项目在预算/资源未就绪的情况下匆忙开工导致进度/质量风险，或者在价值项目立项时又遇到研发反馈没有人力完成交付的情况；

（续）

序号	主题	内容
4	资源配置效率低	研发人员天天加班，但 IPMT/BMT 质疑研发的效率，总觉得研发人多、效率低，质疑 IPD 项目立项预算需求过大； 项目人力、费用缺乏有效的控制，人力分配机制不合理，每个项目都喊缺人，实际上有的项目确实缺人，有的项目又有未释放的资源； 项目需要人力数量的合理性无法确认，都希望人员越多越好，职级越高越好； 成本总包分摊不可控

5.2 产品组合规划组织

产品组合规划团队作为产品组合管理的常设团队由相应的 PMT 正式任命，其中产品组合规划团队负责人由产业的产品管理部部长/代表或产业的首席产品组合管理专家担任。产品组合规划团队的职责如表 5-2 所示。

表 5-2 产品组合规划团队职责

序号	成员	团队职责
1	产品组合规划团队主任	该产品领域的首席产品组合管理专家，对该领域产品组合策略的有效制订和高质量执行负责
2	产品组合和生命周期管理代表	主导组合策略的制订和执行，包括组合差距分析、组合策略和执行计划的制订，并负责产品组合和生命周期相关的组合计划执行和监控
3	财经代表	从财务角度给出产品组合的经营现状和差距分析，明确组合资源投入策略的建议，并负责财务相关的组合计划闭环落地
4	存量经营代表	从存量经营的角度给出产品组合的差距以及针对组合策略和执行的建议，并负责存量经营相关的组合计划闭环落地
5	系统架构代表	从系统架构的角度给出对产品组合的差距和策略建议，并负责系统架构相关的组合计划闭环落地
6	市场/产品上市代表	从市场角度给出细分市场选择与排序、产品组合的需求和差距，输出产品组合产品上市（Go to Market，GTM）策略和计划，并负责市场相关的业务的规划和落地，同时参与竞争分析、商业设计等

（续）

序号	成员	团队职责
7	产业链代表	基于产品组合输出产业链合作地图以及针对组合策略和执行计划的建议，并负责产业链相关的组合计划闭环落地
8	质量代表 质量保证工程师	从质量保障角度参与项目，针对流程运作和关键活动进行指导，协同产品组合规划团队主任做好项目计划、风险管理计划和闭环
9	运营代表	提供各产品及组合的投入数据并负责产品组合人力规划在项目上的调整和闭环落地

5.3 产品组合规划流程

5.3.1 产品组合规划流程图

产品组合规划流程如图 5-1 所示。

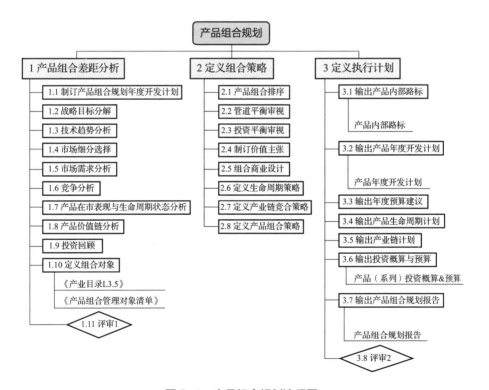

图 5-1 产品组合规划流程图

5.3.2 产品组合差距分析阶段流程说明

产品组合差距分析阶段流程说明如表 5-3 所示。

表 5-3 产品组合差距分析阶段流程说明

编号	活动	活动描述	负责岗位	输出
1.1	制订产品组合规划年度开发计划	由产品组合规划团队主任组织输出年度组合策略开发计划及组合执行与监控计划，明确汇报时间点及汇报层级。原则上每年跟随战略规划/年度业务计划周期开展1~2次，建议随年度业务计划周期开展全面产品规划，随战略规划刷新规划	产品组合规划团队主任	产品组合规划年度开发计划
1.2	战略目标分解	战略目标一般来自战略规划，一般包括自上而下的承接以及自身的战略追求。战略目标包括但不限于空间目标、盈利目标、格局目标、竞争压制目标、产业推动目标、产业链控盘的目标、产业生命周期节奏和方向。根据产业当前最核心的战略目标一般采用金字塔思维明确支撑战略目标的产品组合，建立自上而下的目标到措施的对应关系，提出增强哪些组合对象的规格，减少哪些组合对象的投入，新增哪些组合对象的规划	产品组合与生命周期管理代表	产品组合规划报告——差距分析部分
1.3	技术趋势分析	通过传统领域技术趋势分析、平台演进分析、产业颠覆性技术趋势分析等技术分析确定产品/平台演进方向，结合产品市场空间预测及竞争力预测确定产品演进节奏	系统架构代表	产品组合规划报告——差距分析部分
1.4	市场细分选择	基于商业洞察分析和区域市场分析确定市场细分维度，分析细分市场客户场景与痛点，结合公司在各细分市场的能力选择重点竞争的目标市场，确定对应的产品组合策略	市场代表	产品组合规划报告——细分市场选择部分
1.5	市场需求分析	通过日常洞察和细分市场的机会点分析作为输入划分客户视角的应用场景，定义不同场景的核心需求，分析当前产品组合与需求的匹配度，已有产品需要做哪些改进才能更好地满足客户需求，推导是否需要补充新的产品、设计新的产品或增强已有产品的规格	产品组合与生命周期管理代表	产品组合规划报告——差距分析部分

（续）

编号	活动	活动描述	负责岗位	输出
1.6	竞争分析	以区域或者市场类型维度分析市场攻防的规律，打开重点项目竞争对手的投标组合，结合战略意图判断竞争对手的组合策略。从竞争对手财报、高层发言、品牌动作、组织及人力变化、市场攻防判断其战略意图。对竞争对手的产品形态及规格展开横向对比，标识敌有我无、敌强我弱的产品。判断是否补充新的产品或在产品清单中标识竞争处于弱势的对象作为组合分析的参考	产品组合与生命周期管理代表	产品组合规划报告——差距分析部分
1.7	产品在市表现与生命周期状态分析	预测产业生命周期节奏和方向，整理产业内产品系列和产品生命周期状态全景图，并审视刷新产品组合对象生命周期状态，规划产品生命周期沙盘，通过财务分析报告整理产品组合收入变化曲线，制订产品生命周期管理报表并输出产品改进建议	产品组合与生命周期管理代表	产品组合规划报告——刷新组合对象生命周期状态
1.8	产品价值链分析	分析产业的关键活动及主要环节形成产业链图，识别产业成功和建立行业壁垒关键成功因素、产业链各环节商业变化趋势及价值空间，结合公司在价值链各环节的竞争情况和优劣势，基于公司产品解决方案的核心竞争力、合作生态建议公司的价值链选择策略	产业链代表	产品组合规划报告——差距分析部分
1.9	投资回顾	在生命周期过程中定期对投资行为和结果进行审视和回顾，确认商业计划是否可行，投资决策是否正确，发掘投资机会点和揭示投资风险点并及时给出调整建议	财务代表	产品（系列）投资回顾报告
1.10	定义组合对象	通过对市场、产业链、竞争等各领域的洞察，完成本领域《产业目录 L3.5》和《产品管理组合对象清单》的定义。《产业目录 L3.5》是本领域产品系列（L3.5）的集合清单，是产业 L3 内投资组合管理的基本单元，是产品线投资拉通审视的最小颗粒度。要基于产品系列开展组合管理，优化产业内部资源配置，提升研发效率	产品组合规划团队主任	《产品组合管理对象清单》《产业目录 L3.5》

(续)

编号	活动	活动描述	负责岗位	输出
1.10	定义组合对象	在《产业目录 L3.5》基础上输出或者刷新《产品组合管理对象清单》以支撑进一步的组合策略分析。《产品组合管理对象清单》可从解决方案、产品系列/产品、部件、版本各类视角来定义，需确保组合对象清单能够满足本领域的战略诉求，决策本领域最核心的投资，同时能够通过组合对象的排序主导各项资源的投资分配	—	—
1.11	评审 1	在 IPMT/PL-PMT 及其授权组织评审组合分析输出，评审《产业目录 L3.5》和《产品组合管理对象清单》的完备性和合理性。组合差距分析评审的关注点包括产业目录和组合清单是否能够支撑公司战略、市场目标和产业组合竞争力的达成。老、旧、小问题产品投资是否及时撤出，投资效益是否得到保障。新产品是否投足，能否把握未来发展方向	IPMT/PMT	《产业目录 L3.5》《产品组合管理对象清单》

5.3.3 定义产品组合策略阶段流程说明

定义产品组合策略阶段流程说明如表 5-4 所示。

表 5-4 定义产品组合策略阶段流程说明

编号	活动	活动描述	负责岗位	输出
2.1	产品组合排序	产业研发能力受限于费用总包和研发管道能力，因此组合管理最核心的动作就是把对象排序。根据市场吸引力、竞争力、投资回报、战略、客户吸引力、投资价值、风险等维度结合历史经验确定决策权重，将定性指标量化，根据量化指标加权值进行排序，给出初步的排序结果	产品组合规划团队主任	产品组合规划报告——组合排序部分

（续）

编号	活动	活动描述	负责岗位	输出
2.2	管道平衡审视	根据组合排序结果组织输出人力匹配情况，确保可见周期内不出现大的人力波峰导致项目无法按期交付的情况，也避免人力和资源波谷造成管道浪费。出现波峰或波谷时需要重新调整排序结论，将部分项目的启动时间和结束时间适当变化，进行资源削峰填谷。如发现管道能力受限，则需要重新调整项目节奏或舍弃优先级最低的对象，达成人力削峰的目标	产品组合规划团队主任	产品组合规划报告——组合排序部分
2.3	投资平衡审视	将组合排序结果按照空间、格局、盈利及投资预测维度重新对应前述投资排序模型，审视产业内投资是否平衡，包括长期和短期、战略机会和盈利、竞争压制和空间成长、未来新技术和当前竞争力等维度，并确保组合排序结果匹配战略目标。根据审视结果调整组合对象排序建议及投资建议。如果发现预算受限，则需要重新调整项目节奏或舍弃优先级最低的对象，达成预算可控的目标	产品组合规划团队主任	产品组合规划报告——组合排序部分
2.4	制订价值主张	基于产业价值链分析与产业商业洞察在选定细分市场中可持续构建差异化竞争力的价值主张。持续构建差异化壁垒，并能从客户角度感受到差异化。通过产品核心规格的横向对比等方式深度剖析对手产品，分析对手产品的架构，判断是否有架构硬伤，即是否存在短期内很难提升的关键规格，预判对手在未来1~2年可能的产品形态规格及推出的节奏	产品组合与生命周期管理代表	产品组合规划报告——组合竞争力规划部分
2.5	组合商业设计	回答卖什么，卖给谁，怎么卖的问题。分析可能的收入来源，确定可行的产品和服务策略，分析可能的盈利模式，确定初步的收入模式，根据业务战略确定整体的价格策略。分析目标客户的关键需求，制订细分市场价格策略	商业设计代表	产品组合规划报告——组合策略部分

（续）

编号	活动	活动描述	负责岗位	输出
2.6	定义生命周期策略	根据组合差距分析定期查看历史产品在市表现，分析产生偏差的原因。根据产业所处的生命周期、技术演进、竞争形势预判组合对象的生命周期，制订和刷新新、老、问题产品生命周期策略和计划，刷新版本/硬件生命周期策略和初步计划	产品组合与生命周期管理代表	产品组合规划报告——生命周期策略部分
2.7	定义产业链竞合策略	为支撑产业价值主张的构建，基于解决方案核心竞争力制订对应的竞争协同策略、合作伙伴策略、生态链建设策略。基于商业洞察的行业关键成功要素，制订产业价值主张下的合作伙伴策略，如渠道激励策略等	产业链代表	产品组合规划报告——组合策略部分
2.8	定义产品组合策略	进行盈利预估，预测3~5年的商业贡献，从空间和竞争力角度预判三年销售量，结合历史同类产品或同行业产品销售及利润率角度预估三年可贡献利润。同时结合组合排序结果审视管道能力，并从老、旧、小、新维度评估投资各类投资的合理性，最终给出组合策略。组合策略包括如下内容： 该领域整体的组合全景和投资策略总览，详细列举本领域的产品系列/产品全集，逐一给出未来三年的投资策略和人力调整计划； 从投入产出的视角看问题，最后要总结哪几个产品增加投资、哪几个产品关停、转移多少人力到哪里； 针对产品系列/重点产品，从老、旧、小、新等视角分类或逐一说明其组合策略	产品组合与生命周期管理代表	产品组合规划报告——组合策略定义部分

5.3.4 定义执行计划阶段流程说明

定义执行计划阶段流程说明如表5-5所示。

表5-5 定义执行计划阶段流程说明

编号	活动	活动描述	负责岗位	输出
3.1	输出产品内部路标	根据组合策略拟制内部路标并指导后续版本规划,包括产品上市节奏、关键规格、产品市场定位、收编/替代关系。内部路标中需包含未来24个月的产品	产品组合与生命周期管理代表	产品组合规划报告——路标部分
3.2	输出产品年度开发计划	根据路标输出下一年度的产品开发清单,包括产品定位、节奏、关键特性,用于指导下一年度人力和费用预算。该清单包含绝对排序、启动和发布时间、人力和费用需求,后续将根据年度规划项目清单管理产品立项和开发	产品组合与生命周期管理代表	产品年度规划项目清单
3.3	输出年度预算建议	按照产品组合策略中的规划合理估计所需人力,对应到项目清单,通过项目卷积出对各部门全年所需的预算初稿。在管道能力有限的情况下,根据组合策略中的优先级重新调整项目节奏或舍弃优先级最低对象的启动和发布时间,以平衡管道能力,达成人力削峰和预算可控的目标	产品组合规划团队主任	产品组合规划报告——组合计划部分
3.4	输出产品生命周期计划	审视存量市场产品销售情况,预测产品未来销售趋势,结合产品盈利策略(包括器件停产、新产品立项等)刷新并明确一年内的产品生命周期EOX计划和建议	产品组合与生命周期管理代表	产品组合规划报告——组合计划部分
3.5	输出产业链计划	基于产业链的竞合策略、合作伙伴选择策略、合作开发策略等进一步形成年度产业竞合计划	产业链代表	产品组合规划报告——产业链计划
3.6	输出投资概算与预算	投资概算:匹配公司产品组合投资战略及产业定位、盈利模式(可能有多个组合),用财务语言描述未来3~5年的投资节奏、投资强度、投资回报目标。	财务代表	产品(系列)投资概算与预算

（续）

编号	活动	活动描述	负责岗位	输出
3.6	输出投资概算与预算	投资预算：在承接投资概算的基础上，匹配业务定位与投资组合策略、市场机会变化及 BP 阶段约束条件，描述下一年度投资节奏、投资强度、投入回报目标	财务代表	产品（系列）投资概算与预算
3.7	输出产品组合规划报告	产品组合规划团队主任组织产品组合规划团队参考模板要求编写《产品组合规划报告》。完成该报告后，产品组合规划团队主任组织产品组合规划团队成员输出 IPMT 汇报材料	产品组合规划团队各代表	《产品组合规划报告》
3.8	评审 2	IPMT/PL-PMT 及其授权组织评审《产品组合规划报告》，产品规划执行计划评审关注组合策略能够达成如下目标： 　产品组合策略需承接公司分解给该产业的战略目标； 　需通过组合策略达成市场目标，包括新空间的获取和存量空间的经营； 　需通过产品组合构建面向目标市场的竞争力； 　需通过产品组合确保投资效益最佳，老、旧、小问题产品及时退出，新产品投足； 　关注组合执行计划的定义是否清晰，责任人是否明确，是否具备可实施性	产品组合规划团队	评审纪要 刷新后的《产品组合规划报告》

5.4 产品组合规划专题

5.4.1 产品组合规划流程定位

产品组合规划是产业商业计划进一步的细化执行，二者对比如图 5-2 所示。产品组合规划流程的定位是承接战略目标，细化战略执行，明确产业内产品组合规划及投资分配策略，指导后端路标开发和项目任务书开发、资源分配及 EOX

第五章
技术/产品组合规划

执行。产品组合规划管理策略是把握产业方向与节奏、聚焦产品组合竞争力、管理产品生命周期、提升投资组合效率、有效牵引规划落地执行。

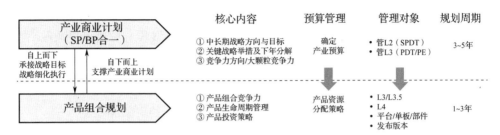

图 5-2 产品组合规划与产业商业计划对比图

产品组合规划流程整体上以年度为周期进行规划，各 BMT/SPDT 需根据实际业务特点，每年匹配 SP/BP 节奏同步开展一两次，参考年度规划项目清单节奏，在年初制订年度需求洞察沙盘计划和年度产品组合管理计划，由 PL-PMT 批准签发并遵照计划执行和落地实施，确保在 SP/BP、项目任务书规划阶段均有有效的产品组合策略支撑。交付件《产品组合规划报告》的核心分析和结论作为《产业商业计划》汇报内容的备选，并指导产品版本项目任务书开发。产品组合规划流程与战略规划流程的关系如图 5-3 所示。

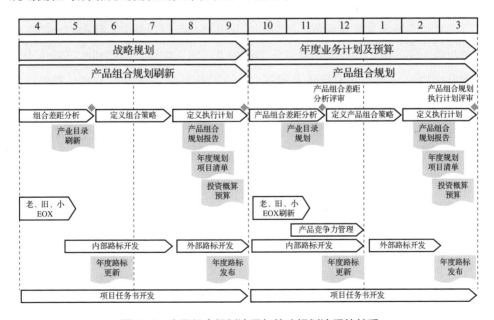

图 5-3 产品组合规划流程与战略规划流程的关系

其中，年度业务计划周期内的产品组合规划作为产品组合管理的主规划场景，由产品管理部负责全面开展组合活动，定义产业目录L3.5（含L3.5及以下产品），输出《产业目录L3.5》。《产业目录L3.5》是产业L3内投资组合管理的基本单元，是制订产业战略规划的基础，同时也是产品线投资拉通审视的最小颗粒度。产业目录输出时需包含产业L3.5的生命周期属性。产业生命周期例行随产业目录刷新。各IPMT要根据产业目录对产业的生命周期、投入策略和投入汇报要求提出建议，由IRB决策后作为下一年预算的输入约束条件。

《产业目录L3.5》定稿后，可在其基础上输出或者刷新包含公共平台部件组合对象的产品组合管理对象清单以支撑进一步的组合策略分析，最终形成完整的组合策略，输出《产品组合规划报告》[一]，使能产业年度周期产品投资组合规划；同时指导预算制订分解，确定年度规划项目清单指导全年项目任务书节奏。

在产业战略规划周期间由产品管理部更新产品维度的业务设计和关键任务，刷新《产业目录L3.5》和产品组合管理对象清单，输出《产品组合规划报告》[二]。

5.4.2 产品竞争力构建

产品组合规划非常重要的一个目标是提升产品组合竞争力，使得产品组合投资效益最大化。前文已介绍产品竞争力的定义，那么应该如何构建产品竞争力？答案是通过满足客户需求和技术创新双轮驱动构筑具有竞争力的产品与解决方案。在客户层面解决客户痛点和问题，帮助客户取得成功，并在其中构筑核心竞争力控制点，持续引领产业发展，最终获取商业成功。产品组合规划最终的商业目标是赚钱，为公司带来现金流和利润，同时保持短期与长期的平衡。

客户需求驱动中对客户需求的理解包括从狭义上客户提出的需求（问题解决、需求响应等）到广义上帮助客户成功（发展方向、商业模式、品牌形象等）。

[一] 核心内容包括细化L3.5和产品层面的组合管理策略和执行计划、L3.5和产品关停策略、产品人力投入调整计划、老、旧、小、新产品清单的刷新识别和生命周期投入策略。

[二] 核心内容包括L3到L3.5层面的组合管理策略和执行计划、产品层级的策略和计划、老、旧、小、新产品清单的刷新识别和生命周期投入策略等。

行业变化往往带来多个机会点和多个创新空间，而我们的资源是有限的，如何把有限的资源聚焦到一个方向，对准城墙口？这就需要产品管理相关人员有能力进行精准的方向识别，通过趋势分析、空间分析、产业链分析、客户分析、竞争对手分析做好价值取舍，明确做什么，不做什么，规划满足客户需求的产品，解决客户问题和挑战，给客户带来价值。要站在市场和客户的角度看产品，而不是站在产品和自己的角度看市场和客户。以客户需求为驱动力，围绕客户需求提供差异化的解决方案，从而构建差异化的竞争力；同时也要踏准市场节拍，在合适的时间推出合适的产品，以合适的成本满足客户的需求。

技术创新驱动有两方面的体现，一方面是传统的从 1 到 N 的创新，核心是帮助客户和合作伙伴增强竞争力，帮助客户增加收益或者降低成本，帮助客户实现商业成功。另一方面是实现从 0 到 1 的创新，采用颠覆性技术或基础技术发明实现理论突破和创新，最终实现引领产业、开创产业。通过技术纵深和产品纵深构建差异化竞争力，打造核心控制点。技术纵深主要围绕芯片、算法、架构、材料、工艺等各维度构建核心能力，实际工作中根据具体的业务特点识别本业务领域最核心的技术要素。产品纵深一般体现为差异化竞争力、产品性价比、产业间协同优势，并且这几个维度是客户可感知的。差异化竞争力是指在具体的功能、规格、指标、成本等方面相比竞争对手具有优势。此外，标准、专利、生态上也是构筑竞争力的重要方面。

要特别说明的是，客户需求和技术创新不是相互独立的，而是紧密耦合互锁、相互协调的，两方面通过拧麻花形成发展合力。技术驱动也要用客户需求的满足及问题的解决来验证和评判其价值，技术能够转化成商业竞争力的前提是充分满足客户需求。为了充分利用技术体系的能力和研究成果，实现客户需求与技术创新双轮驱动的产品规划模式，构筑产品与解决方案的长期竞争力，需要产品管理相关人员主动识别客户场景对关键技术的需求，与技术体系对标并制订关键技术开发和储备清单。同时在产品路标规划中纳入技术体系的研究成果，实现技术对产品规划的驱动。

对竞争力负责与客户需求导向并不矛盾。所谓有竞争力是指在满足客户需求的基础上，在帮助客户应对压力与挑战（现有的和未来的）方面，客户更加认可我们的产品与解决方案（相对于竞争对手的）从而优先选择我们的解决方案。如果没有对客户需求的深入理解，对行业发展趋势的洞察先机，盲目追求技术创新是不可能形成竞争力的。

竞争力领先是一个长期持续积累的过程。要规划一代有竞争力的产品，必须思考在这代产品中需要哪些关键的技术要素，要倒推时间点，看要什么时间开始准备，其中涉及哪些关键的算法、工艺、芯片、技术、软件部件等。产品规划要至少看三代，才不至于在关键时刻想要一个创新要素而无法获取，如果不去思考三年之后会发生什么，那么今天的很多工作很可能就做错了。企业要具有差异化竞争力规划能力。在客户需求和技术创新的双轮驱动下，参考产业发展节奏、领域投资布局、研发阵型和资源投入等多方面因素，按照"产品开发一代、技术开发一代、研究一代"的节奏有序规划，同时在技术纵深、产品纵深、产业纵深中合理布局、紧密协同，在关键里程碑点形成合力，共同促进整个产品和解决方案竞争力的绝对领先。

- 产品开发一代：准确理解客户痛点问题，匹配客户部署节奏。竞争力要求落入当前开发版本，能在今年或者明年上市交付的产品与解决方案。
- 技术开发一代：需要通过核心技术验证、客户联合创新、标准管控执行落地等进一步完善和孵化的竞争力，未来2~3年会上市的产品与解决方案。
- 研究一代：存在较大不确定性，产品、标准等还不太成熟，需要通过深入的研究分析论证和构筑竞争力，制订、预埋标准，建立产业链生态，未来3~5年甚至5年以上进行上市交付的产品与解决方案。

行业看三代节奏示例

美的公司制订的三代节奏：研究一代、储备一代、开发一代；

某消费品公司制订的三代节奏：规划一代、互锁一代、上市一代；

某烟草公司制订的三代节奏：创意一批、储备一批、上市一批。

表 5-6 总结了竞争力构建的四大步骤，也是竞争力构建的通用方法，分别是竞争力识别、竞争力定义、竞争力打造和竞争力闭环。通过这四大关键步骤，公司的产品可以做到人无我有、人有我优，确保产品组合竞争力匹配公司的竞争诉求。

表 5-6 竞争力构建四大步骤

序号	类别	描述
1	竞争力识别	竞争力识别阶段主要是定方向，识别竞争力构建方向是什么，核心竞争要素是什么，核心是回答"为什么"的问题。通过行业分析、产业分析、客户分析、竞争分析、技术分析、自身分析等角度识别竞争力的构建方向是什么。 深入理解客户的压力与挑战，适时提出创新解决方案并引发客户的共鸣和认同，使得客户形成对公司品牌的认同感；把握产品方向，明确要去哪里。根据客户需求、竞争形势、行业变化提出更高的要求来牵引产品规划和产品线端到端能力的提升（包括技术准备度的提升），克服各种困难并达成目标； 结合对手的战略意图、技术平台演进、人力等因素，预判对手在未来 1~2 年可能的产品形态规格及推出节奏。对竞争产品进行策略分析，横向对比解决方案或产品核心规格。深刻剖析对手产品和对手产品的架构，判断是否有架构硬伤，是否存在短期内很难提升的关键规格。结合产业链分析对手产品中关键器件的可供应性
2	竞争力定义	竞争力定义是指明确具体的竞争力构筑点是什么，时间节奏是什么，核心是回答"是什么"和"何时"的问题。竞争力定义一方面要定义产品的价值特性、功能规格、成本、体验等客户界面可感知的竞争力；另一方面还要定义产品的市场节奏，如何在客户需要的时候正好推向市场，踏准市场节拍。 PDT 经理应具备对产品规划和发展方向的总结能力，梳理产品特性，特性较多时要有所取舍。总结 2~3 条能大大好于竞争对手的核心竞争力要素，如成本最低、性能最快、体验最优等。明确该核心竞争力是否有核心技术支撑，是否有核心控制点，是否需要有掌控产业链的能力，比如掌握关键器件、生态合作伙伴体验最优，形成生态护城河
3	竞争力打造	竞争力打造是确定如何实现竞争力目标和节奏，核心是回答"如何做"的问题，需要明确竞争力打造路径，确保竞争力落地实施。 需要考虑竞争力能分解成哪些关键技术项目群，技术项目群落地节奏是什么样的，产品/技术/标准/生态规划路标是什么，产品投资策略是什么，投资强度、专家资源、技术投资、产业链投资能否支撑有竞争力的产品构建。 创新型项目可以让关键客户参与进来，差异化落实到关键客户和项目中，产生价值后把正面的效果在内部推广

(续)

序号	类别	描述
4	竞争力闭环	依据 PDCA 管理原则定期评估竞争力状态，回顾竞争力识别、竞争力定义，根据市场环境、客户场景、竞争环境的变化及时调整竞争力打造重点，并随之固化于组织与能力调整。 基于客户和市场层面竞争力表现来评估产品竞争力，包括产品本身业务目标的达成（经营、市场份额、竞争力、竞争地位等）和产品所属产业的经营目标的达成（含产业增长、产业链、生态、合作伙伴等）

在产品竞争力方面，市场部门的核心职责是理解和识别客户需求，对客户需求进行取舍选择和优先级排序，规划满足客户需求的产品或解决方案。虽然产品竞争力部分是由产品规划确定的，但由于平台、技术架构、系统设计、共用构建模块（Common Building Block，CBB）等因素的影响也很大，产品竞争力或差异化优势的实现同时也依赖研发团队和平台、技术开发团队。

关于产品竞争力，还要强调的一点是产品具有竞争力不是商业成功的充分必要条件。产品具有竞争力，客户不一定需要。客户不需要，不能迎合市场的需求，产品就没有市场。另外，有时产品虽然不具备竞争力，但还是满足了客户需求并取得了商业成功，相信这两方面的产品大量存在。产品具有竞争力只是手段，不是目的。我们的目的是商业成功，不是产品开发成功，不是产品测试成功，也不是产品生产成功。具有竞争力只是确保产品成功的一个重要要素，但不是唯一要素。

5.4.3 产品生命周期管理

1. 识别产品所处产业生命周期阶段并给出经营策略

列出产业内产品形态、产品系列及产品生命周期状态及目标全景图，从财务角度给出产业内产品的财务评估/投资回顾，确定所属产品的生命周期状态信息和规划里程碑，通过生命周期全景图洞察产品组合中各产品的投资回报周期、ROI 等，提出产业内产品的差异化管理建议，将产业内产品投入产出、人力计划映射到成长地平线模型中，明确哪些产品处于投入期、哪些产品处于成长期，哪些产品处于成熟期。BMT/SPDT 需与上层（IPMT）识别本产业所处的生命周期阶段（见表5-7），以及参考第四章介绍的"生命周期差异化投资"方法，明确当前阶段的投入策略和生命周期关注点。

表5-7 识别产品生命周期阶段

序号	类别	描述
1	产业目录	描述产品所在的 L1/L2/L3/L3.5，以及 L3.5 所在的生命周期状态，如孵化期、投入期、快速成长期、稳定成长期、成熟期、衰退期
2	产品生命周期状态	描述产品所在的生命周期状态
3	产品属性	产品编码、产品名称、首个交付给客户的时间点、EOM、EOP、EOFS、EOS 时间
4	产品商业目标	商业目标—发货、商业目标—收入、目标成本或端到端成本、销售毛利率、商业目标—盈利或 ROI 目标
5	产品策略	当前实际状态（如 GA、EOM 等）、建议 EOX 策略
6	历史经营分析与资源现状	累计收入、累计销售毛利、累计投入、累计盈利或 ROI、累计投入资源、端到端成本、GA 后研发投入、销售发货（台套）
7	中期规划与预测	中期预测—收入、版本计划、中期预测—研发投入、中期预测—盈利
8	EOX 筛选或年度回顾	财务评估/投资回顾（如符合预期、未达预期、建议 EOX 候选等）

根据产品系列的生命周期状态、收入数据等信息将产品进行分类并形成产品生命周期沙盘，选择如市场空间增长率、收入增长率、利润等维度进行展示，如图 5-4 所示，支撑 BMT/ SPDT 进行精细化运营，有效地管理人力资源。

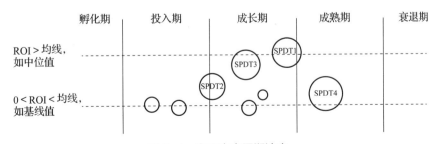

图 5-4 产品生命周期沙盘

根据以上信息，结合产品竞争力、市场表现、财务表现、市场空间、产品技术发展、资源投入力度等多维度分析最终确定后续产品生命周期及资源投入策略与计划，给出针对本产业下所有产品的产品组合策略和产品更新换代规划的说明。针对本产业下所有产品的投资策略，包括中长期产品的投资方向，识别哪些产品处于市场收缩期，要降低投资；哪些产品有新的市场机会，带来新的增长点，能给产业带来高的投资回报，要增加投资。从产品、单板/部件、版本等维度做好演进与收编，明确资源如何迁移。通过不同产业不同阶段、不同产业相同阶段的 ROI 数据对比分析，提供人力资源在产业整个生命周期的预测。通过预测与产业规模的匹配，对未来几年的业务目标能否达成进行推演，从而实现精细化运营和管理。从财务角度提出产业内产品的差异化管理建议，包括费用和人力的调整建议。

此外，还要给出产品的生命周期降成本规划，针对本产业下所有产品的竞品成本分析与成本目标、成本规划与版本匹配关系进行说明。

2. 识别低效产品清单并进行 EOX

各产业在 SP/BP 周期的组合管理时均要梳理老、旧、小、新产品及刷新生命周期/资源投入策略计划。在组合规划"产品规划执行计划评审"完成后 1 个月内，由各产品线产品管理部在 PMT 汇报审视老、旧、小、新产品梳理结果，明确识别老、旧、小、新产品清单。根据产品代际演进策略给出当年产品组合 EOX 策略，制订当年的 EOX 落地计划。符合 EOX 条件的产品给出相应终止建议（含终止时间、替代策略等）。对于成熟期后期或衰退期的产品，通过三年复合销售收入增长率、累计 ROI、盈利能力（销售毛利率或服务成本率，增强型产品关注端到端成本的改善情况）、替代产品的设备成本改进、产品退出的经营影响、维护投入产出、库存与周转等要素给出财经分析决策意见。衰退期产品要快速退出，资源聚焦到主力产品上。

综合考虑产品定位、市场需求、战略取舍、生产供应能力、生命周期等维度，基于历史经营数据有效识别低效产品清单，针对低效产品清单可采用固定标准（销售收入低于某一固定值）或浮动标准（销售收入占比后 $X\%$ 的产品）判断低效产品业务策略，如及时退出、战略保留、延时 EOX 等。

产品管理部也要在 SP/BP 周期启动时，对各产品线明确本次组合管理的要求。在梳理过程中，针对各产品线产品给出老、旧、小、新产品梳理的独立建议，对各产品线的梳理结果进行纠偏。对于不能与产品线达成共识的判断报PMT预审，并最终将梳理结果整合上报IRB审视及决策分歧点。

5.4.4 产品投资策略关注点

由于市场需求和竞争形势的变化，产品组合中的每个项目必然会在变化的市场环境下发生分化，一部分产品获得较快的成长，一部分产品继续取得较高的利润，还有一部分产品则趋于衰落。如果不重视新产品的开发和衰退产品的剔除，则会逐渐出现不健全的、不平衡的产品组合。为此需要定期进行投资回顾，用简要的财务语言概括总结过去一年的规划目标、投资方向、策略及要求，分析产品组合中各个产品线产品或项目的销售成长率、利润率和市场占有率，判断各产品项目销售成长上的潜力或竞争趋势，审视产业内投资是否平衡，包括长期和短期、战略机会和盈利、竞争压制和空间成长、未来新技术和当前竞争力等，找出偏差并审视偏差原因是否符合业务决策方案。

结合产业生命周期阶段、新产品战略投入、老、旧、小收编，使投资决策更有全局观，更加理性。不同生命周期产品（系列）的组合策略关注点及重点各不同，每次产品组合规划可根据产业的特点有所侧重。根据审视结果调整组合对象排序建议及投资建议，以确定投资方向，做出开发新产品或剔除衰退产品的决策，以调整产品组合，实现产品组合的动态平衡（见表5-8）。

表5-8 产品投资策略关注点

	衰退期	成熟期	稳定成长期	快速成长期	投入期
组合策略关注点	资源是否按时退出，评估投入合理性	投入缩减	投入缩减	加大投入将带来多大收益	产品定位和路标，投入资源和节奏是否合适
小产品视角	重点关注，投资是否聚焦（非主航道的、缺乏前景的、缺乏核心竞争优势的产品尽可能不做，特别是不能偷着做，要经过IPMT、IRB充分审视）				
老、旧产品视角	重点关注，资源的缩减趋势是否合理				
新产品视角	重点关注，新产品是否聚焦未来发展方向，投入是否足够				

5.4.5 产品组合排序及投资平衡审视

产品组合投资分配策略需结合产业生命周期阶段、市场吸引力、产品竞争力、历史经营状态表现等多维度因素，给出每个产品系列/产品的投资策略，是增加、维持还是缩减投资。重点关注新产品是否聚焦未来发展方向，老、旧产品资源的缩减趋势是否合理。针对每个子项目检查产品与解决方案能否支撑和匹配公司的战略，是否满足核心需求。考虑洞察阶段识别的核心需求是否匹配到组合对象，并从竞争压制角度规划组合竞争策略。通常使用组合决策标准排序方法（PDC）综合多维度因素进行排序，该方法通过对项目的三个维度（市场吸引力、竞争地位和财务）共11个要素评估确定产品或项目的重要性，再结合客户价值、投资价值、产品竞争力及风险等维度，同时考虑历史经验确定决策权重，将定性指标量化，对每个产品或项目的每个评估要素使用"高－中－低"并转换为"5-3-1"来评分，根据已确定的各要素权重，结合量化指标综合加权值进行统计，计算出每个产品或项目的总得分，得分高的产品或项目排序靠前。组合决策标准排序方法的衡量要素如表5-9所示。

表5-9 组合决策标准排序方法衡量要素

序号	类别	描述
1	市场吸引力	市场规模、市场竞争程度、市场增长趋势、市场战略价值
2	市场竞争力	市场份额、产品优势、成本结构、品牌优势
3	财务	开发费用、毛利率、销售收入
4	客户价值	增加客户盈利、降低客户成本、提升客户竞争力、提供新业务机会、健康的产业生态
5	投资价值	空间成长率、收入、利润率、投资成本
6	产品竞争力	竞争力构建、削弱对手、颠覆性预防
7	风险	技术储备度、技术方向、生命周期内市场恶化

表5-10为考虑多维度因素进行PDC排序的产品系列组合排序示例。以L3.5为维度，对收入、增加率、市场份额、投资回报率（ROI/RORC）、战略相关度等进行拉通排序，输出产品投资组合策略，明确SPDT内优先级排序及产品组合投资分配策略，排序在前的产品优先保证投入，排序在后的传统产品原则上

不再开发新版本，制订 EOX 计划并启动 EOX 沟通，尽快退出市场。

表 5-10 产品系列组合排序示例

L1	L2	L3	L3.5	市场吸引力	竞争地位	盈利能力	生命周期	综合排序	投资策略
				高	中	高	投入期	高	增加投入，原因分析/策略说明
				高	中	中	成长期	中	保持投入，原因分析/策略说明

产品组合是多个维度平衡的结果，仅使用组合决策标准排序方法不一定能得出合理的平衡结果，因此选用多种投资排序方法从多个维度审视排序结果，更容易平衡短期与长期、规模与盈利、利润与竞争力等多个要素之间的关系。以下列出了一些可选的投资排序评估方法，本章后续将展开描述：

- 波士顿矩阵；
- 成长地平线模型；
- 麦肯锡矩阵；
- 累计静态投资组合管理模型（九宫格）；
- 动态投资管理模型（九宫格）；
- 金字塔模型。

通过对产品及需求优先级排序，审视新产品战略投入及老、旧、小收编执行情况，使投资决策更有全局观、更加理性，牵引研发投入向高价值及生命周期前端的产品流动，加强投入未来，有序退出衰退期，实现短期与长期的平衡。需要注意的是，所有的模型、方法及测算均代替不了人的战略决策，这些模型、方法及测算可作为尺子，用于评价投资管理的效率，识别问题和制订改进建议和措施。

5.4.6 管道平衡审视

产品开发有高峰和低谷，导致产品开发团队有时会特别忙，有时又会闲下来，这样研发人力资源计划就很难执行。除了需要解决研发团队的"削峰填谷"

的问题,很多公司的研发团队还遇到以下问题:产品线的人力与需求严重不匹配,产品族之间人力调配难,如何分配人力能确保重点项目的投入?管道应该多大?产品线的产品开发计划如何落实?人力如何管理,确保按时到位和释放?IPMT承诺的资源一直不到位怎么办?公司如何追求研发费用支出较高情况下的投入产出效率等,这些问题的总体表现就是人力管理无序。而产品管理部的核心价值之一是通过执行产品组合规划流程对整个研发资源进行合理的管理。

通过产品组合规划工作平滑安排人力,这个活动被称为资源管道管理。资源管道管理是产品线业务规划特别是产品组合规划开发与开发部组织人力资源匹配的过程。一个开发部门同时承接多个项目或任务,为保障各项目上的人力资源投入,需要产品组合规划团队和各PDT团队一起根据产品组合排序结果定期输出人力匹配情况。每个月基于各项目的计划、资源需求、历史核算结合资源约束进行资源平衡。通过资源管道管理让人力在PDT、产品族、产品线、产品体系不同层面间有序流动,确保没有波峰,避免波谷。一旦出现波峰或波谷需要重新调整排序结论,将部分项目的启动时间和结束时间适当变化,进行人力削峰填谷,如图5-5所示。详细的流程操作如表5-11所示。

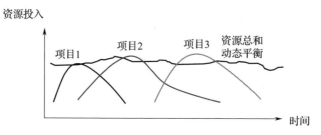

图 5-5　资源动态平衡示意图

表 5-11　管道平衡审视流程

编号	活动	活动描述	负责岗位	输出
1	上一年全年预算工作闭环	每年11月中旬到12月底前,宏观人力管道管理工作组就全年预算工作进行闭环,对执行结果以及过程中的教训和经验进行总结,以始为终,为下一年的管道管理工作积累知识资产	宏观人力管道管理工作组	—

（续）

编号	活动	活动描述	负责岗位	输出
2	宏观预算年度策略确定	每年1月中旬，宏观人力管道管理工作组基于业务发展规划和需求，结合公司相关政策组织制订并发布年度宏观管道策略和要求，如技术开发/产品开发/维护的管道分配比例、关键角色占比、研发能力基线等	宏观人力管道管理工作组	—
3	明确业务需求、输出业务规划/项目清单	每年年初到3月明确全年业务需求并作为预算预测的基础，如在研项目需要多少管道、规划待立项目需要多少管道等。根据产品规划的统一要求，参考现有在研项目人力现状，根据下一年的项目开发清单、特性需求确定新规划项目和在研项目的人力需求汇总为管道管理需求，启动资源供需平衡。同时根据新的项目合同/重大项目的PDCP/重大项目变更启动新一轮资源供需平衡	产品组合规划团队主任	PDT项目人力预算 PDT缺口特性列表
4	产品线/产品族人力平衡	产品族对预算周期内的人力供给和需求进行初步战略平衡，保证产品族的现有人力得到合理的配置。平衡的依据主要是PDC排序和特性优先级，平衡的办法包括调整进度、调整特性、增加/释放人力等。输出产品族平衡后的预算和缺口特性列表	产品组合规划团队主任、PDT	—
5	批准资源分配	若判断的结果为"供需平衡"，则IPMT/IRB批准分配到项目和部门工作中的资源	IPMT/IRB	
6	提出解决问题的平衡措施	若判断的结果为"不平衡"，则进行新一轮的产品族战略平衡。即汇总各产品族的缺口特性列表，综合考虑项目PDC排序、特性优先级、前期人力满足情况等因素，输出产品线层次的资源调整建议或人力分配建议，同步给出调整后的业务计划范围和进度建议	产品组合规划团队主任、PDT	—
7	人力预算评审	评审预算，审视调整后的项目清单及人力预算初编结果。若评审未通过，重新调整平衡措施建议	IPMT/IRB	PDT项目人力预算
8	预算预审及分配基线发布	每年3月底前完成公司预算评审并发布第一版基线	产品组合规划团队主任	预算基线

（续）

编号	活动	活动描述	负责岗位	输出
9	月度更新与调整	每个月基于产品规划、路标、各项目任务书开发的计划、资源需求、历史核算结合资源约束进行资源平衡	产品组合规划团队主任、PDT	—

资源管道管理的核心目标是把产品线有限的人力资源投到组合决策排序优先的重点项目上，并通过路标规划和调整项目任务书开发计划确保项目资源的平衡与最大化利用，确保 IPMT 承诺给开发项目的人力资源到位，把"好钢用在刀刃上"，尽可能解决以上问题。

5.4.7　产品组合策略

产品组合策略是指详细列举公司或某领域的产品系列/产品全集，分析历史产品在市表现，包括发货量预测偏差、盈利偏差，在设计的盈利模式下预测 3~5 年的商业贡献（见表 5-12），分析产生偏差的原因是产品原因还是所服务的细分市场发生不可抗力带来的产业变化。从空间和竞争力维度预判产品未来 3 年的销售量，参考同类产品历史表现预判产品的成本，结合历史同类产品或同行业产品销售情况及利润率，预估 3 年可贡献利润。根据上市表现确定是否需要规划更强规格的产品替代现有产品，新产品是否主动收编或替代。根据产业所处的生命周期、技术演进、竞争形势预判组合对象的生命周期，输出 EOX 规划以及下一代产品的替代或收编规划。要从投入产出的视角看问题，产品组合策略的数据要完全量化，从老、旧、小、新几个视角来审视，最后总结出哪些产品增加投资，哪些产品关停，转移多少人力到哪里，逐一给出该领域未来 3 年的投资策略和人力调整计划。

表 5-12　产品组合策略

序号	类别	描述
1	产品基本信息	BMT/SPDT、产品/产品系列、产品定位、生命周期阶段、是否主航道、产品类别（如新、小、老、旧等）、EOX 状态
2	近 3 年经营状况回顾	近 3 年收入/利润、近 3 年发货量、近 3 年人力投入
3	未来投资策略分析	未来 3 年收入/利润、未来 3 年发货量、投资策略说明
4	人力调整计划	今年人力（人/年）、未来 3 年人力（人/年）

产品组合规划流程输出的组合策略和计划指导项目任务书开发，重点针对跨产品平台、拉通模块、公共组件等的重大项目任务书，使投资决策更有全局观，更加理性，并依托项目任务书开发流程进行落地。项目任务书开发流程是组合执行与监控流程的重要环节，该场景可单独执行，也可与使能 SP/BP 场景合并执行。

5.4.8 组合计划执行审视

根据产业生命周期状态、产业经营目标、产业链成熟度，明确产业在生、养、死三阶段的执行策略计划。组合计划执行情况需例行（双月/季度）在 SPDT 审视，并根据进展和风险在 IPMT 进行审视。主要审视的内容包括产品组合的经营状况、在市表现，以及组合计划执行的进展和风险。

审视方式一般包括专题审视和全景审视。其中，专题审视即考虑版本节奏、商业设计、组合营销、产业链等执行情况，以专题形式审视其执行的成果、进展、风险。全景审视则是全面审视组合规划各领域计划执行的进展和风险，同时通过产品当前经营绩效的审视和对未来的预判发掘组合计划执行的问题和风险，及时纠偏和改进。

5.5 产品组合投资排序方法

5.5.1 波士顿矩阵

波士顿矩阵（BCG 矩阵）是波士顿咨询公司（以下简称 BCG）提出的一种投资组合分析方法，是多元化公司战略制定的有效工具。一般为静态的投资管理模型，实质是通过业务的优化组合实现企业的现金流平衡。波士顿矩阵的发明者，BCG 创立者布鲁斯认为："公司若要取得成功，就必须拥有增长率和市场份额各不相同的产品组合，组合的构成取决于现金流的平衡。"一个经营单位的相对市场占有率（竞争地位）和市场增长率是企业决定整个经营组合中每个经营单位应当奉行什么战略的两个基本参数。

相对市场占有率（竞争地位）决定了该经营单位获取现金的速度，其计算公式如下：

相对市场占有率 = 经营单位的销售额或销量 / 主要竞争者的销售额或销量

或

相对市场占有率 = 经营单位的绝对市场占有率 / 主要竞争者的绝对市场占有率

市场增长率是指一个市场对经营单位的吸引力大小，即投资机会的大小，其计算公式如下：

市场增长率 =（当年的市场需求 − 去年的市场需求）/ 去年的市场需求

BCG矩阵将组织的全部战略产业单位标在一个二维的矩阵图上，从而显示哪个战略产业单位提供高额的潜在收益，以及哪个战略产业单位是组织资源的漏斗（见图5-6）。

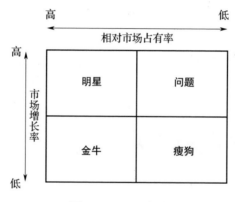

图5-6　BCG矩阵

BCG矩阵区分4种业务组合以执行不同的策略。

- 横轴表示企业在产业中的相对市场占有率，是指企业某项业务的市场占有率与这个市场上最大的竞争对手的市场占有率之比，反映企业在市场上的竞争地位。相对市场占有率分界线一般取1.0~1.5，并依次划分为高、低两个区域。
- 纵轴表示市场的增长率，指企业产业某项业务前后两年市场销售额增长的百分比，反映每项业务的市场相对吸引力，一般以 10% 作为分界线，将坐标分为高、低两部分。

一般来说，公司可以通过对经验数据的分析，把握一个产品"平均以上"的市场占有率是多大，是 10% 还是更大或更小。企业只要有能力达到平均占有率水平，就有希望在该市场上取得稳定收益。BCG 矩阵及特点如表 5-13 所示。

表 5-13　BCG 矩阵特点及策略

组合类型	市场增长率	相对市场占有率	特点	企业策略
明星	高	高	产品处于快速增长的市场中，并且占有支配地位的市场份额，但也许不会产生正现金流。一般是企业重点发展产品，是资金消耗单位	加强投资，朝阳行业；促使明星类向金牛类发展
问题	高	低	需要资金投入，通常处于最差的现金流状态。风险大，收益大。一般是新产品	谨慎投资，需要对此类业务加以细分，研究是否值得继续投资
金牛	低	高	产品能产生大量的现金，但未来的增长前景有限。是成熟市场的领导者，盈利率高，本身一般不需要投资，却可以产出大量现金，是企业现金的来源。企业往往用现金牛产品来支持其他需要大量现金的产品	维持或削减投资，适合采用稳定战略，目的是保持该市场领域的市场份额
瘦狗	低	低	此类业务处于饱和的市场，竞争激烈，获利能力低。产品既不能产生大量的现金，也无须投入大量现金，这些产品没有希望改进其绩效。一般情况下，这类业务常常是微利甚至是亏损的	控制投资，适合采用收缩战略，以便把资源转移到更有利的领域，但部分具有良好现金流的"瘦狗"业务，可区别对待

这四类业务组合的现金产生和流向如图 5-7 所示。其 BCG 矩阵策略如表 5-14 所示。

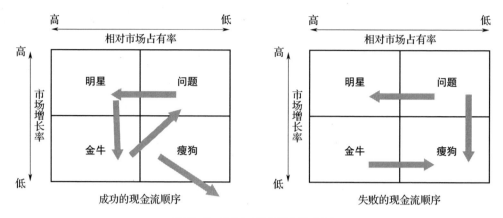

图 5-7　BCG 矩阵现金流向图

表 5-14　BCG 矩阵策略

象限	战略选择	经营单位盈利性	所需投资	现金流量
明星	维护或扩大市场战略	高	多	几乎为零或略负值
问题	扩大市场战略或放弃,成长战略	没有或为低或为负值	非常多,不投资	负值
金牛	维护或收益战略	高	少	极大剩余
瘦狗	收获、放弃或清算战略	低或为负值	不投资	剩余/负值

BCG 矩阵有四个经验法则,如表 5-15 所示。

表 5-15　BCG 矩阵的四个经验法则

序号	名称	描述
1	成功的月牙环	各种产品的分布显示为月牙环形,这是成功企业的象征,因为盈利多的产品不止一个,而且这些产品的销售收入都比较高,还有不少明星产品。问题产品和瘦狗产品的销售量都很少。若产品结构显示为散乱分布,说明其战略事业单位内的产品结构未规划好,企业业绩必然较差
2	黑球失败法则	如果在现金流区域一个产品都没有,或者即使有,其销售收入也几乎为零,可用一个大黑球表示。该种状况显示企业没有任何盈利多的产品,应当对现有产品结构进行撤退、缩小的战略调整,考虑向其他事业渗透
3	西北方向大吉	一个企业的产品在四个象限中的分布越是集中于西北方向,则显示该企业的产品结构中明星产品越多,越有发展潜力。相反地,产品的分布越是集中在东南角,瘦狗类产品数量越多,说明该企业产品结构衰退,经营不成功

(续)

序号	名称	描述
4	踊跃移动速度法则	从每个产品的发展过程及趋势看，产品的销售增长率越高，为维持其持续增长所需资金量也相对越多；而市场占有率越高，创造利润的能力也越强。按照正常趋势，问题产品经明星产品最后进入现金牛产品阶段，标志了该产品从纯资金耗费到为企业提供效益的发展过程，但是这一趋势移动速度的快慢也影响到其所能提供收益的大小。如果某一产品从问题产品（包括从瘦狗产品）变成现金牛产品的移动速度太快，说明其在高投资与高利润率的明星区域时间很短，因此对企业提供利润的持续时间不会太长，总的贡献也不会太大。但是相反，如果产品发展速度太慢，在某一象限内停留的时间过长，则该产品也会很快被淘汰

总的来说，要以金牛类产品产生的利润扶植明星类及有前途的问题类产品，促使其向金牛类产品发展，逐渐淘汰瘦狗类产品。常见的关注指标包括市场空间增长、市场占有率、毛利率、历史投资、投入产出等。值得一提的是，BCG 矩阵有个缺陷是未区分产品的生命周期。

 安克创新公司的部分产品 BCG 矩阵示意图

安克创新公司的部分产品 BCG 矩阵如图 5-8 所示。

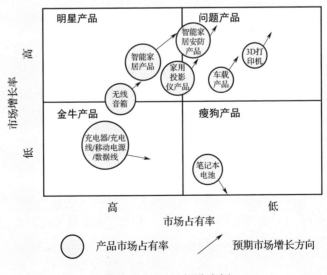

图 5-8　BCG 矩阵案例

5.5.2 安索夫矩阵

"策略管理之父"安索夫博士于 1975 年提出的安索夫矩阵是应用最广泛的营销分析工具之一。安索夫矩阵是以产品和市场作为两大基本面区别四种产品/市场组合和相对应的营销策略,以 2×2 的矩阵代表企业试图使收入或获利成长的四种选择,其主要逻辑是企业可以选择四种不同的成长性策略来达成增加收入的目标。如图 5-9 所示。

	产品	
	现有	新产品
市场 现有市场	第一组:市场渗透和扩展	第二组:产品开发
市场 新市场	第三组:开拓市场	第四组:多样化

图 5-9 安索夫矩阵

市场渗透和扩展策略:以现有产品面对现有客户,以其目前产品市场组合为发展焦点,力求扩大产品的市场占有率。采取市场渗透的策略,借助促销或提升服务品质等方式说服消费者改用不同品牌的产品,或者说服消费者改变使用习惯,增加购买量。

产品开发策略:推出新产品给现有顾客,采取产品延伸策略,利用现有的顾客关系来借力使力。通常是扩大现有产品的深度和广度,推出新一代或是相关产品给现有的顾客,提高该厂商在消费者消费中的占有率。

开拓市场策略:企业必须在不同的市场上找到具有相同产品需求的使用者,以现有产品开拓新市场,其中往往产品定位和销售方法会有所调整,但产品本身的核心技术不必改变。

多样化策略:提供新产品给新市场,此处由于企业的既有专业知识能力可能派不上用场,因此多样化策略是最冒险的。其中,成功的企业多半能在销售、渠道或产品技能等能力上取得某种综合效应,否则多样化的失败概率很高。

安索夫矩阵用于 PDC 排序的详细步骤如下:

- 定义评估要素及框架,针对矩阵中不同象限的产品/项目,确定不同的评估属性、要素、子要素及其相应的权重；
- 结合 BP 确定所有产品 / 项目清单（含现有产品和潜在产品）；
- 根据团队的讨论将产品 / 项目分到安索夫矩阵中不同的组；
- 对每个产品 / 项目的每个评估子要素进行打分；
- 识别产品 / 项目间的依赖关系；
- 确定 BHWS，即支持（Buy-in）、保持（Hold）、观望（Watch）、售出（Sell）。

5.5.3 麦肯锡矩阵

如前文所述，对已经进入的产业一般采用麦肯锡矩阵作为产业组合排序和取舍的工具，从产业吸引力和竞争力等角度对产业分类管理，从投入产出的视角看问题，提升产品组合竞争力，识别低效产品和明确投资重心，优化投资组合，为公司产品在投资组合中的位置制定不同的战略，使组合投资效益最大化（见图 5-10）。麦肯锡矩阵的优点是划分了生命周期，使相同生命周期产品的可比性更强；缺点是因划分多个生命周期导致模型较为复杂。

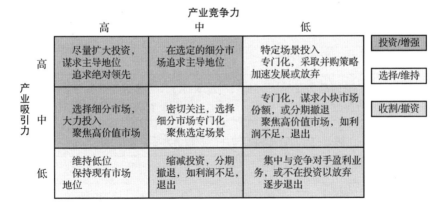

图 5-10 麦肯锡矩阵

使用麦肯锡矩阵需要确定要素和权重，通过打分确定各产品的归属。依要素的重要程度赋予权重，确定打分级数并实施加权汇总，最终依据加权值确定在图 5-10 中的地位。麦肯锡矩阵要素维度及描述如表 5-16 所示。

表 5-16　麦肯锡矩阵要素维度及描述

序号	维度	描述
1	产业吸引力	产业吸引力影响要素包括：战略相关性、产业门槛、产业价值如行业规模、市场增长速度、产品价格的稳定性、市场的分散程度、行业内的竞争结构、行业利润、行业技术环境、社会因素、环境因素、法律因素、人文因素等。按强度分为高、中、低三等
2	产业竞争力	产业竞争力影响要素包括：生产规模、增长情况、市场占有率、份额追求、盈利性、技术地位、竞争优势、产品质量及可靠性、单位形象、人员情况、产品差别化、管理水平、投资回报等。按强度分为高、中、低三等

麦肯锡矩阵考虑因素与关键指标选取

麦肯锡矩阵考虑因素与关键指标示例如表 5-17、表 5-18 所示。

表 5-17　麦肯锡矩阵—产业吸引力要素及指标

产业吸引力考虑要素		关键指标
战略相关性	是否支撑公司的战略	主航道、非主航道； 战略方向上相关产业； 与其他产业结合带来的价值（如构筑新的竞争力等）
产业门槛	是否易被竞争者复制	技术、商业门槛
产业价值	空间是否足够大，是否有成长性 行业盈利能力	未来五年可参与空间； 行业平均销毛率

表 5-18　麦肯锡矩阵—产业竞争力要素及指标

产业竞争力考虑要素		关键指标
份额追求	当前份额，未来份额能否排在前三名	当前 TAM 份额； 五年后 TAM 份额追求
竞争优势	能否构建起技术、商业模式等竞争优势	技术、商业准备度； 是否具备产业 DNA
投资回报	投资回报高低	贡献率、ROI

5.5.4 累计静态投资组合管理模型（九宫格）

该模型是对麦肯锡矩阵的改良，评价指标主要是投资回收期、投资回报率（ROI）。该模型数据可采用历史累计，也可以采用"历史＋未来 N 年预测"的方式。用气泡图形式来展现，用气泡大小表示累计贡献利润，横轴可以使用各小产品的投资回收期（从项目投入开始，用项目所得的净收益偿还原始投资所需要的年限，NPV 折现率一般建议是 12%），也可以用投资期（从上市销售第一年至目前的累计投资年限，NPV 折现率用 12%），纵轴为 ROI。累计静态投资组合管理模型示意图如图 5-11 所示。

图 5-11 累计静态投资组合管理模型

该模型的优点是产品族下各个产品的投资表现一目了然，可迅速识别问题产品；缺点是九宫格模型在对成长成熟期产品做分析产出时很好用，但该模型未区分生命周期，不同生命周期下的产品存在可比性不强的问题，最好不要放在一起比较，否则存在不公平性，不好下结论。该模型的实现步骤如下：

- 计算产品族下历史累计各个小产业的 ROI 及投资回收期，进行折现处理；
- 建立 ROI 和投资回收期的及格线（盈亏平衡线）及基准线（平均值或内部选取标杆）；
- 针对各个小产业给出比较评价建议。

在该模型的基础上再引入投资回收期的概念，图 5-12 为引入投资回收期的模型示意图。这种模型无法衡量累计生命周期不盈利、收不回投资的产品。

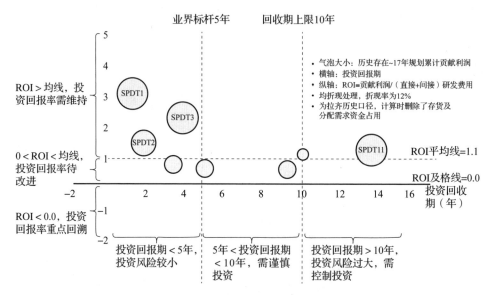

图 5-12　引入投资回收期的模型示意图

5.5.5　动态投资管理模型（九宫格）

该模型评价指标包括风险资本回报率（Return on Risk Capital，RORC）和生命周期，其中 RORC= 下一期销售毛利 / 本期研发费用，考虑到研发投资回报的滞后性（一般认为滞后 1 年，特殊的开发周期长的产品也可以跨 2 年或 3 年处理）。建议销售毛利按跨一年处理，也可以按照各个产品的实际情况设置。生命周期包括投入导入期、成长成熟期、衰退期。以 BU 为管理单位，BU 内产品按照不同生命周期分段管理，动态生命周期累计投入产出。其中，N 为盈亏平衡点的 RORC，表 5-19 中的投资建议供参考。

表 5-19　动态投资管理模型

	投入导入期	成长成熟期	衰退期	经营表现
0<RORC<N（RORC<0）	例行监控	密切监控	密切监控	较差
RORC< 标杆（平均）	向标杆改进	向标杆改进	自我经营改进	良好
RORC> 标杆（平均）	自我改进	自我改进	自我改进	优秀

该模型的优点是划分了生命周期，相同生命周期产品间的可比性更强。缺点是划分了多个生命周期，模型较为复杂。

RORC除了按生命周期来划分，也可以按照产品的形态或类型来划分，如服务类、软件类、配套类等，还可以按照技术分类划分。一般先确定归属的群体，再套用动态投资管理模型看各个产品的表现。该模型的实现步骤如下：

- 计算产品族下历史累计各个小产业的RORC，进行折现处理；
- 确定各个产品所属的生命周期；
- 适配九宫格矩阵，给出评价建议。

5.5.6 成长地平线模型

这个模型也是IBM公司的产品投资组合管理实践。在BLM工具的"创新焦点"环节，需要从广泛的资源中过滤想法，通过试点和深入市场的实验探索新想法，从而实现创新业务（H2、H3）与现有业务（H1）的组合管理。

通过专题分析，总结本领域产品/业务创新的组合，规划未来的业务组合与布局。成长地平线模型示意图如图5-13所示。

- 市场及竞争对手有哪些创新实践值得借鉴，未来我们可能采用哪些创新举动？
- 产业有哪些新需求，如何针对新需求进行布局？
- 如何为成熟业务注入新生机，让老干发新枝？
- 能否通过资本运作进入新的业务组合？

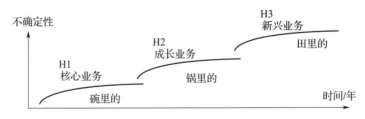

图5-13　成长地平线模型示意图

表5-20详细介绍了成长地平线模型。

表 5-20　成长地平线模型介绍

类型	H1- 核心业务	H2- 成长业务	H3- 新兴业务
定位	当前	中期	长远
定义与特征	继续努力并保持竞争状态（Stay in the Game），通过延伸、捍卫，增加生产力和利润贡献。属于成熟业务，是收入与利润的主要来源	为了获胜而竞争（Compete to Win），将已论证的业务模式扩大规模、增加市场份额、成长为市场机会。属于增长业务，是市场增长和扩展机会的来源	改变游戏规则（Change the Game），验证业务/产品的创新组合，播种未来的机会和优势。属于创新业务，是未来长期增加的机会点
业务焦点	巩固格局，扩大规模和盈利，低风险	建立新业务，提升份额，中风险	期权投入，探索商业模式，高风险
投资策略	收割（关注收入、利润），提升效益和效率，降低成本，开始释放资源	抢点（关注竞争力、格局），投入资源抓机会，促增长，快速扩大市场份额	播种（关注孵化、竞争力），场景多样化，不确定性大，处于抓机会阶段，规模小，资源投入大，可能亏损，不以当期经营指标为约束
绩效管理	传统的预算、损益和回报管理指标	收入增长率、市场份额、净现值	新创意商机的数目、项目里程碑、期权价值
管理重点与指标	近期的利润表现与现金流 • 利润（收入/支出） • ROIC • 生产效率	收入的增长和投资回报 • 收入增长 • 新客户/关键客户获取 • 市场份额增长 • 预期收益，净现值	回报的多少和成功的可能性 • 项目进展关键里程碑 • 机会点的数量和回报评估 • 从创意到商用的成功概率

5.5.7　SPAN 与 FAN 方法

SPAN 的全称是 Strategy Positioning Analysis，即战略定位分析。细分市场的战略定位分析从两个维度展开：一个维度是市场吸引力，包括对市场规模、增长率、潜在利润和对产品线的战略意义等要素的评估；另一个维度是竞争地位，主要评估产品线在这个细分市场上与业界最佳竞争对手在客户关键购买标准上的差异，如果公司在这个细分市场上还没有投入产品，可以参照公司的其他相近产品或者公司现有竞争优势在客户关键购买标准上的竞争得分（见图5-14）。SPAN分析的结果显示出产品线在每个细分市场的吸引力（纵轴）和在整个细分市场上的竞争地位（横轴）。

SPAN可以帮助一个产品线确定针对每个细分市场应当选择哪种宏观战略态势。宏观战略态势通常有四种可以选择：

- 增长/投资：处在这一态势下的细分市场总是盈利的。
- 获得技能：处在这一态势下的细分市场通常还未盈利。
- 收获/重新划分细分市场：处在这一态势下的细分市场通常仍然盈利。
- 避免/退出：处在这一态势下的细分市场几乎总是亏损的。

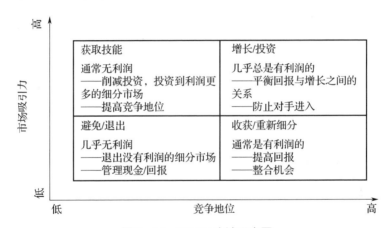

图5-14　SPAN方法示意图

SPAN方法介绍如表5-21所示。

表5-21　SPAN方法介绍

序号	主题	内容	举措
1	增长/投资	处在这一态势下的细分市场总是盈利的。这些细分市场具有吸引力，而且产品线有很强的竞争优势。可以考虑用回报换取增长。这里的主要战略行动是防止新对手的进入	应扩大产品线分销渠道，扩展到有吸引力的市场。扩大针对这些细分市场的生产和投资，严格控制成本，以获取规模增长带来的收益。加强这些细分市场营销方面的工作。同时继续进行研发方面的投资，并增加这些细分市场上的产品，以获得差异化的地位

（续）

序号	主题	内容	举措
2	获取技能	处在这一态势下的细分市场通常还未盈利。这些细分市场有吸引力，但是产品线的竞争优势较弱。 需要削减投资，改善细分市场的盈利能力。这里的主要战略行动是提高产品线的竞争地位。	获得更强的竞争地位之前，应当限制其分销覆盖面，同时严格控制成本。 在这些细分市场上的主要行动是对生产、研发和人力进行投资，以建立竞争优势。 在市场方面采取积极措施以获得市场份额
3	收获/重新细分	处在这一态势下的细分市场通常仍然盈利。这些细分市场没有吸引力，但是产品线有很强的竞争优势。 需要提高这些细分市场的回报。这里的主要战略行动是整合不同的机会，并提高这些细分市场的运作效率。	产品线应维持其现有的分销模式，重点是提高运作效率，包括充分发挥产能及控制成本，以降低可变成本。 限制营销活动，而且研发活动也应重点关注降低成本，使产品线巩固其在细分市场上的竞争地位，并且防止竞争对手进入这些细分市场
4	避免/退出	处在这一态势下的细分市场几乎总是亏损的。这些细分市场没有吸引力，而且产品线的竞争优势较弱。 应退出这些不能获利的细分市场。这里的主要战略行动是管理这些细分市场的现金流和回报	产品线应逐渐撤销分销，还应大力削减这些细分市场上的固定成本和可变成本，尽量减少或者停止产能、研发费用、营销活动和运营资本，将资源分配到其他细分市场中。 重点应该是从这些细分市场中找到利润机会，市场份额可以是次要的

财务分析（Financial Analysis，FAN）是对进入的每个细分市场进行量化的财务分析，它对比每个细分市场的预期收益比例及其累计收入。收益比例是指细分市场的内部收益率（Internal Rate of Return，IRR），是税前利润（Pre-Tax Income，PTI) 或现金流与某个细分市场上销售的所有产品线产品包的比率。累计收入是指基于每个产品包的收入，每个细分市场的预期收入。它可以用来衡量产品线在某细分市场上竞争所产生的运营现金流出。较高的累计收入将产生较高的现金流。输出的结果 FAN 图展示了某个细分市场的财务收益。

SPAN 和 FAN 相辅相成，共同提供一个框架来确定一个细分市场的吸引力，并量化财务收益。SPAN 和 FAN 将现有产品包和解决方案与所确定的细分市场进行匹配，进行战略定位分析，评估市场或细分市场的吸引力、竞争地位、产品线能力，并且进行财务分析，评估财务业绩；然后找出细分市场和产品包/解决方案方面的差距和重叠。做完这些分析之后，投资/停止投资指导和战略就出来了。输出选定经过优先级划分的细分市场清单，确定产品线的目标细分市场是否有潜力，并且产品线在这些细分市场上是否有很强的竞争力，能带来有吸引力的财务回报。根据市场或细分市场的相对位置及产品线愿景、使命、目标，做出投资/停止投资决策。当前的 SPAN 和 FAN 地位可以用来作为基线预测战略行动的结果和每个细分市场的目的和意图。每个细分市场进行了 SPAN 和 FAN 分析之后，团队就应当能够了解关键组合分析、业务、策略和不确定因素，帮助产品线改进其策略（见图 5-15）。此外，做完组合分析之后，针对每个目标细分市场应当进行 SWOT 分析，以确定每个细分市场的关键驱动因素。

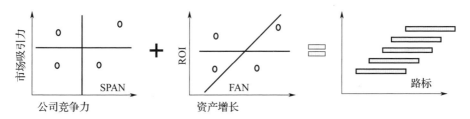

图 5-15　SPAN+FAN= 路标

5.5.8　3C 战略

3C 战略模型是由日本战略研究的领军人物大前研一提出的，他强调在制订任何经营策略时都必须考虑三个因素，只有将公司、顾客和竞争者整合在同一个战略内，可持续的竞争优势才有存在的可能。大前研一将这三个关键因素称为 3C 或战略三角。

1. 公司战略

公司战略（Corporation）旨在最大限度地提升企业的竞争优势，尤其是与企业成功息息相关的功能性领域的竞争优势。企业没有必要在各个功能领域都占据领先优势，而是要在某一核心功能上取得决定性优势。

2. 顾客战略

顾客战略（Customer）是一切战略的基础，顾客用户群的划分方法有：

- 按消费目的划分。以咖啡为例，一些人饮用咖啡是为了提神醒脑，另一些人则是为了休闲交际。
- 按顾客覆盖面划分。既可以是居住地域，也可以是分销渠道。
- 对顾客市场进行细分。在一个竞争激烈的市场上，竞争对手极有可能采取与自己类似的市场手段。出现这样的情况时，企业应该进一步聚焦一小部分核心客户，重新审视什么样的产品和服务才是客户真正需要的。

3. 竞争战略

竞争战略（Competition）主要思考竞争对手在做什么，竞争对手的未来目标是什么？基于竞争对手的策略如何进行差异化，包括品牌、利润和成本结构的差异化等方向。

- 品牌形象差异化，最具代表性的是宝洁公司。宝洁公司在洗发水市场上先后推出三个不同的品牌，即海飞丝、飘柔和潘婷。宝洁公司经过对中国消费者的市场调查发现，头皮屑多、头发太干枯、头发分叉不易护理等问题是困扰消费者的三个主要烦恼。针对消费者的这三个主要烦恼推出不同特点的产品并配以不同诉求的广告，从而使这三个品牌的产品深入人心。
- 利润和成本结构差异化，在固定成本与变动成本的配置比率上做文章。

战略定位很关键：战略定位是公司、消费者和竞争战略的三合一（见图5-16）。那么应该如何进行战略定位呢？一是独特的价值主张，强调与竞争对手的区别，如上文的宝洁案例。二是寻找市场空白，寻找没有被人占领的市场。如果你的产品不是第一个进入市场的，也不是市场上的领导品牌，那么如何给你的产品定位呢？可以寻找价格、年龄、技术含量上的空当。三是给竞争对手定位。定位不仅是给自己定位，而且也要给竞争对手定位，找个有利的位置，给竞争对手的定位施加压力。

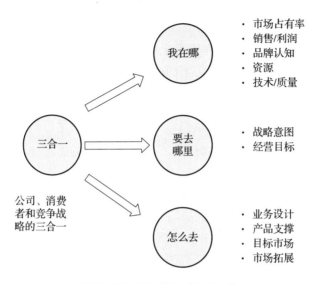

图 5-16 3C 战略"三合一"

5.5.9 STP 模型

STP 模型是 Segmentation、Target、Position 三个单词的首字母组合。市场细分（Segmentation）是选定产品市场范围，公司应该明确自己在某行业中的产品市场范围，并以此作为制定市场开拓战略的依据。列举潜在顾客的需求，可从地理、人口、心理等方面列出影响产品市场需求和顾客购买行为的各项变数。目标市场（Target）是分析潜在客户的不同需求，公司应对不同的潜在顾客进行抽样检查，并对所列出的需求变数进行评价，了解顾客的共同需求。产品定位（Position）是制订相应的营销策略，调查、分析、评估各细分市场，最终确定可进入的细分市场，并制订相应的营销策略（见图 5-17）。

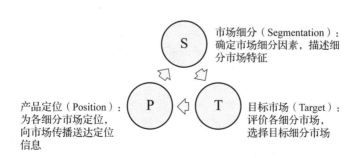

图 5-17 STP 模型

1. 市场细分

市场细分是指根据消费者在需求上的各种差异，把整体市场划分为在需求上大体相似的若干个子市场，形成不同的细分市场，即小市场。市场细分的依据是整体市场存在消费需求的差异性。由于消费者所处的地理环境、社会环境及自身的教育、心理因素是不同的，他们对产品的价格、质量、款式、服务等的要求也不尽相同，存在消费需求的差异性。因此客观存在的需求差异是市场细分的依据。市场细分的作用具体表现为：

- 市场细分有利于企业认识市场，选择合适的目标市场；
- 市场细分有利于企业充分、合理利用现有资源，制订或调整企业的营销策略；
- 市场细分有利于满足消费者的需求，提高企业的经济效益。

市场细分是以消费需求差异为划分依据的，因此形成需求差异的各种因素均作为市场细分的标准。市场细分标准通常可以分为以下四大类。

- 地理细分：国家、地区、城市、农村、气候、地形；
- 人口细分：年龄、性别、职业、收入、教育、家庭人口、家庭类型、家庭生命周期、国籍、民族、宗教、社会阶层；
- 心理细分：社会阶层、生活方式、个性；
- 行为细分：时机、追求利益、使用者地位、产品使用率、忠诚程度、购买准备阶段、态度。

在进行市场细分时，应该遵守以下三条基本原则。

- 可衡量性：要求市场细分的标准是明确的，细分出来的不同细分市场之间有明显不同的需求差异；
- 可进入性：要求所选择的细分市场是企业有足够的能力进入的；
- 盈利性：要求细分出的市场能够使企业获得足够的利润，有开发的价值。

2. 目标市场

市场细分后，企业准备以相应的产品和服务满足其需要的一个或几个子市场。先对目标细分市场选择评估，要确定哪些细分市场作为自己的目标市场。具体评估内容有：细分市场的规模和增长潜力，细分市场的获利情况，细分市场的竞争情况，企业营销目标和资源是否匹配。然后进行目标市场策略选择，企业进入目标市场应该根据企业实力、产品差异性、市场差异性、产品寿命周期和竞争对手策略等因素进行。

可供选择的目标市场策略主要有：

- 无差异营销：公司只推出一种产品或只用一套市场营销办法招揽客户，当公司断定各细分市场之间差异不大时，可考虑采用这种大量市场营销策略。
- 差异营销：公司根据各个细分市场的特点，相应扩大某些产品的花色、式样和品种，或制订不同的营销计划和办法，以充分适应不同消费者的不同需求，吸引各种不同的购买者，从而扩大各种产品的销售量。
- 集中营销：公司将一切市场营销努力集中于一个或少数几个有利的细分市场。

3. 产品定位

产品定位是指确定产品在市场定位中的竞争地位，创造及形成区别于竞争对手的产品特色。策略是方向，方法是手段。市场定位的实质是确定本企业产品在市场中的竞争地位，通过市场定位创造和形成区别于竞争对手的企业产品特色，使产品在消费者心中留下深刻印象，树立良好形象。

企业经营的产品不同、面对的客户不同、所处的竞争环境也不同，因而市场定位的方法也不同。企业进行市场定位的方法是多维度的。以下列举了一些市场定位的方法。

- 根据产品特色定位：根据产品本身的特征确定它在市场上的位置，构成产品内在特色的许多因素都可以作为市场定位所依据的原则，如产品功能、成分、材料、质量、档次、价格等。
- 根据使用者类型定位：企业把产品指引给适当的潜在使用者，根据使用者的心理和行为特征以及特定的消费者评价塑造出适当的形象。
- 根据竞争需要定位：企业根据竞争者的特色和市场定位，结合企业自身发展需要将本企业产品定位于与其相似的另一类竞争产品的档次，或定位在与竞争直接有关的不同属性或利益。
- 根据产品利益定位：产品本身的属性及由此衍生的利益、解决问题的方法以及重点需要满足的程度也能使顾客感受到该产品的定位。

市场定位策略一般有以下几种。

- 填补定位策略：企业为避开强有力的竞争对手，将产品定位在目标市场的空白部分或空隙部分。此策略可以避开竞争，迅速在市场上站稳脚跟，并能在消费者或用户心中迅速树立一种形象。这种定位方式风险较小，成功率较高，常为多数企业所采用。
- 并列定位策略：企业将产品定位在现有竞争者的产品附近，服务于相近的顾客群，与同类同质产品满足同一个目标市场部分。采用这种定位方式有一定的风险，但不少企业认为这是一种更能激励自己奋发向上的可行的市场定位尝试，一旦成功就会取得巨大的市场优势，因为这个市场部分肯定是最有利可图的部分。
- 对抗定位策略：企业要从市场上强大的竞争对手手中抢夺市场份额，改变消费者原有的认识，挤占对手原有的位置，自己取而代之，采用此策略的目的在于企业准备扩大自己的市场份额，决心并且有能力击败竞争者。
- 重新定位策略：随着企业的发展，技术的进步，社会消费环境的变化，企业对过去的定位进行修正，以拥有比过去更强的适应性和竞争力。

用一个简单的例子描述 STP 模型，比如市场就是一个大的生日蛋糕。第一部分市场细分是把蛋糕切成一块一块，有些块上有水果，有些块上没有水果，有些块上奶油多点，有些块上奶油比较少，这样就完成了蛋糕（市场）细分。第二部分目标市场是按照你的喜好来选择蛋糕块，你喜欢吃水果，所以选择了有比较多水果的那块。在营销中，你选择了一个觉得适合企业并可盈利的一块目标市场。第三部分产品定位是为细分市场定位，比如你喜欢吃有水果的蛋糕，所以你告诉身边的人有水果的蛋糕是多么好吃，以此来证明你的选择是最好的。在营销中就是利用广告等多种手段来吸引消费者购买你的产品。

用 3C 战略和 STP 模型洞察了市场，但是经常做不出来产品也是没用的。常常是根据公司的技术路标规划会有无数种产品组合，用 3C 战略和 STP 模型过滤后很多产品就没有了，一般只剩两三个备选的产品，把这两三个备选的产品给领导挑一挑，再从 ID/研发/技术上过滤后可选的产品就不多了。所以，3D 战略和 STP 模型的作用是整合所有资源，收敛产品规划，最后变成成熟意见。其中市场和需求洞察是过滤器，没有洞察就失去了业务计划的基础和功能。

华为公司 Mate 7 手机产品规划中的 STP 运用

- 市场定位：男性用户为主，30~39 岁居多，集中在 IT/电信/网络行业，定价在 3500~5500 元；
- 目标市场：手机玩家追求配置和性能，办公室白领追求多功能，商务人士追求高效办公；
- 产品定位：定位"旗舰"级别，外部与 Note 差异化，内部与 P 系列互补；
- 产品规划：
  硬件：高清大屏幕、自有高性能芯片、中国芯、长待机、轻薄便携；
  软件：单手 UI、同屏双任务、Emotion UI、智慧阅读、All in One。

超远距离接收信号的手机

挪威境内多山，大多数居民住在山里，住得很分散。一般的短距离手机信号覆盖不足，需要不停地加基站。有个运营商白手起家，做出一款特别贵的手机，这款手机可以超远距离接收信号，使用这款手机无论什么时候都能访问到网络，比如喜欢出海的人在离海岸 100 里的地方都能访问到网络，结果很多人买。这也是一种洞察方式，同样用这个策略在经济不发达的国家就很难成功。

5.6 产品组合管理相关模板

5.6.1 产品组合管理对象清单

产品组合管理对象清单如表 5-22 所示。

表 5-22 产品组合管理对象清单

L1	L2	L3	L3.5	市场吸引力	竞争地位	盈利能力	生命周期
				高	中	高	投入期
							成长期

5.6.2 产品年度规划项目清单

产品年度规划项目清单如表 5-23 所示。

表 5-23 产品年度规划项目清单

产品	版本	SPDT	工作量/人月	重要性排序	3~5 个最高优先级需求名称	产品定位
	202×.0			2-高		
	202×.1			1-极高		

5.6.3 产品组合规划报告

产品组合规划报告是产品组合规划过程中的核心交付件，开发的基本思路是承载战略目标，匹配产业方向和节奏，合理配置资源，引领投资聚焦，提升组合竞争力。除了管产品的"生"，还要管"养"和"死"。产品组合规划报告最小颗粒建议以产业为单位输出，一般对应 BMT/SPDT 层级，里面的内容要求至少呈现 L3.5 及产品对象，如果需要，还应包括部件（如单板）、版本等对象信息。产品组合规划报告的输出内容包括现有产品组合差距分析、基于现有资源实现上述目标定义组合策略、制订执行计划（见表 5-24）。

表 5-24 产品组合规划报告的主要内容

序号	章节	内容
1	组合与差距分析	战略目标分解； 投资回顾分析； 市场洞察和趋势分析； 技术/平台演进分析； 产品在市表现与生命周期状态分析； 产业链分析； 竞争分析； 细分市场排序及差距或客户痛点； 组合对象清单定义
2	定义组合策略	产品组合全景 & 投资策略总览； 组合排序，输出排序后的产品组合清单、客户价值、投资价值、产品竞争力及风险维度，根据历史经验确定决策权重，将定性指标量化，根据量化加权值进行排序，给出初步排序结果； 管道平衡审视； 投资平衡审视； 战略满足度审视； 组合竞争力审视； 组合商业设计； 生命周期策略； 盈利预估； 产品投资策略和人力调整计划说明
3	制订执行计划	组合内部路标； 版本清单； 预算建议； 生命周期执行计划； 组合营销执行计划； 产业链执行计划

5.6.4 预算建议样例

预算建议样例如表 5-25 所示。

表 5-25 预算建议样例

团队	产品/版本名称	产品/版本定位	大颗粒价值需求	端到端人力需求/人月	下一年人力需求/人月	投资属性
						新业务
						新市场
						基础投入

5.6.5 组合差距分析评审清单

组合差距分析评审清单如表 5-26 所示。

表 5-26 组合差距分析评审清单

序号	内容
1	组合管理目标市场范围是否清晰明确，是否清晰匹配了目标市场的战略诉求
2	是否量化分析了未来几年产品和解决方案的细分市场空间、公司份额、销量/盈利等关键市场数据？市场细分的维度是否合理，有效，持久？是否有利于分析和决策？市场评估的结论是否可信，发展趋势预测是否合理，对该领域市场的总体发展判断是否客观
3	是否清晰地分析了各细分市场的产品与解决方案差距，是否清晰明确地描述了客户视角的需求，是否从客户视角提出组合对象构想
4	是否清晰判断了未来的技术发展趋势，对于可能的颠覆性技术带来的影响是否有明确的判断和应对，是否清晰地论述了产业技术或平台技术发展对组合对象的影响以及规划上的应对思路
5	是否明确分析了组合对象（产品、解决方案、布局）的在市表现，明确需调整对象的市场定位和 EOX 建议
6	新增组合对象是否描述清楚了对象是什么，对象能否满足目标市场客户需求，解决客户问题和应对挑战
7	是否识别了主要竞争对手和潜在竞争对手，是否从满足客户需求、产品和解决方案竞争力和定位的角度评估了我们的优势和劣势，从而明确我们应该向竞争对手学习什么，明确如何保障和提升产品和解决方案的关键竞争力

(续)

序号	内容
8	是否从合作的角度分析了新组合对象的合作机会，是否基于合作资源的分析评估，提出了相应的合作需求和合作策略建议
9	是否进行了各种类别的风险评估，回答了这些风险可能对公司带来什么影响并制订了应对策略和建议，明确了各种风险应对的责任人

5.6.6 产品规划执行计划评审清单

产品规划执行计划评审清单如表 5-27 所示。

表 5-27 产品规划执行计划评审清单

序号	评审要素
1	是否从客户价值、投资价值、产品竞争力及风险分维度对组合对象进行排序，并给出排序结果
2	是否使用了产品组合排序的业界通用方法，从多个维度审视组合投资分布，各投资维度是否匹配产业生命周期阶段：长期和短期、战略机会和盈利、竞争压制和空间成长、未来新技术和当前竞争力等
3	组合排序结果是否匹配各细分市场的战略诉求，是否很好地满足了战略客户的关键诉求
4	是否从竞争压制角度规划组合竞争策略，通过对手产品剖析、对手产品的架构分析，对对手的行为进行预判，结合产业链分析对手产品中的关键器件的可供应性，明确组合打击策略
5	对老、旧、小产品的生命周期处理策略是否清晰，产品市场定位是否清晰，老、旧、小产品的收编或替代规划是否清晰
6	组合产品的上市策略是否清晰，是否通过组合管理带来明确的盈利改善或市场份额提升
7	是否能清晰预测组合的商业贡献，如发货量预测、贡献利润预测

第六章　路标开发

路标通常是指产品路标，是产品或解决方案的发展方向和中长期规划，是将短期和长期业务目标与特定产品的解决方案进行匹配以实现这些目标的一份计划。制订产品路标的主要作用是，对外向客户传达产品的方向和演进计划，与客户进行对标，进行初步的客户验证。如果客户对产品的方向和演进计划有不同的观点，可以及时调整，避免闭门造车，主要用于与客户互动、沟通交流、答标以获取需求和支撑销售获取线索及机会。对内指导研发进行相应的技术储备和产品研发，确保研发的产品跟上客户的节奏，确保研发资源被有效利用。

路标代表了公司管理层在特定产品和解决方案领域对市场和主流客户的理解以及对未来发展的思考，是公司在对应领域产品和解决方案策略的体现，是面向外部客户需求进行产品规划的结果。路标规划的终极目标是确保商业成功，因此关注客户价值和商业模式设计是重中之重。从商业视角进行产品规划是路标开发的核心，是产品规划能否成功的关键。路标不但要将产品和解决方案在未来的特定时间点实现什么特性讲清楚，而且要将为什么在那个时间点去实现和如何去实现讲清楚，内容包括对市场发展、用户的诉求、客户痛点和需求、竞争态势和发展、技术趋势、产业发展和管制政策等关键驱动因素的认识和理解。基于上面的认识和理解，产生面向客户及客户的用户解决方案、产品、特性的内容和节奏规划。

第六章

路标开发

路标开发对提高客户满意度、产品市场竞争力、盈利性有着重要意义。路标应用得当的话,可以指导研发和公司的战略规划、产品推出节奏,可以赢得大客户和合作伙伴。要开发出高质量的路标,一方面取决于公司管理对客户需求、市场趋势、竞争、技术趋势等的深刻理解和把握;另一方面取决于日常需求管理工作的质量和与客户沟通交流的质量,因此日常产品规划工作中要做好积累。作为一个专业产品管理人员,至关重要的工作之一就是要输出一个好路标,驱动公司战略和研发力量,给客户、合作伙伴、媒体和分析师关于公司产品或解决方案的清晰未来图景。遗憾的是,不少产品路标都是应付之作,在销售团队或公司管理层的压力之下匆匆而就,从而没有发挥它应该发挥的作用,甚至变成了问题的来源。

路标开发在本书中的位置如前言中的图 1 所示。路标承接公司技术/产品组合规划,牵引公司内部各功能部门能力规划和技术规划,同时指导项目任务书开发,确保技术项目和产品项目围绕路标开展。在制订产品路标的过程中,主要由客户需求和技术创新驱动。需要充分理解客户需求,以客户需求为驱动力提供解决方案,以客户需求拉动产品和解决方案路标的开发。

华为公司的路标开发管理历史过程

华为的 IPD 变革首先推行的是从项目任务书到产品上市交付给客户的时间阶段的流程,基于版本运作。后来将版本的项目任务书向前延伸补充了项目任务书开发流程(Charter Development Process,CDP),为规划版本补充了路标开发流程(Roadmap Development Process,RDP)。

6.1 路标开发常见的问题

路标开发常见的问题如表 6-1 所示。

表 6-1 路标开发常见的问题

序号	主题	内容
1	路标质量不高	路标规划中缺少一线人员和消费者的声音； SP/BP/路标和项目执行两张皮，路标没有有效支撑 SP/BP，路标规划特性和产品输出特性偏差较大； 路标没有体现产品竞争力，路标内容不规范、重点不突出，看不出整体的规划思路； 没有进行充分的行业分析和战略规划，体现不出公司层面的思考； 特性没有体现客户价值，不能支撑版本销售，没有体现商业价值； 路标开发自由度大，没有规范化，没有质量保证； 路标不能保持一致，变化比例大，变更较随意； 没有为大客户定制路标
2	路标发布不及时	路标发布不及时，发布较随意，一线人员获取不便； 难以找到最新的路标； 产品变更和路标变更没有及时知会相关人员
3	路标交流不够	一线人员最大的痛点是产品规格不能及时知会相关人员，相关人员无法及时了解产品立项过程中发生的变化； 相关人员不知道路标里的特性是什么意思，无法给客户讲； 相关人员不知道路标交流如何管理，不知道交流的问题如何闭环

6.2 路标管理组织

路标开发团队（Roadmap Development Team，RDT）是组合规划的执行团队，作为产品组合管理的常设团队由相应的 PMT 正式任命。路标开发团队对产品、关键器件和特性路标进行开发和管理，围绕公司的 SP、BP 等战略布局及业务目标，充分考虑行业整体的技术、竞争、区域趋势分析，整合拉通区域路标需求和策略，完成产品路标的开发和管理。路标开发团队成员及职责如表 6-2 所示。

表 6-2 RDT 成员及职责

序号	成员	成员职责
1	路标开发团队主任（LRDT）	团队领导角色，负责路标开发和管理过程的项目组织、管理和汇报工作，同时也是 RDT 组长，来自产品管理体系。 通常是该产品领域的首席产品组合管理专家，对该领域产品组合策略的有效制订和高质量执行负责

（续）

序号	成员	成员职责
2	产品管理代表（PMRDT）	产品管理角色，是路标开发和管理的主要责任人，对产品和解决方案路标开发的质量和日常路标的质量负责，来自产品管理体系。 负责组织并主要参与市场趋势分析、行业趋势分析、细分市场的价值分析、细分市场客户问题/需求分析、客户的用户的业务诉求分析，识别产品和解决方案目标客户，评估产品和解决方案给客户带来的价值，预测目标市场空间和增长率，评估产品和解决方案给公司带来的价值。 负责组织并参与产品和解决方案竞争分析，明确公司产品和解决方案的SWOT，识别我们应该向竞争对手学习的方面，规划产品和解决方案差异化竞争力。 总结并组织分析客户普遍的痛点和需求，客户的用户的主要业务诉求，进行特性定义、特性排序，规划产品和解决方案。 围绕影响客户满意度、产品和解决方案关键竞争力和可盈利的专项需求，如性能、可靠性、节能减排、可用性、可服务性、内部总体拥有成本（Total Cost of Ownership，TCO）降低等，通过市场/客户专项问题/需求分析、竞争对手分析、自身能力分析实现专项需求的解决方案规划。 参与技术和标准进展对提升客户满意度、产品和解决方案竞争力带来的价值分析，完成路标中技术特性和规格的规划。 在市场分析、行业分析、客户需求分析、竞争分析、技术分析的基础上，提出产品和解决方案的市场策略、竞争策略和产品策略，完成满足客户需求且有竞争力的产品和解决方案规划。 组织产品和解决方案输出成本规划、技术规划和各职能部门能力规划。 负责组织输出路标交付件，流程中的评审和路标发布。 负责路标管理阶段的路标管理活动。 结合对业界、行业、对手、客户、标准以及重点区域法律法规的要求，规划必备特性和价值特性，实现满足重点区域的产品进入要求。 负责各BMT产品组合计划的执行和监控
3	区域产品管理代表	对路标区域规划的客户满意度、竞争力和盈利性负责，来自区域产品管理部或一线市场部，负责各区域产品组合计划执行和监控 完成区域市场发展趋势、管制政策走势的分析和研究，识别市场机会点，评估市场空间、增长趋势、价格走势等要素，在产品和解决方案中标出区域目标市场和客户，提出如何"赢"的区域市场策略和盈利目标建议。 完成区域市场目标客户痛点、需求、购买标准的识别，完成区域市场客户的业务诉求，提出能提升客户满意度的客户解决方案和规划建议。

（续）

序号	成员	成员职责
3	区域产品管理代表	完成产品和解决方案区域竞争格局及竞争走势的分析，分析并总结产品和解决方案区域市场的竞争优势和劣势，从竞争的角度提出竞争策略和对应的规划建议。 从区域的角度对路标规划如何踏准市场节拍提出建议
4	软件规划代表	研发角色，从技术、标准和产业发展角度参与路标规划，对路标中技术规格的竞争力和技术能力要求负责，来自研发技术规划、标准预研等部门。 分析标准和知识产权（Intellectual Property Rights，IPR），从标准进展角度判断标准中重大特性的节奏，对产品规划和IPR策略提出建议。 分析技术发展趋势、产业配套技术，识别提升新产品竞争力的关键技术和推出节奏，分析这些关键技术对产品提升客户满意度和提升竞争力带来的价值，对产品规划提出建议。 分析竞争对手产品和解决方案关键技术和技术路线，总结营销产品和解决方案竞争力的关键技术和技术规格，通过对比提出公司有针对性的技术解决方案、规划内容和节奏建议。 针对客户痛点和需求以及客户的用户的业务诉求，分析可行的技术解决方案，提出特性规划建议。 分析并总结产品和解决方案路标规划，识别技术实现的关键路径，提出进行技术研究、样机开发、平台和芯片开发、人员能力培养等实现能力的规划建议。 评估合作产品：分析合作产品的产品架构、功能、性能、成本、未来演进能力等。 参与评估版本开发人力需求，支撑投入产出分析。 从技术、标准和产业发展角度参与路标规划，对路标中技术规格的竞争力和技术能力要求负责
5	硬件规划代表	从硬件技术、标准和产业发展角度参与路标规划，对路标中技术规格的竞争力和技术能力要求负责
6	产品上市（GTM）代表	从市场角度给出产品组合的需求和差距，输出产品组合GTM策略和计划，并负责市场相关业务的规划和落地
7	财务代表	从财务角度给出产品组合的经营现状和差距分析，明确组合资源投入策略的建议，并负责财务相关的组合计划闭环落地

（续）

序号	成员	成员职责
8	生命周期管理团队（LMT）产品管理代表	从升级和维护角度分析与竞争对手差距、客户的声音等，并给出升级维护策略建议
9	市场代表	从营销和销售的角度对版本市场定位、各区域营销目标和策略、各区域市场空间和价格走势预测提出建议。 负责审视路标特性宣传口径与售前资料的内容是否保持一致，当特性清单内容发生变化时及时触发路标内容的刷新

6.3 路标开发流程

6.3.1 路标开发流程图

路标开发流程如图 6-1 所示。

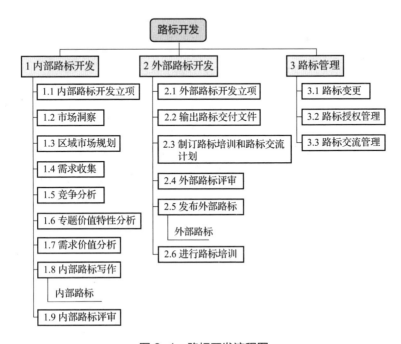

图 6-1 路标开发流程图

6.3.2 内部路标开发阶段流程说明

内部路标开发阶段流程说明如表 6-3 所示。

表 6-3 内部路标开发阶段流程说明

编号	活动	活动描述	负责岗位	输出
1.1	内部路标开发立项	准备路标 RDT 立项材料，RDT 人员任命	LRDT	RDT 立项材料
1.2	市场洞察	识别未来 3~5 年发展趋势，洞察行业市场趋势和技术趋势、竞争对手动态。通过对市场的持续洞察发现客户偏好，通过对宏观环境（行业/技术）以及竞争的价值转移趋势发现机会和风险。综合行业趋势、市场、技术趋势和竞争等多因素确定产品/解决方案路标愿景和演进步骤	RDT	—
1.3	区域市场规划	RDT 围绕产品和解决方案、未来发展与市场一线最熟悉区域市场发展趋势、区域客户痛点需求、区域市场竞争态势的规划人员有效互动，识别区域市场机会点、价值特性，共同制订区域市场"赢"的策略，使产品和解决方案的路标规划可以命中靶心，匹配区域市场的发展战略	区域产品管理角色	—
1.4	需求收集	重大专题需求：在 PMT/TMT 组织专题立项，针对某技术/业务发展趋势进行专题分析输出的需求。 市场项目需求：通过客户需求调研，形成版本的 MRD 和 PRD，筛选和识别有价值的需求	RDT	市场需求
1.5	竞争分析	通过分析竞争对手的产品和解决方案规划，分析竞争对手产品战略控制点、区域市场策略，预测竞争对手未来动向、评估竞争对手产品组合竞争力，将分析结论体现到产品和解决方案路标规划中，以保证产品和解决方案规划具有竞争力，特别是差异化竞争力。通过竞争分析总结竞争对手规划的可借鉴的需求	RDT	—
1.6	专题价值特性分析	路标规划的目标是产品和解决方案取得商业成功。在规划中，我们要抓住影响产品和解决方案商业成功的关键要素，将客户关键需求、标准/关键技术、竞争力、市场/产品策略等重要问题作为专题进行研究，通过深入分析研究和集体研讨，给出这些专题的分析结论，为最佳规划做好铺垫。这个过程应该发挥 RDT 团队的力量，发挥周边专家的力量，甚至是发挥客户的力量	RDT	—

（续）

编号	活动	活动描述	负责岗位	输出
1.7	需求价值分析	需求排序明确每个价值特性的版本时间，分析并明确需求带给客户的价值，基于客户痛点、竞争压力、市场交付策略、开发节奏等多个维度对需求进行排序，评估每个特性的优先级	RDT	—
1.8	内部路标写作	按照公司统一路标模板要求编写产品/解决方案客户交流版本和投标版本路标。路标内部必须包含以下内容： • 产品/解决方案发展趋势、愿景和演进节奏； • 产品/解决方案路标整体框架； • 产品/解决方案路标的版本和价值特性规划； • 产品/解决方案生命周期规划	RDT	内部路标
1.9	内部路标评审	通过有效的评审控制路标开发流程交付件的交付和发布质量。调动内部和外部的高级别专家资源，让适合的专家对输出交付件的质量进行把关，同时请PMT/BMT对发布路标交付件质量进行把关	—	—

6.3.3 外部路标开发阶段流程说明

外部路标开发阶段流程说明如表6-4所示。

表6-4 外部路标开发阶段流程说明

编号	活动	活动描述	负责岗位	输出
2.1	外部路标开发立项	明确外部路标开发过程交付、质量、进度要求，由LRDT负责	LRDT	开工会议纪要
2.2	输出路标交付文件	PMRDT按模板要求输出外部路标、答标路标、专题路标（可选）及相应的路标指导书	PMRDT	路标交付文件
2.3	制订路标培训和路标交流计划	根据业务发展规划，PMRDT负责组织一线市场人员共同制订路标培训和路标交流计划。路标交流计划应关注区域内必须进行交流的头部客户和按版本销售客户	PMRDT	路标培训文档、路标交流计划

(续)

编号	活动	活动描述	负责岗位	输出
2.4	外部路标评审	LRDT 负责组织外部路标资料，根据产品线要求在 BMT 评审外部路标交付件	LRDT	外部路标
2.5	发布外部路标	按公司要求发布外部路标和路标指导书、路标培训和路标交流计划。该活动由 PMRDT 负责，市场代表配合	PMRDT	—
2.6	进行路标培训	路标发布后由 LRDT 按照路标培训计划针对一线人员的实际情况建立有针对性的路标交流人员培训渠道和方法，可通过集中培训、远程培训等形式向一线传递路标，并提供路标材料、培训录像、路标答疑、现场支持等多种方式满足一线人员的路标交流需求	LRDT	

6.3.4 路标管理阶段流程说明

路标管理阶段流程说明如表 6-5 所示。

表 6-5 路标管理阶段流程说明

编号	活动	活动描述	负责岗位	输出
3.1	路标变更	产品管理部负责路标的变更管理，除了产品管理部其他部门不能擅自进行路标变更（指时间点提前、特性增加等）并向客户承诺。 路标变更包含季度例行刷新和例外变更，例外变更请求走需求管理流程，季度刷新可以覆盖路标绝大部分变更，其余变更（如新需求、路标特性时间点提前等）直接走需求管理流程。需求管理流程决策后季度刷新到路标。季度刷新路标发布前需要通过 RDT 核心成员和领域专家的评审，最终由产品管理部长批准	PMRDT	路标变更
3.2	路标授权管理	路标作为关键信息资产要进行授权管理，路标申请建议流程节点：申请 – 直接主管审批 – 路标负责人批准	—	—

（续）

编号	活动	活动描述	负责岗位	输出
3.3	路标交流管理	通过与头部客户交流路标可以获取价值客户对规划版本的时间节奏、价值特性等的意见，确保后续规划满足客户需求。 各客户经理、市场经理、专项产品经理应配合完成路标交流工作。 路标交流责任人按路标交流计划中的要求反馈交流纪要到产品管理部和 RDT，作为后续路标刷新的重要输入。客户在路标交流过程中提出的新需求和对路标中价值特性的意见、交付时间等要求均应反馈给产品管理部	路标交流责任人	—

6.4 路标管理专题

6.4.1 路标的定位和原则

SP/BP 和项目之间由路标规划衔接。通过路标规划产品研发清单，聚焦和落实市场需求中的中长期产品包需求。路标是特定产品和解决方案领域的中长期发展路线和推出节奏的规划，是对应产品领域 SP/BP 的核心交付和灵魂。

路标开发流程应作为 SP/BP 的关键支撑流程承接 SP/BP 中的关键目标，有效支撑 SP/BP 活动中有关产品策略的落地（见图 6-2）。为了支撑战略落实以及产业商业计划目标与举措在下一年的分解，需要非常明确地提出每个关键战略举措在下一年的分解是什么，根据产品组合规划拟制路标并指导后续版本规划。产品路标中需包含未来 2~3 年需要开发的产品版本，并说明路标是如何支撑关键举措达成的，特别要明确下一年度需要开发的产品清单，包括产品定位、节奏以及产品需要交付的关键特性。同时针对关键解决方案也需要给出未来 2~3 年的规划全景，特别是在各重大展会已经发布的产品解决方案及价值特性包要保证纳入产品路标规划，后续将根据路标管理新产品的立项和开发。

要在路标中讲清楚未来各解决方案版本的定位，以及包含满足客户需求与支撑商业成功的关键竞争力。路标统筹后续项目任务书的总体规划，落实项目任务书对产业商业计划的承接，保障战略规划在各项目上的有效承载。此外，路标作为获取研发预算资源的承诺，要进行一定的闭环管理，定期审视落实情况。

图 6-2　SP、BP、RDP 与 CDP 之间的关系

制订路标有一些原则和约束，主要包括：

- 路标实际上展现了一系列的版本，规划每个版本的独特价值是规划路标的基本要求，版本间必须有价值差异才能得到客户的认可，每个版本有明显的价值差异特性才能让客户有购买欲望。除此之外，还需要考虑产品版本间的继承关系。
- 路标规划版本间隔要考虑开发资源的平滑衔接，下一个版本的某项工作的开始必须保证相关资源在上一版本基本释放。
- 需要考虑公司战略和产业的生命周期，针对战略机会点、支撑市场格局改善及能够抢占竞争制高点的关键技术和重点，预算相对有弹性。此外，针对孵化期／投入期／成长期／成熟期／衰退期制订不同投入标准的路标。
- 产品路标需要与平台和技术版本统一规划，确保配套关系一致。
- 中长期路标的时间节奏必须考虑产品的生命周期管理，需要考虑产品新版本推出时机以及老版本 EOM 时机，保证老版本的销售期达到几个月才能收回投资。

6.4.2　路标关注要点

好的路标可以体现在交付内容和结果两个方面：从结果来看，一个好的路标是能带来商业成功的。从交付内容上看，一个好的路标能将产品和解决方案规划关注的问题回答清楚（见表 6-6）。

表6-6 路标关注要点

序号	主题维度	内容
1	结果	规划方向和节奏准确,能踏准市场节拍; 规划满足了客户需求,解决了客户的问题; 和竞争对手同类产品和解决方案规划相比有竞争力; 规划预期能为公司带来现金流和利润; 规划对平台、技术、芯片等实现能力形成清晰的牵引
2	交付内容	为什么?描述对产业未来发展的理解,从商业角度路标规划的驱动力,"赢"的目标和策略:未来的业务和市场发展趋势,产业和技术发展趋势,目标细分市场,细分市场吸引力,细分市场客户的痛点及需求,主要的竞争对手及未来的竞争态势,产品解决方案商业目标,市场策略和方向。 是什么和何时?描述产品和解决方案中长期规划目标市场定位和应用场景:从业务、市场、需求、竞争驱动的"拉"环和技术演进的"推"环导出达成商业目标所需的产品和解决方案未来几年的版本和时间点规划,明确版本价值定位,版本价值特性给客户带来的价值,评估版本的竞争力 如何做和投入多少?确定支撑路标规划落地要求的资源、成本、能力和技术规划的要求,产品盈利估计;从产品和解决方案规划导出对技术规划、成本规划和各功能部门能力规划的要求,初步评估资源和投资要求,评估投入产出,制订近期版本的开发计划,识别风险

6.4.3 好路标的管理要素

好路标的管理要素如表6-7所示。

表6-7 好路标的管理要素

序号	主题维度	内容
1	内容 (清晰明确)	清晰的未来发展趋势与战略; 明确的观点与愿景; 清晰和稳定的规划思路; 明确和量化的版本/特性,体现客户价值和竞争价值; 清晰的产品生命周期规划(软硬件); 明确的硬件演进路径和软件版本升级路径
2	表现形式 (规范统一)	架构清晰,完整统一; 特性命名符合行业规范; 风格统一(注意使用公司统一的路标模板)

(续)

序号	主题维度	内容
3	易学易讲	前后连贯，逻辑性强； 描述清晰、表达规范、图文并茂、浅显易懂
4	易交流	预埋讨论点，以方便与客户深入探讨

6.4.4 路标编写过程

路标编写过程如表 6-8 所示。

表 6-8 路标编写过程

序号	步骤	内容
1	了解竞争、市场和技术趋势	先确定参照系，创建一个展示竞争、市场和技术趋势的参考路标。需要完成的路标必须与这个路标进行比较，相当于从竞争和市场的角度确保产品路标是有意义的
2	收集需求	捕获各种可能的特性，形成完整的特性全景图。通过开展客户调研，形成下个版本的 MRD 和 PRD，同时从其他利益相关者（包括管理层、销服团队、媒体、分析师和其他任何能够提供好想法的人）那里再收集一些需求并加入这个列表
3	排序，得到每个版本的价值特性	有了完整的需求列表之后，将收集数据放入排序矩阵进行比较。确定排序标准，然后进行排序，分辨哪些是下个版本最重要的特性
4	确定时间框	这是一个季度路标还是年度路标，是三年、五年路标或者是它们的组合？这些问题的答案取决于路标的用途，如果用于战略规划，通常要 3~5 年。如果是给客户和媒体的简报，4~6 个季度就够了。 根据所有利益相关者对需求的不同要求，将已排好序的需求列表分配到不同的时间框内
5	选择组织的表现方式	有三种可以使用的组织方式：主题（Themes）、价值/黄金特性（Valuable/Golden Feature）、时间版本（Timed Releases），可以综合运用。 主题：如果要使用这种组织方式，要先找到需求的排序矩阵中高分项的逻辑组合，然后给这些组合定一个主题。例如这个主题可以是性能，包括发布时间、屏幕刷新、后台数据库的更新等。主题可以用在特性数据众多的大版本中，还可以用在一些修改缺陷的版本中，尤其是 0.1 或 0.01 版本。主题的好处是可以帮助抵制特性的蔓延，因为有人来加特性时，可以对照主题判断是否符合主题，如果不符合则可以放到下一个版本中

（续）

序号	步骤	内容
5	选择组织的表现方式	黄金特性：从排序中挑选出优先级最高的特性，然后让整个团队都以它为中心来工作，这个唯一的特性要提供足够的客户价值，可以基于它来构建整个版本。该特性要足够强，让客户无法抗拒，只想购买，而且该特性还要足够简单、易于沟通，能够从营销和竞争的角度给产品带来显著的提升。在理想情况下，黄金特性的描述不超过 5 个字，如提升性能 30%。黄金特性描述必须简单、有力度，如果版本有一长串特性，就是找不到 5 个字以内的价值信息去和别人沟通，那么营销就很难推进，很难让人聚焦在产品上。黄金特性这种技巧在版本周期比较短或者发布版本（1.2 版本、1.3 版本等）的时候最为有效。团队成员可能想把各种不同利益的价值特性放进版本中，假如能使大家都聚焦在黄金特性上，那么成功的概率就大很多。因为黄金特性是否处于关键路径上是比较容易识别的。 时间版本：这种组织方式是用预先确定的版本日期而不是特性本身来驱动整个进度。先确定一个发布间隔（季度、半年、一年等），再拿来需求的排序表，评估哪些重要需求应该放到哪个版本。这种方式的好处是可以给客户、合作伙伴以及内部机构一个确定的发布日期，这样大家可以基于这个日期来做他们自己的计划，也可以减轻那些想把他们的心爱特性放入版本的人的压力。这种方式的坏处是它在应付那些开发周期很长的特性时不是很好，如果一个特性需要好几个版本周期才能完成，那么资源有可能会被转移到中间版本上去，这个特性可能永远都不会完成
6	构建内部路标	已经完整收集特性并对它们进行排序，下一步就是创建一个路标来传达决策。对于内部路标要包括尽可能多的细节。要传达足够多的信息，让所有人很快就能理解
7	对比、评审和获取认可	把完成的路标与最开始制订的竞争、技术和市场趋势路标进行比较。在内部进行评审，说明推理过程，获取公司内部利益相关者的认可。 在理想情况下，路标的制订应该以一种团队合作的方式展开，不要只是给工程师和销售人员一个做好了的路标，让他们没有发言权，他们也不认可。而是要从早期就让他们介入，这样他们就会更加支持最终结果。 在路标还是草稿的时候就要与工程师一起工作，明确技术可行性，进行工作量的平衡，确保进度是可行的。还要和销售人员一起讨论路标，让他们了解你的想法，当然还要获得管理层和关键利益相关者的支持与认可

(续)

序号	步骤	内容
8	创建外部路标	以内部路标为基础去掉一些特性和细节，让它适合对外发布。 明确每个路标的主题和价值特性后，根据不同的受众对象适当地揭示一些额外的信息。 外部路标要包括一些警示语，如内容机密、计划可能更改、不作为最终承诺等。可能还要把具体的日期改为第二季度、第三季度等余地较大的模糊字眼，通常情况下通用一点或模糊一点会更好

6.4.5 路标变更

路标对外要根据市场和客户需求的变化及时变更，以便按步骤有节奏地推出有竞争力产品的规划。路标对内是项目任务书开发的输入条件之一，项目任务书开发过程中针对市场、客户需求的进一步分析，可能会引起路标的变更。开发过程中的需求分析、实现等也可能导致路标特性变更，需要根据情况及时进行路标的变更刷新，以便推出有竞争力的产品。

路标变更的责任部门是产品管理部，除该部门外，任何部门都不能擅自进行路标变更（主要指特性的时间点变更、特性规格变更、风险等级变更，不包括针对具体客户的路标内容裁剪）并向客户承诺。

路标变更含季度例行刷新和例外变更，例行刷新统一通过按季度发布的路标文件体现。季度刷新路标发布前需要通过 RDT 核心成员和领域专家的评审，最终由产品管理部长批准。原则上，路标文件的生命周期为 3 个月。如果是非发布点的路标紧急变更，则需要产品管理部与营销部门沟通并及时发布。除此之外，日常如遇突发的临时紧急变更，由 SPDT 负责路标临时变更决策，并上报 IPMT/PMT 备案。

6.5 路标相关模板

6.5.1 内部路标模板

内部路标模板如表 6-9 所示。

表6-9 内部路标模板

序号	章节	内容
1	产品策略	市场和行业分析，针对全球市场发展变化进行回顾并预测发展趋势； 细分市场客户分析，按照不同维度完成市场细分，识别各细分市场的典型客户诉求； 竞争分析、竞争环境、竞争对手、控制点竞争趋势； 产品策略和总体规划思路，匹配战略模型达成商业成功的总体规划思路和产品策略； 产品优先级排序
2	路标规划	产业路标规划全景图，包括已上市、开发中、规划中； 项目清单基线和决策层级，描述各产品详细项目任务书开发计划和开发里程碑； 包括已上市、开发中、规划中的产品路标描述； 产品典型客户价值和关键控制点，识别和提炼客户最关注的问题； 规划和评估产品竞争力
3	版本和特性描述	在研和规划版本的主力版本概述，主力版本的关键定位描述（新技术引入？可靠性增强？降成本？）； 在研和规划版本的主力版本关键特性清单，识别构筑竞争优势的关键特性清单； 在研和规划版本的关键特性摘要及描述
4	技术与能力要求（可选）	提出关键技术、软件、平台/芯片准备度、标准/预研相关要求，并与技术规划领域的技术规划路标拉通； 资源要求分析，基于目前的路标版本开发计划目标统计对人、财、物的要求，将工作量和人力诉求整合到《项目任务书规划项目清单》中； 能力要求分析，描述实现该路标规划所需的内部能力要求，如研发能力、合作能力、生产能力、供应能力、销售能力、服务能力和员工技能等，供管理团队参考和落实

6.5.2 外部路标模板

外部路标模板如表6-10所示。

表 6-10 外部路标模板

序号	章节	内容
1	产业愿景（可选）	描述对产业的理解及在本领域的愿景，根据这些内容引出路标总览部分
2	路标总览	按主题组织各产品组合规划的特性，各版本的关键特性可用特别的颜色标识
3	已规划版本介绍	已规划版本的关键客户价值和亮点总结； 关键特性清单，硬件类产品可以给出关键规格和性能指标； 关键特性说明
4	待规划版本介绍	待规划版本的关键客户价值和亮点总结； 关键特性清单； 关键特性说明，若有多个解决方案可以都列出来供讨论，给出关键特性对客户的价值分析
5	产品生命周期规划	生命周期规划，描述产品的硬件和软件生命周期规划，并说明原因

6.5.3 路标评审要素

路标评审要素如表 6-11 所示。

表 6-11 路标评审要素

序号	评审要素	评审操作指导
1	行业分析	行业分析清晰合理，数据来源可靠，内容有新意，不是老生常谈
2	客户战略和痛点	能分析清楚客户战略发展思路，能深入到位地剖析客户的痛点和关注点，打动客户
3	愿景	愿景思路清晰，有效对应行业趋势、客户战略和痛点分析内容，能体现行业领导者思路
4	各版本定位和规划节奏合理	版本定位清晰，内容和节奏规划合理，版本规划内容（特性清单）和时间点清晰，与对手同期产品相比具有竞争优势，同时与客户战略和痛点匹配度高。 有解决方案场景介绍，有解决方案规划以及产品（部件）的规划内容，版本配套关系等。

（续）

序号	评审要素	评审操作指导
4	各版本定位和规划节奏合理	路标与展会发布互锁，要保证已在重大展会发布的解决方案/特性已被路标涵盖
5	版本和特性的客户价值清晰	版本和特性的客户价值分析合理、清晰，数据合理可信，具有较强的商业吸引力，能打动客户，推动版本销售和升级
6	内容描述客户化	路标内容是否主要基于客户角度描述，易理解，商业化而不是偏技术化。 分析行业理解、版本定位和价值特性的应用场景，从客户经营的角度来分析，具备商业性思维，倾向于场景化描述路标。 细分市场排序及细分市场差距/痛点作为路标拟制和刷新的输入
7	生命周期和升级路径	软件版本 GA-EOM-EOFS-EOS 年限是否为 3~5 年？ 是否提供了生命周期管理计划？生命周期各节点是否完整？ 相应的软件版本 EOX 后，如果 EOX 的软件版本不是产品最后一个版本，是否列出了推荐升级的版本号？ 是否列出全部的 EOS 的版本软件？ 产品/整机是否分解到具体产品级别？是否列出全部的未停止服务的产品/整机？ 有替代关系的产品/整机，单板是否列出推荐替代的型号信息？
8	路标文档中有对路标刷新/变更内容的说明	路标文档中说明对路标刷新/变更的内容，是否按模板要求选择增加、删除、修改。 针对删除、修改特性需评估影响项目和区域，并做好沟通计划
9	路标中特性风险及应用限制标识明确	是否标注路标风险等级？ 特性应用限制是否明确
10	免责条款和风格统一	路标的免责条款是否清晰，无遗漏（满足公司要求）？在首页、尾页以及关键内容部分是否都有免责说明？ 路标整体风格（材料结构和颜色等）是否统一，符合公司模板统一要求？是否能够从整体和细节方面都体现公司的风格
11	信息安全	路标材料的权限设置和发布范围是否符合信息安全要求

6.6 路标相关问题

6.6.1 外部路标写到什么程度比较合适

外部路标作为面向客户的交付件，具备一定的公开性。因此，为保障路标的安全性，特别是针对新领域、新产品或者公司已具备业界领先地位的产品，建议在写作路标时可参考如下原则。

- 将特性分类并搞清楚哪些特性是看家本领，这些特性不写在外部路标中。
- 从特性维度竞争时，把标准中定义的几个特性用同样的方式来讲，让对手不知道哪个是我们的重点。
- 从时间维度竞争时，竞争对手没有拿出路标的时候，我们的路标可只包括一些标准性的东西。竞争对手讲标准性东西的时候，我们就讲差异化的东西。在产品竞争阶段，我们又实现了一些可以作为看家本领的特性。这样可以保证我们在竞争环境下始终走在前面，从而在市场中获胜。
- 外部路标中不要给对手提供成功路径。

6.6.2 如何提高路标的沟通质量

开发出来的路标需要通过各种方式与相应的团队沟通，以便这些团队能及时获悉路标并应用到业务中。以下列出了路标沟通的一些方式供大家参考：

- 产品管理部和营销部门联席会议；
- 邀请涉及的区域参加规划的路标会，例行召开规划内部路标会；
- 每周头脑风暴例会汇报 RDP/CDP 进展，力求做到信息透明；
- 明确路标发放流程和信息传递问责机制，需求传递由 RDT 统一接口。

6.6.3 路标与细分市场有什么关系

细分市场管理随着 SP/BP 周期运作，与集成产品开发（Integrated Product Development，IPD）流程等互锁和协同，支持战略规划、产品投资组合管理、业务目标制订等活动。市场代表在 RDT 和路标开发中的职责显性化，对细分市场进行优先级排序，并将结果输入 IPD 规划，以营促研，牵引产品与解决方案更贴近市场 / 客户，更有竞争力。将细分市场排序及细分市场差距 / 痛点作为路标拟制和刷新的输入，向细分市场团队递交产品的路标。需要新产品时，市场代表将市场描述交付给 IPD 团队以纳入 IPD 流程。市场代表作为 PDT 中具有投票权的成员参与 IPD 流程。在 IPD 流程中，市场代表与 PDT 经理合作，提供 IPD 决策控制点所需要的营销内容并在 IPD 流程中做出相关决策。

第七章 项目任务书开发

项目任务书又称为任务书、商业计划书、产品初始业务计划书，是产品和解决方案概要的初始商业计划书，是市场领域产品规划过程的最终交付件，是产品开发过程的任务书。为什么要开发项目任务书？首先，项目任务书用来向领导说明要投多少钱，投多少资源，将来能赚多少钱，这三个问题必须说清楚。其次，说明本项目有多少需求要在产品开发过程中要实现。最后，项目任务书要包含产品上市相关的内容。项目任务书强调识别市场机会，通过价值链识别需求和制约因素。IPD 流程中的项目任务书是所有产品进入公司研发流程的入口，是产品开发的源头，是正确识别客户需求和传递产包需求到后端产品开发的重要载体，也是市场对产品经营的预判，是该产品对公司效益（赢取战略地位、获取利润等）的承诺。项目任务书不是一页文档，它有很多的输出，要像开发产品一样开发项目任务书。一个好的项目任务书既要能支撑商业组织集成组合管理团队（Integrated Portfolio Management Team，IPMT）、超级产品开发团队（Super Product Development Team，SPDT）对新产品开发做投资评估和投资决策，决策新产品是否要投入开发，又要能有效指导后端的产品开发。

项目任务书开发流程（Charter Development Process，CDP）就是项目任务书的开发流程，定义了项目任务书开发过程活动和交付要求，保障项目任务书的高质量交付。CDP 的目标是形成开发产品和解决方案的初始商业计划。CDP 的好坏直接决定了产品的竞争力，决定产品如何取得市场的商业成功。CDP 像产品

第七章
项目任务书开发

开发流程一样有类似的决策评审、技术评审和质量评价指标，但又有不同的地方。产品开发流程是按照确定的产品包需求、特性进行开发，CDP 则是每天都会更新需求，而且随着项目任务书开发团队（Charter Development Team，CDT）对客户、市场、产品未来发展趋势的理解加深会不断变化，所以 CDP 不是静态的，而是动态的。

如前言所述，如果我们投放到市场上的产品不赚钱，产品竞争力不强，没有达到预期销售额/利润的情况比较多，或者很多产品"胎死腹中"，那么我们就要考虑导入 CDP 了。特别注意的是，CDP 适用于偏硬件类产品，适用于开发周期相对较长且对公司比较重要的关键项目或战略项目。这类产品的需求相对固定，开发周期长、开发工作量大、决策点也比较多，产品开发的整体投入也相对较大，产品上市后通常有较长的生命周期，对产品质量及稳定性要求比较高。CDP 不适合项目开发周期太短的项目，项目任务书撰写和管理成本不低。需要项目任务书立项的项目一般建议跨度半年到一年。如果是周期比较短的产品开发项目，建议将 CDP 融入产品开发流程。此外，CDP 也不适合偏互联网的软件和"云化"产品使用。

项目任务书开发在产品组合与生命周期管理中的位置如前言中的图 1 所示，项目任务书开发是一个系统的工作，并不是独立开展的，前端的产业商业计划、技术/产品组合规划、需求管理成果都会承载在项目任务书开发中，并且为项目任务书开发提供输入，如产品商业计划面向中长期战略规划为项目任务书开发提供方向性牵引，技术/产品组合规划规划未来 18~24 个月的路标，为项目任务书开发提供指导。产品开发的目的就是满足客户的需求，只有深刻理解客户的需求，理解客户需求背后的"痛点"和问题，真正抓住客户的"痛点"，帮助客户解决问题，才能开发出优秀的产品，所以需要通过需求管理流程持续识别价值需求并输入给项目任务书。

华为项目任务书小故事

华为轮值董事长之一徐直军在 2006 年度 PDT/TDT 经理高级研讨会上指出："所有的前端的前端的最前端就是项目任务书，如果项目任务书做错了,那事实上全是错的,所以我觉得项目任务书的质量应该是我们整个产品质量的根本,项目任务书开发定位了做正确的事,它确认了方向。如果前端做错了,产品就不可能有高质量了。Marketing 要保证开发出'好'项目任务书,从根本上提升华为研发效率,扭转目前 3 万多名研发人员天天加班却有 25% 的版本被废弃的被动局面。产品管理体系的各级主管、员工一定要清楚自己的责任,要认识到产品管理部做任何工作都是为了项目任务书的质量提升。"

7.1 项目任务书开发常见的问题

项目任务书开发常见的问题如表 7-1 所示。

表 7-1 项目任务书开发常见的问题

序号	主题	内容
1	缺乏立项流程和运作机制	立项流程、工具、方法、运作机制不完善,缺乏统一的标准,缺乏商业评价标准,项目决策缺少方法和依据,把关不严,造成投资浪费; 项目立项论证不充分,立项决策缺乏支撑,立项决策周期长; 任务书开发团队及成员重量级不足、未按项目制运作; 没有按照项目类别或重要度定义参与人员、决策的标准和方法; 没有承接和延续 SP/BP/ 路标的规划; 立项工作缺乏考核,项目立项和项目开发脱节,项目缺乏契约化交付的管理机制
2	投入产出分析缺失	项目投入产出标准缺失,投资决策无标准、无依据,决策支撑不足,无法牵引项目的投资效率; 无项目短期 / 长期的投入产出分析,从部门角度而不是商业角度审视,或缺少商业视角,很容易导致亏损及商业失败; 项目任务书的指标设置没有有效的模型和数据支撑; 缺少围绕产品全生命周期的完整性策划; 产品实际盈亏状况不清晰
3	市场洞察不足	市场分析不足,细分市场和目标客户锁定不准确,难以规划出客户真正需要的产品;

（续）

序号	主题	内容
3	市场洞察不足	客户痛点、核心卖点挖掘不足，不聚焦核心竞争力，没有突出差异化竞争力； 闷头研发，不看市场，最后做出来的产品不是市场需要的； 缺乏对竞争对手的深入研究，缺乏充分的竞品分析，竞争分析不聚焦； 需求包不完整，价值主张不明确，价值呈现不清晰，自说自话，未从客户角度出发，未形成差异化竞争力； 需求不断调整/变更，产品定位不准确； 市场价值判断及卖点未达成一致（产品前期市场调研时间短，卖点输出晚，核心规格在PDCP之后仍变更）； 需求定义和转化不准确，导致项目开发与需求偏离
4	项目任务书不严谨	项目范围不明确； 产品立项比较随意，开发出来的产品有很多无法上市或者上市后市场反馈很差； 成本预测太保守，对成本预估不足，包括人力、模具、材料、生产、营销、销售等各项成本，担心成本高评审不过而压低成本； 零部件目标成本设定缺乏成本分摊的价格模型支撑； 项目任务书开发深度不足，各职能领域缺少目标、方法和质量要求
5	缺乏后续项目资源支撑	没有制订开发实现策略和各领域策略，缺乏实际落地依据，项目一再延期，错过最佳上市时机； 项目立项资源未匹配，现有资源无法满足所有项目并行开发； 资源投入不够，导致产品质量产生较大问题，缺乏契约化交付的管理机制； 项目开发需求工作量评估不足
6	跨部门协作不足	项目任务书开发广度不足，缺少产业合作、技术服务等职能领域分析与策略； 项目任务书成员只写部门，不写到具体的人，或者全写的是领导，而非实际完成人； 各领域对本业务单元的输出缺少专业评审，无法保证质量； 在项目任务书开发执行过程中，各业务领域间无争议解决机制； 立项工作缺乏跨部门团队的参与，很多都是研发部门单独完成

7.2 项目任务书管理组织

CDT 是一个跨领域、跨部门的团队，团队构成如表 7-2 所示，团队角色来自市场体系、销售与服务体系、研发体系、制造与供应体系、财务体系。CDT 负责初始产品包需求、项目任务书的开发，对立项的产品是否满足客户需求、可盈利和市场竞争力负责。

表 7-2 CDT 成员及其职责

序号	成员	成员职责
1	LCDT[①]	LCDT 一般来自产品管理部，负责项目任务书的整体质量、产品竞争力、商业设计、交付进度和质量。 除此之外，还要负责 CDT 的运作管理，包括资源和费用的预算和管理、项目计划的制订和监控、风险和问题管理
2	产品管理代表	组织完成市场分析、竞争分析，分析客户价值，负责完成市场评估，确定目标客户和市场目标； 需求分析、调研，产品定义，制订项目任务书规格，确定产品构想和产品里程碑时间计划； 组织完成并落实关键路径实现策略； 制订商业计划并监控落实，对项目任务书需求包（初始产品包需求）初始质量和竞争力负责
3	研发代表	对项目任务书产品构想方案、可选实现逻辑架构、技术可行性、工作量负责，为技术创新驱动竞争力构建负责； 统筹研发资源，负责产品实现关键技术分析、知识产权（IPR）分析、竞品产品架构、成本和技术分析、研发投入资源需求分析
4	市场代表	负责输出早期拓展材料包； 负责产品上市策略、营销策略、价格策略等
5	营销代表	负责项目任务书营销支持类需求
6	需求工程师	负责区域的需求收集、调研、分析、确认工作
7	采购代表	对项目任务书采购需求负责
8	供应制造代表	对项目任务书供应制造需求负责
9	财务代表	对项目任务书的财务分析的正确性负责
10	技术服务代表	对项目任务书技术服务需求和服务策略负责

（续）

序号	成员	成员职责
11	合作代表	分析行业资源，对项目任务书涉及的合作需求的可获得性负责
12	质量保证工程师	对项目任务书开发过程的质量引导和监控负责； 负责CDP的质量保证工作，确保CDT按照流程要求进行项目任务书开发； 进行度量数据收集，负责质量报告

① LCDT，又称CDT Leader、CDT经理或CDT组长，负责管理CDT团队，一般由产品总监或产品管理部的资深专家担任。LCDT需要有非常强的市场洞察力，其很大程度上决定了项目任务书质量。

7.3 项目任务书开发流程说明

7.3.1 项目任务书开发流程图

项目任务书开发流程如图7-1所示。

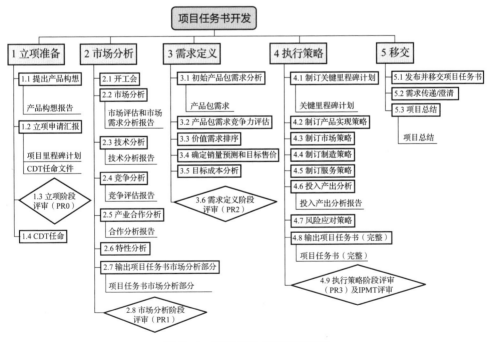

图7-1 项目任务书开发流程图

7.3.2 立项准备阶段流程说明

立项准备阶段流程说明如表 7-3 所示。

表 7-3 立项准备阶段流程说明

编号	活动	活动描述	负责岗位	输出
1.1	提出产品构想	基于产品路标和需求管理流程传递的初始需求提出产品的初始构想（初始轮廓），形成产品原始构想概念，输出产品构想报告。产品构想报告包括但不限于目标市场、产品初步定义、重点目标客户等	产品管理代表	产品构想报告
1.2	立项申请汇报	在产品和解决方案构想概念形成后，产品管理部负责 CDT 组建，提出 CDT 人选建议和具体人力资源需求，拟制项目里程碑计划，明确各评审点的时间，明确 CDT 市场和需求调研的重点和初步计划，按照项目特征明确项目过程和交付裁剪内容	LCDT	项目里程碑计划 CDT 任命文件
1.3	立项阶段评审（PR0）	PMT 给出产品立项评审意见	PMT	—
1.4	CDT 任命	项目任务书开发项目在 PMT 立项评审通过后，由 PMT 主任签发 CDT 任命文件，正式成立 CDT	LCDT	CDT 任命文件

7.3.3 市场分析阶段流程说明

市场分析阶段流程说明如表 7-4 所示。

表 7-4 市场分析阶段流程说明

编号	活动	活动描述	负责岗位	输出
2.1	开工会	组织 CDT 成员召开产品立项项目开工会，介绍项目背景和目标、宣读 CDT 任命文件、下达项目立项计划，宣布项目启动	LCDT	CDT 任命文件 项目计划
2.2	市场分析	根据市场调研报告、产品构想报告进行立项项目目的市场分析。从宏观市场、细分市场和重点／典型客户三个层面分析新产品和解决方案所面对的市场，回答市场对新产品和解决方案的价值需求是什	市场代表	市场评估和市场需求分析报告

（续）

编号	活动	活动描述	负责岗位	输出
2.2	市场分析	么？新产品和解决方案的目标细分市场和客户是谁？新产品和解决方案可以给客户带来什么价值？新产品和解决方案给公司带来什么价值？ 　　收集、分析行业政策和宏观环境资料。通过分析宏观环境和行业政策走势，结合行业现行发展、竞争格局、客户需求分析等，研判行业发展趋势； 　　进行细分市场趋势分析，输出市场容量及走势判断； 　　分析目标客户，包括但不限于客户的挑战和痛点、客户的期望和发展动向、锁定重点目标客户机会	市场代表	市场评估和市场需求分析报告
2.3	技术分析	主要分析与新产品和解决方案相关的技术环境驱动因素，给出行业技术变化对新产品和解决方案的驱动或限制，特别是产业链发展健康与否对新产品和解决方案的驱动或限制。 　　为构建新产品技术竞争力，根据产品构想、产品路标、市场调研报告，联合市场分析、竞争分析和关键工艺识别，分析关键技术的影响性分析和可获得性，分析竞争对手关键实现技术及成本构成，提出实现产品构想的关键技术方案。分析新产品的技术竞争力，分析初始成本，预估初步目标成本	研发代表	技术分析报告
2.4	竞争分析	在此阶段的主要目的是论证新产品和解决方案给公司带来的竞争力提升，通过对竞争环境和竞争地位分析给出新产品和解决方案的市场竞争策略，评估产品组合竞争力，将分析结论运用到产品和解决方案中，给出有竞争力的新产品和解决方案需求。 　　对竞争格局进行分析，对竞争对手战略和关键动向进行分析，确定标杆和竞品。组织收集竞品信息，包括但不限于竞争对手产品、战略、市场地位、商务政策、服务策略等。 　　对自有产品和竞品进行优劣势分析，识别与竞品的差距	市场代表	竞争评估报告

（续）

编号	活动	活动描述	负责岗位	输出
2.5	产业合作分析	根据技术分析报告和关键工艺分析报告推荐技术合作（含开发及工艺）开发的资源，并对潜在合作伙伴合作意向、合作能力、未来发展前景等进行评估分析。 分析竞争对手合作模式，评估合作方产品及综合能力、出口管制要求，提出合作策略和分析建议，以及合作产品/部件对周边产品的需求	合作代表	合作分析报告
2.6	特性分析	基于需求分发结论（初始需求）、市场调研报告、市场分析报告、竞争分析报告、技术分析报告和产品质量目标进行筛选并分析需求。识别新特性，完善分配到版本的特性定义，提炼有价值的场景化客户需求，刷新产品包需求，并组织各领域代表进行评审，根据需要组织评审和重新排序	LCDT	—
2.7	输出项目任务书市场分析部分	LCDT 组织 CDT 成员严格按模板要求输出项目任务书市场分析部分	LCDT	项目任务书市场分析部分
2.8	市场分析阶段评审（PR1）	提炼市场分析阶段的报告，包括市场调研报告、市场分析报告、竞争分析报告、技术分析报告、技术合作分析报告、关键工艺分析报告、产品质量目标、产品包需求、产品构想报告，并组织内部评审。 编写向 PMT 汇报的材料并组织 PR1 评审：LCDT 组织提炼汇报材料，向 PMT 汇报。汇报材料内容包括但不限于目标客户选择、细分市场选择、重大价值需求、竞争格局、竞品信息、差距分析、新产品技术竞争力和应对策略	LCDT	项目任务书市场分析部分

7.3.4 需求定义阶段流程说明

需求定义阶段流程说明如表 7-5 所示。

表 7-5 需求定义阶段流程说明

编号	活动	活动描述	负责岗位	输出
3.1	初始产品包需求分析	分析本产品的所有系统特性及关联的初始需求，原则上承诺的市场需求都应该记录在这里。研发代表给出开发工作量评估，评估竞争力和技术可实现性。产品管理代表组织 CDT 内关键利益相关者进行优先级排序，并进行产品核心竞争力的内部需求的定义和排序，如涉及可供应性和可交付性需求，供应/制造代表和技术服务代表要从供应、服务、交付等角度评估产品可供应性和可交付性需求。初始产品包需求关注重点：①客户可感知的重大功能特性需求；②内部实现可能成为瓶颈的非功能需求	LCDT	产品包需求
3.2	产品包需求竞争力评估	将初始产品包需求与主要竞争对手的对应产品版本进行需求与规格对比，发现不足则进行规格和需求调整，确保规划版本的需求和规格具备竞争力	产品管理代表	—
3.3	价值需求排序	对需求优先级评定、市场价值、紧急程度进行分析，结合客户需求重要程度、市场规模、对市场格局与竞争的影响、需求的普遍适用性、开发可实现性等进行需求排序，刷新产品包需求。同时基于当前投资、人力等资源平衡情况组织各方利益进行需求排序，形成初始产品包需求并与客户确认	产品管理代表	—
3.4	确定销量预测和目标售价	基于产品路标、市场分析报告、市场调研报告、竞品分析报告和产品包需求，确定销量预测和目标售价。判断目标市场容量趋势，分析市场机会点和客户机会点。根据市场、客户机会点以及公司产品构想模型，预测未来 3~5 年销量并输出销量预测报告（细化到目标客户）。根据客户期望、市场竞争（市场同类产品的价格）和产品价值特性，输出目标售价建议	市场代表	销量预测报告、目标售价

编号	活动	活动描述	负责岗位	输出
3.5	目标成本分析	基于销量预测报告、目标售价结合历史同类产品成本模型进行分析，初步确定端到端目标成本	产品管理代表	目标成本
3.6	需求定义阶段评审（PR2）	业务所属的产品管理部部长将组织召开阶段评审会评审需求定义阶段的工作质量	产品管理部部长	—

7.3.5 执行策略阶段流程说明

执行策略阶段流程说明如表 7-6 所示。

表 7-6 执行策略阶段流程说明

编号	活动	活动描述	负责岗位	输出
4.1	制订关键里程碑计划	基于产品路标和竞争分析报告制订项目关键里程碑计划，组织确定 IPD 开发节奏、各 DCP[①]和 TR 点、上市和退市时间。各领域代表参与计划的制订和评审	产品管理代表	关键里程碑计划
4.2	制订产品实现策略	关键里程碑计划确定后，根据产品构想报告和产品包需求确定产品解决方案及实现策略，明确开发方式（合作、自研、外购）。进行关键技术风险识别，明确责任人及制订处理措施。评估开发工作量、人力、物力和合作/外委费用	研发代表	产品实现策略
4.3	制订市场策略	根据行业发展和产品定位构想，聚焦重点目标市场，制订市场导入策略。梳理市场机会、销量预测和产品解决方案，聚焦重点客户，制订客户导入策略。根据销量预测和关键里程碑计划制订产品宣传策略，提出营销赋能需求和商务策略需求	市场代表	市场策略
4.4	制订制造策略	根据产品包需求、产品可实现性分析报告确定供应与制造解决方案及实现策略，明确制造方式、刷新产能策略，刷新关键工艺技术，评估工作量、人力、物力和合作/外委费用	供应制造代表	供应与制造策略

（续）

编号	活动	活动描述	负责岗位	输出
4.5	制订服务策略	基于竞争分析报告、产品构想报告、关键里程碑计划和市场策略报告，针对目标市场制订包括但不限于产品保修服务政策、服务模式、备件保障、培训等初步的服务策略和计划	技术服务代表	服务策略
4.6	投入产出分析	基于需求定义阶段的工作量预测，粗略估计实现该产品功能在产品开发各阶段所需的研发人力资源，以及PDT成员在各开发里程碑阶段所需的人力资源，提出资源需求建议计划，按部门、时间、角色、人员技能给出资源需求。 财务代表基于需求定义阶段的目标成本、销量、价格等数据给出新产品损益分析。从投入产出财务角度评估新产品和解决方案价值投资，形成新产品和解决方案业务盈利计划	LCDT 财务代表	投入产出分析报告
4.7	风险应对策略	针对该产品和解决方案的商业风险包括市场/客户、产品和解决方案开发实现、出口管制、项目管理等方面进行风险分析，确定风险规避措施、责任人和跟踪要求	产品管理代表	风险应对策略
4.8	输出项目任务书（完整）	按照模板要求完成对应本阶段项目任务书内容的编写，完成对市场分析阶段和需求定义阶段输出内容的刷新，LCDT对材料包的输出质量负责	LCDT	项目任务书（完整）
4.9	执行策略阶段评审（PR3）及IPMT评审	执行策略阶段的活动和交付件完成以后，组织召开阶段评审会评审执行策略阶段的工作质量。在IPMT汇报前，PMT预审产品立项报告和产品项目任务书，给出评审意见，根据评审意见刷新产品立项报告和项目任务书。刷新后再提交IPMT进行评审，IPMT给出产品立项决策意见，如果不通过，项目中止；如果通过，LCDT起草发布项目任务书	LCDT	—

① DCP，Decision Check Point，决策评审点，是一项关于投资、资源和业务的决策，在产品开发过程中设置若干检查点对其进行审视，可以确保各方面综合效益的最大化。

7.3.6 移交阶段流程说明

移交阶段流程说明如表 7-7 所示。

表 7-7 移交阶段流程说明

编号	活动	活动描述	负责岗位	输出
5.1	发布并移交项目任务书	基于 IPMT 决策通过的结果，LCDT 申请并由 PMT 审批发布产品项目任务书	LCDT	—
5.2	需求传递/澄清	要求新产品在 CDT 输出项目任务书前一个月选拔出 PDT 经理，并向 PDT 系统设计团队讲解和解释本产品和解决方案的市场需求和初始包需求	产品管理代表	—
5.3	项目总结	LCDT 组织 CDT 成员完成项目过程和结果文档归档，召开项目总结会议，总结项目结果和经验教训，项目总结会议邀请后续开发团队的主要成员参加。CDT 完成项目总结和文档归档后解散	LCDT	项目总结

7.4 项目任务书管理专题

7.4.1 项目任务书开发输入

SP/BP、路标是项目任务书开发的核心输入，决定了项目任务书的质量和效率。CDP 的立项准备阶段要审视战略继承，基于 SP/BP 的战略目标，结合现状，充分分析与评估当前内外部环境的变化，识别当前差距与挑战，结合版本规划与竞争力构筑方向，清晰定义版本所承接的产品线战略与经营目标，如市场格局、竞争力、销售收入、利润及品牌等。随着分析的深入以及战略目标的进一步分解，面向 BP 规划的路标有可能存在变化，需要对战略目标进行澄清。项目任务书开发中立项申请的项目原则上都需要在路标中已规划：一方面，考虑人力的配置原因，往往路标里的项目已经消耗了所有的资源；另一方面，CDP 的规划需要统一安排，不在战略规划和路标中的项目，即使再好也要勇于放弃。一句话总结：SP/BP 决策"做什么对"，路标开发流程输出"以什么节奏做"，项目任务书开发流程则描述"怎么做才行"（见表7-8）。

表7-8 SP/BP、路标、项目任务书的定位

序号	名称	描述	提供人
1	SP/BP	SP/BP提供了目标细分市场、市场产品战略、产品组合定位、营销策略和目标、业务领域存在的关键问题，未来的重点工作方向等内容	IPMT/BMT
2	路标	路标反映了产品组合解决方案与客户交流沟通的最新成果，反映了客户对关键价值需求的看法	RDT
3	项目任务书	项目任务书是产品和解决方案概要的初始商业计划书，是产品规划过程的最终交付件。CDP项目立项原则上都需要在路标中有规划	PMT

7.4.2 项目任务书目标和关注要点

项目任务书开发的价值主张是站在后天看明天，明确规划方向，确定版本定位，构建产品竞争力，说明版本的商业价值，支撑投资决策，指导研发做正确的事。项目任务书开发流程的导入让产品做得好和坏不再是研发人员说了算，而是通过挖掘客户的需求，根据市场需求、竞争形势、研发能力来确定，为客户提供独特价值，以此提升产品的竞争力。什么是产品竞争力？就是在客户需要的时间推出满足客户需求的产品，相对竞争对手有一定优势，尤其是成本优势。为确保产品有竞争力，在项目任务书开发时就需将产品包需求研究清楚，把目标成本是多少合适分析清楚，把市场机会有多大调查清楚。以产品管理部的人员为主带领CDT按照路标及时启动项目任务书开发工作，整个CDT要为产品竞争力负责。

基于CDP进行项目任务书的开发，要像开发产品一样开发高质量的项目任务书。CDP强调价值牵引，要考虑市场空间的数量级（避免高估总盘子），竞争对手在相关领域的市场份额和增长情况，为最终用户解决什么问题，最终用户有哪些类型，给我们的直接客户、企业客户带来什么价值，如何助力我们的客户实现商业成功，给公司带来什么价值，如何增加收入、降低成本、提升效率，该产品推出对公司与竞争对手竞争可能形成什么样的格局（高于或低于竞争对手份额的程

度),并且将价值对应的需求在流程中全部决策。研发参与需求价值分析的讨论,确保所有的需求都有价值且可实现,同时了解需求应用的场景,把握后续方案设计方向。项目任务书用来确保研发做正确的事,是说明机会、投资收益的商业计划。项目任务书要给研发定一个标杆,需要研发下功夫才够得着,牵引产品竞争力提升。项目任务书的质量是整个产品质量的基础。这是产品管理部也是项目任务书开发的核心价值之一。在 CDP 中需要从商业视角清晰回答 4W+2H,如表 7-9 所示。

表 7-9 项目任务书的 4W+2H

序号	主题	内容
1	为什么 (Why)	为什么要做这个产品?说清楚市场机会、客户需求、竞争力和利润,对未来 2~3 年的规划方向和大颗粒需求达成共识; 结合市场洞察的"五看"介绍产品的目标市场、主要卖点、项目目标; 介绍产品为何种需求进行服务,产品的目标市场,产品的定位是中高端还是大规模"走量"销售; 站在外部角度看产品为什么要做,为什么做成这个样子,对产品提出要求
2	是什么 (What)	新产品应该做成什么样?需要把新产品对外展示的产品特性(价值需求)全部写出来,如有哪些功能、哪些接口等,能指导研发人员进行产品开发,对规划的解决方案和产品组合达成共识; 对重大价值需求要讲清楚其商业价值,能给客户和自身带来哪些价值; 站在产品自身角度讲清楚所规划的产品或版本将要做成什么样,满足哪些客户提出的要求
3	何时 (When)	产品开发、上市和生命周期的关键里程碑是什么?明确执行策略,充分考虑过程中的风险意识
4	投入多少(How much)	能否赚钱?需要什么样的投入?明确人、财、物的投入,充分核算各种成本,项目任务书开发团队成员需要有基本的财务意识,最好请公司财务适当就财务成本知识进行培训
5	如何做 (How)	如何做才能达成商业目标?明确开发实现策略、盈利策略、营销策略; 项目任务书开发要求所规划的产品是能够做出来的,如果做不出来,就不能通过项目任务书的立项
6	谁(Who)	谁承担项目开发任务?指定开发团队组织和成员。项目任务书开发团队需要明确各成员的职责,明确到人。如果某人出现在多个项目任务书团队里,需要考虑资源瓶颈问题。项目任务书开发团队的组员尽量是直接做事,而非变为资源协调人员

要确保项目任务书的开发有足够的时间，建议组成一个有足够力量的团队。项目任务书的开发是螺旋式上升过程，通常有3~4次或者多次迭代。一般大的版本建议半年左右，平台、反映行业重大变化的版本建议1~2年。现在越来越难直接由单个人负责一个产品的项目任务书开发了，因为市场竞争越来越激烈，产品本身也越来越复杂，需要成立一个团队，按照项目任务书开发的流程来开发高质量的项目任务书。

7.4.3 高质量项目任务书的特征

项目任务书追求的目标是方向、节奏准确，规格满足市场要求、具备竞争力、提高市场靶心的命中率，清晰地告诉研发人员产品要做成什么样，指导研发人员第一次就将正确的事情做对。高质量的项目任务书有如表 7-10 所示的特征。

表 7-10 高质量项目任务书的特征

序号	主题	内容
1	输出高质量	为什么需要新产品？（产品价值）：确定产品的目标客户是谁，产品能为客户带来什么价值、给公司带来什么价值； 产品做成什么样？（产品构想）：形成产品成本、物理形态、功能、性能、整机、可服务性、可制造性、演进、质量、工具、资料、包装、运输等规格；做好价值取舍，聚焦价值场景，不在非战略机会点上消耗战略力量；产品有竞争力，领先竞品；满足客户需求，识别客户需要和客户需求，解决客户问题； 什么时候做出来？（产品节奏）：制订关键里程碑、生命周期，踏准市场节奏，抢占市场先机，在合适的时间推出合适的产品； 如何保证能做出来？（产品关键实现路径）：确定平台、芯片、关键部件器件、关键技术、端到端配套、资源策略； 怎么赚钱？（产品盈利策略）：制订商业成功、竞争力价值变现、商业模式和价格策略、上市策略
2	活动高质量	与客户多互动，从客户中来到客户中去，围绕需求、产品构想与客户进行反复沟通以保证正确理解客户需求，保证新产品符合客户期望； 做深、做透竞争分析，分析竞争对手产品战略控制点、预测竞争对手未来动向、剖析竞争对手产品、评估产品组合竞争力，将分析结论体现到新产品构想中，保证新产品的竞争力

（续）

序号	主题	内容
3	评审高质量	产品管理部主管对项目任务书评审质量负责。通过评审充分收集公司专家们的意见，尤其是反对意见； 不因为赶时间而忽视评审，项目任务书开发进度不是第一优先级的
4	管理高质量	像管理产品开发一样管理项目任务书开发； 按照路标及时启动项目任务书开发工作，确保项目任务书开发周期充分，一般大版本的周期为半年以上，平台版本或反映行业重大变化的版本的周期为1~2年； 构建重量级的项目任务书开发团队，尤其要重视LCDT的选择； 管理好"市场分析、竞争分析"两个关键活动； 抓好项目任务书评审关，集中公司力量把好重点项目任务书质量评审关

7.4.4 项目任务书立项标准

评估产品是否具备立项条件主要关注：①市场机会和需求；②产品竞争力。项目任务书立项标准如表7-11所示。

表7-11 项目任务书立项标准

序号	主题	内容
1	产品包策略和价值	市场机会和需求是否明确？ 给客户带来的价值是否清晰？ 产品商业目标是否清晰？ 产品初步的里程碑计划是否明确
2	对市场的理解	用户调研和市场分析工作是否完成？ 对目标市场的需求描述是否清晰，理解是否透彻？ 产品包所包含的需求是否清晰、合理？ 产品初步的竞争力是否清晰、足够
3	产品包评估	产品包是否有竞争力？是否有明确策略构建该产品包的竞争力？ 对影响该产品的行业及产业链成熟情况和发展是否进行了清晰的评估？ 是否制订了该产品包关键实现路径策略？ 是否做出了资源预估？是否有资源做？ 风险评估是否充分？是否有明确的风险规避策略

7.4.5 To C 产品的 CDP 与 IPD 融合流程

如前文所述，CDP 适用于开发周期长、开发工作量大、参与人员多的 To B 产品开发场景，且由于 To B 产品形态在早期不清晰，如果方向出错，则会导致后续的巨大损失。比如，华为就出现过某产品开发投资失误导致该产品累计亏损近 10 亿元的案例。而大部分 To C 产品的产品形态是相对清晰的，且产品的生命周期一般也就 1~2 年，除非是创造性产品、不确定的技术开发、产品上市后生命周期很长、产品命中率非常低的场景下才考虑使用 CDP。实际上多数 To C 产品开发以迭代新功能特性为主，这时使用 CDP 就比较"重"，没有必要。除此之外，传统的 CDP 还可能有以下问题：

- CDP 阶段研发硬件领域详细设计工作基本完成，有的项目甚至进行了部分开发阶段的工作，相当于 PDCP 前的工作大部分已完成，使得 CDP 之后的概念和计划阶段以及 PDCP 决策成为累赘；
- CDP 阶段由 PMT 决策，项目任务书汇报由 IPMT 决策，前期项目任务书决策后研发资源开始大量投入，从整个开发的过程来看投资决策不连续；
- CDP 阶段投入的研发人员大部分是靠产品管理代表去协调，在立项后不一定会投入后续的开发团队，这部分人员的积极性受到影响，管理难度大；
- CDP 阶段研发过程规范性缺乏要求和监控，缺少有效和端到端的配置管理和质量管理，存在很大的质量隐患；
- 产品立项后、TR3 前的很多文档在 CDP 阶段已经输出了，立项后还要重新评审并归档，相关工作以及要求和 CDP 阶段重复。

针对以上问题，建议把 CDP 和后续的产品开发流程融合，把 CDP 主体过程合并到概念阶段，仅保留市场分析阶段的工作。把 PR1 修改为项目任务书评审，项目任务书汇报由 PMT 负责预审，IPMT 决策。CDCP 和原来的项目任务书评审对齐，概念阶段详细定义产品做成什么样子并完成可行性评估。CDCP 由 IPMT 决策。To C 产品的 CDP 与 IPD 融合流程如图 7-2 所示。

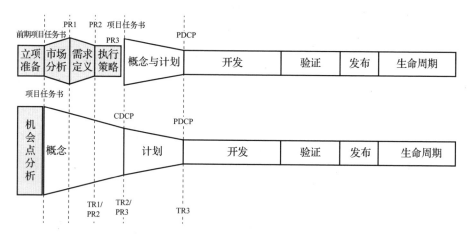

图 7-2　To C 产品的 CDP 与 IPD 融合流程示意图

CDP 与 IPD 融合方案带来以下价值。

- 研发投入更透明：让整个开发过程处于同一条主业务流中，各领域的投入端到端可视，能够有效度量开发过程中研发的真正投入；
- 项目管理更有效：PDT 进行端到端的计划管理，PQA 可以开展端到端的过程监控，质量管理和配置管理等工作也更加完善，也能够保证软件和硬件同步开展分析工作；
- 产品规划回归主业：很多企业的产品规划侧重于做产品评估，而融合方案能够促进产品规划更聚焦前端市场分析工作，保证规划的前瞻性；
- 决策逻辑清晰：从投资决策角度看，市场情况明晰后立即立项，CDCP 时确定 ID 方案并确定项目去留，PDCP 时完成各领域详细计划并承诺，IPMT 做商业决策，逻辑清晰，决策连续性好。

7.4.6　项目任务书的评价指标

项目任务书的评价指标如表 7-12 所示。

表 7-12 项目任务书的评价指标

序号	主题	内容
1	客户方面	产品包需求稳定性； 需求承诺兑现及时率； 产品竞争力
2	内部业务方面	项目任务书审查进度偏差； 项目任务书定义不准导致的计划变更请求（PCR）[①]数量； 流程符合度； 团队成员稳定度； 团队运作健康度； 会议出席率； 问题累计关闭率； 产品版本开发人力投入符合度； 市场准入目标完成率； 产品上市周期
3	财务方面	销售收入目标完成率； 销售毛利目标完成率； 新增可参与市场空间目标完成率； 非自主开发费用比率； 投入产出比

① PCR，Plan Change Request，计划变更请求，如果承诺的变化超出合同规定的范围，则需要提交计划变更请求给管理层批准。任何影响到计划合同日期（包括客户交付时间）、资源或财务指标的更改均需管理层批准，对于项目范围（需求）的重大更改也是如此。

7.5 项目任务书相关模板

7.5.1 项目任务书模板

项目任务书模板如表 7-13 所示。

表 7-13 项目任务书模板

序号	主题	内容
1	概述	项目或产品编号、目标市场、客户价值/产业价值、项目投资、财务目标、竞争力目标； 主要规划方向、对准客户痛点、带来的价值

（续）

序号	主题	内容
2	市场分析	产业发展趋势：识别产业变化给产品和解决方案带来的机会和挑战，给出本项目任务书需要推动的产业策略； 市场发展趋势：全球市场成长性、市场需求、市场空间、市场机会的总体判断； 细分市场分析：细分市场的成长性、市场空间、市场机会、市场需求判断； 重点客户与目标市场：识别典型市场和重点客户面临的问题、挑战，对新产品和解决方案的期望，需求变化； 市场竞争格局、竞争对手分析、竞争力构筑，识别竞争的问题点； 技术洞察，从产业技术发展趋势和内部技术准备计划，看有哪些关键技术红利或风险； 产业及市场洞察总结，针对未来1~3年的产业、市场、竞争、技术洞察出来的关键问题，提出相应的解决方案规划方向和大颗粒需求
3	需求定义	产品定位，项目任务书的愿景、使命和目标，说明本项目任务书的必要性，说明本产品的商业价值，并以此牵引规划和需求取舍； 产品规划方向，描述产品的整体规划节奏全景和关键价值特性； 产品方案做成什么样，价值是什么、怎么卖、卖什么？ 产品包需求规格全景，需求优先级包括必须有、最好有和不确定； 关键特性描述，结合市场机会和竞争洞察说明规划能带来的差异化竞争力以及可量化的价值，支撑投资决策； 产品目标成本，考虑竞争要求、盈利要求、产品成本改进要求以及当前研发能力水平等情况，共同权衡的结果
4	执行策略	项目关键里程碑及生命周期规划； 产品可实现性分析/风险评估，对本产品从技术、采购、供应、制造、营销、上市、财务等各个维度进行可实现性分析，并给出风险评估； 项目人力概算、资源需求计划，PDCP之前资源投入数据按实际工时核算进行统计，尽量确保预算数据在宏观预算之下，并确保人力可获取； 项目研发费用预算，项目费用分析，产品的财务损益分析； 细分市场营销及上市策略，从品牌、定价、商业模式、拓展以及改进可销售性等角度描述产品的上市策略； 关键技术实现路径分析，给出架构中涉及的平台、芯片、关键技术、关键器件/部件、配套产品等关键实现路径和实施策略，确保产品可以做出来。一般包括三种：完成且无风险、未完成但无风险或风险可控制、未完成且风险不可控；

（续）

序号	主题	内容
4	执行策略	技术服务策略，当前产品可服务性的瓶颈/关键问题，改进的具体措施和行动计划； 供应策略/制造策略，关键供应问题、风险、挑战，物料可获得性、制造对比分析，洞察产品技术或发展趋势，明确影响新产品制造的瓶颈问题； 采购策略，新物料选型策略，自制件/外购件策略，可供应性和供应切换计划，是否需要代工生产、外包合作或配套产品等
5	决策申请	各领域沟通意见及答复； 决策申请，本次项目任务书申请的决策点内容清单

7.5.2 投入产出分析报告

投入产出分析报告模板如表 7-14 所示。

表 7-14 投入产出分析报告模板

序号	主题	内容
1	毛利率假设	产品未来 3 年的销售毛利率、制造毛利率、服务毛利率（如有）
2	产品销量预测及销售比例预测	产品未来 3 年的销量以及销售占比预测，如第一年销售量占比 30%、第二年销售量占比 40%、第三年销售量占比 30% 等
3	产品价格、销售收入、销售毛利预测	产品未来 3 年的价格预测、销售收入预测、销售毛利预测
4	产品目标成本预测	产品的成本目标（料本＋制造费用），分别从市场价格、竞争对手、自身改进等角度预测产品的目标成本，分析产品目标成本的变化趋势； 产品目标成本的分解，如核心器件成本； 产品端到端成本分解，如设备成本、工程成本、物流成本等
5	资源需求及项目开发费用	列出当期产品开发各阶段的 PDT 人力需求，后续年度人力根据经验数据推出； 给出项目中产品的研发费用
6	贡献利润预测	该产品给公司贡献的业绩，贡献利润 = 销售毛利额 − 研发费用 − 管理费用 − 销售费用

（续）

序号	主题	内容
7	财务评估及敏感性分析	最好、最可能、最坏三种情况下的财务评估； 在销量、价格、物料成本、开发费用等维度上下浮动（如10%或20%）时对销售收入、贡献利润、销售回报率的影响
8	财务分析摘要	进行预测的主要财务假设； 财务分析的主要风险及可能采取的管理措施； 经验、教训总结

7.5.3 IPMT评审项目任务书要素

IPMT成员在评审项目任务书时要思考：如果你是一位风险投资者，你是否会为这个项目投资？确认表7-15中的问题，并作为批准项目任务书的基本标准。

表7-15 IPMT评审项目任务书要素

序号	内容
1	该产品的目标客户有哪些？
2	该产品能为客户带来什么价值？如帮助客户增加收入、降低资本性支出及运营支出、提高客户竞争力
3	目前在公司和产品线的组合路标中是否包含该产品包？
4	该产品包是否支持公司和产品线战略？
5	该产品包是否能够给公司带来收益（盈利、竞争定位的提升等）？预计未来5年有多少收益？如果不盈利，有没有其他收益？
6	该产品包是否会提高整个产品组合的位置？
7	如果不做这个产品，公司的损失有多大？
8	该产品包所包含的需求包是否清晰、合理？
9	产品是否有竞争力？怎样构建产品的竞争力？
10	目前的行业环境怎么样？产业链成熟度如何？后续发展情况怎样？
11	公司做该产品需要哪些能力？是否具备？如果不具备，是否有其他方式可以获取这些能力？
12	公司是否有资源做这个产品？
13	有哪些风险？如何规避？

如果对以上问题的回答都是积极的，那就投票通过，并成立一个 PDT。项目任务书文档一旦被批准，就不能再修改。概要总结材料中会反映在项目任务书批准到计划 DCP 之间发生的变更。在计划 DCP 时，采用 IPMT 和 PDT 签署虚拟的合同作为批准的基线文档，以后的更改都要基于合同进行。

7.6 项目任务书相关问题

7.6.1 什么是项目任务书

Charter⊖用作动词时的意思是"发给许可证"，是指承认某事的合法性，发给其有效的证明。通过 Charter 开发将产品开发按商业投资的方式来管理，核心是解决两个问题：一是产品开发值不值得投入；二是产品怎样做才有竞争力，才能对准客户需求，给客户带来商业价值。

7.6.2 LCDT 能不能由 LPDT 来担任

LCDT 一般来自产品管理部，但没有限制 LCDT 不能由 LPDT 来担任。通常 LPDT 比 LCDT 晚确定，按 IPD 流程一般新产品在 LCDT 输出项目任务书前一个月才选拔出 LPDT 经理。

7.6.3 CDP 在各个层面的汇报有什么要求

在 CDP 的所有阶段评审的汇报对象是 LCDT，项目任务书的评审对象是 PDT 经理。一般不允许委托。

7.6.4 CDP 与 IPD 概念阶段有哪些区别

CDP 和 IPD 概念阶段管理的需求对象不一样，CDP 阶段主要管理系统特性和初始需求，IPD 概念阶段则是把初始需求基线化，初始需求由系统工程师分配到产品版本具体实施，渐进分解分配出分配需求。CDP 的关注重心是价值特性

⊖ 此处Charter是行业内约定俗成的叫法。

的定义和核心竞争力的规划，关注系统特性全集。IPD 则关注系统需求全集，包括特性以及与特性无关的市场需求和内部需求。除需求对象有所区别外，CDP 阶段的需求是持续产生的，IPD 概念阶段的产品包需求一般已经确定。

7.6.5　CDP 与 RDP 的关系是怎样的

RDP 负责制订产品的规划和策略，CDP 负责落地和执行 RDP 制订的规划和策略。从 RDP 到 CDP 的过程中，产品逐渐由粗略到明晰和细化。

7.6.6　CDP 与小 IPD 流程的关系是怎样的

项目任务书通过立项汇报后，PDT 承接 IPMT 批准的项目任务书，正式进入小 IPD 流程。CDP 的输出是项目任务书，而小 IPD 的输入是项目任务书，CDP 的输出是小 IPD 流程的输入。项目任务书通过 IPMT 批准后，随着 PDT 的成立，CDT 开始向 PDT 移交项目任务书，移交材料包括项目任务书和投入产出分析报告。项目任务书的移交由 LCDT 负责，在 PDT 开工会后两周内完成。

从 CDP 到小 IPD（指的是产品开发流程）计划阶段，是产品包需求从客户初始需求到产品交付需求逐步细化的过程。CDP 重点关注从客户需求导出的价值市场需求，小 IPD 则关注系统需求全集，包括特性及与特性无关的市场需求和内部需求。

7.6.7　CDP 与技术规划流程的关系是怎样的

CDP 与研发体系的技术规划流程以及架构设计流程没有直接的衔接关系，只有需求提出和需求实现的关系，在项目任务书开发的各个阶段，CDT 都有可能提出对架构、技术、平台、标准、专利的要求，将这些要求传递给技术规划团队，由技术规划团队负责在研发体系的技术规划和开发过程中落地。

产品管理部在有产品和解决方案构想的时候就应该尽早找研发技术人员沟通，将技术需求的分析工作提前到日常的规划活动中，做到产品规划和技术规划同步，尽量保证在 SP/BP 流程中解决技术需求规划和人力资源规划落地的问题。

常用术语表

类别	名称	英文全称	中文全称及解释
A	AR	Allocation Requirement	分配需求
	ASP	Average Selling Price	平均销售价格
B	BP	Annual Business Plan	年度业务计划
	BEM	Business Strategy Execution Model	业务战略执行力模型
	BLM	Business Leadership Model	业务领导力模型
	BMT	Business Management Team	业务管理团队
	BSC	Balanced Score Card	平衡记分卡
C	CBB	Common Building Block	共用构建模块，指那些可以在不同产品、系统之间共用的零部件、模块、技术及其他相关的设计成果
	CCB	Change Control Board	变更控制委员会
	CDP	Charter Development Process	项目任务书开发流程
	CDT	Charter Development Team	项目任务书开发团队
	CEM	Customer Experience Measurement	客户体验测量方法
	COE	Center of Excellence	能力中心
	CPI	Consumer Price Index	消费者物价指数
	CSF	Critical Success Factors	关键成功要素
	CTQ	Critical to Quality Characteristic	关键措施
	CAGR	Compound Annual Growth Rate	复合年均增长率，是一项投资在特定时期内的年度增长率
	CSPA	Customer Strategy & Pain Point Analysis	客户战略与痛点分析

（续）

类别	名称	英文全称	中文全称及解释
C	CAPEX	Capital Expense	资本性支出，一般是指资金或固定资产、无形资产、递延资产的投入。这类资产在使用过程中会持续多个计费期间，需要在使用过程中将其资本化，并分期将成本转为费用
D	DCP	Decision Check Point	决策评审点，在产品开发过程中设置若干检查点对其进行审视，以确保各方面综合效益的最大化。一般包括任务书投资决策评审（Charter DCP）、概念决策（CDCP）评审、计划决策（PDCP）评审和可获得性决策（ADCP）评审
	DFC	Deign for Cost	面向成本的设计
	DFE	Deign for Environment	面向环境的设计
	DFI	Design for Inspection	面向检验的设计
	DFM	Design for Manufacturing	面向制造的设计
	DFR	Design for Recycling	面向回收的设计
		Design for Reliability	面向可靠性的设计
	DFS	Design for Service	面向维修的设计
	DFX	Design for X	面向产品生命周期各环节的设计，其中 X 代表产品生命周期的某一环节或特性。DFX 包括可靠性、节能减排、归一化、可服务性、可安装性、可制造性、可维修性、可采购性、可供应性、可测试性、可修改性/可扩展性、成本、性能、安全性等
	DSO	Days sales Outstanding	应收账款周转天数
	DFSC	Design for Supply Chain	面向供应链的设计
	DSTE	Develop Strategy to Excute	开发战略到执行

（续）

类别	名称	英文全称	中文全称及解释
E	EBO	Emerging Business Opportunity	新兴商业机会，是整合技术、市场、产业链等因素的商业创新。它不是单纯的技术研究或产品开发，而是基于既定的创新战略从高价值的商业场景出发，发现机会，筛选机会并对机会进行有效投资的一系列活动
	EOX	End of X	指 EOM、EOP、EOFS、EOS 等，详细解释见对应术语
	EOM	End of Marketing	停止销售，指停止接受订单的最终日期
	EOP	End of Production	停止生产，指停止生产的最终日期
	EOS	End of Service and Support	停止服务，指停止版本或者产品所有服务的最终日期
	E2E	End to End	端到端，指产品开发流程起点为客户（市场管理、产品规划），终点也为客户（产品量产出货）
	EOFS	End of Full Support	停止全面支持，对版本新发现的缺陷停止修复，不再提供新的补丁版本，已发现的缺陷将继续进行根因分析和修复
	EBITA	Earnings Before Interest, Taxes, Depreciation and Amortization	税息折旧及摊销前利润
F	FAN	Financial Analysis	财务分析
G	GA	General Availability	一般可获得性，是指产品包可以大批量交付给客户的时间
	GDP	Gross Domestic Product	国内生产总值
	GMV	Global Market View	全球市场空间
	GTM	Go to Market	产品上市，可以理解为从产品开发落地到销售的过程
	GAGR	Geometric Average Growth Rate	年均复合增长率

（续）

类别	名称	英文全称	中文全称及解释
H	HTB	How to Beat	如何打败竞争对手
I	IR	Initial Requirement	初始需求
	IBP	Integrated Business Planning	集成经营计划
	IRB	Investment Review Board	投资评审委员会
	ITO	Inventory Turn Over	存货周转率
	IPR	Intellectual Property Rights	知识产权
	IPMT	Integrated Portfolio Management Team	集成组合管理团队
	ITMT	Integrated Technology Management Team	集成技术管理团队
K	KM	Key Message	关键信息
	KPI	Key Performance Indicator	关键绩效指标
L	LDS	Laser Distance Sensor	激光导航系统
	LMT	Lifecycle Management Team	生命周期管理团队
M	MI	Market Insight	市场洞察
	MQA	Marketing Quality Assurance	质量保证工程师
	MRD	Market Requirement Document	市场需求文档
	MECE	Mutually Exclusive Collectively Exhaustive	相互独立，完全穷尽
N	NPV	Net Present Value	净现值，一项投资所产生的未来现金流的折现值与项目投资成本之间的差值
O	OR	Offering Requirements	产品包需求
	OBP	Offering Business Plan	产品包业务计划
	OEM	Original Equipment Manufacturer	原始设备制造商，也称定点生产、代工生产
	OPEX	Operating Expense	运营支出，指企业运行付出的各种支出成本，包括维护费用、营销费用、人工成本以及折旧

（续）

类别	名称	英文全称	中文全称及解释
P	PB	Problem	客户问题
	PE	Process Engineer	工艺工程师
	PO	Purchase Order	订单
	PR	Phase Review	阶段评审
	PCR	Plan Change Request	计划变更请求，如果承诺的变化超出合同规定的范围，则需要提交计划变更请求给管理层批准
	PDC	Portfolio Decision Criteria	组合决策标准，一种评估投资优先级的工具
	PDT	Product Development Team	产品开发团队
	PDU	Product Development Unit	产品开发单元
	PMT	Portfolio Management Team	产品组合管理团队
	PRD	Product Requirement Document	产品需求文档
	PDCP	Plan Decision Check Point	计划决策评审点
	PMRDT	Product Manager RDT	产品管理代表
	PL-TMT	Product Line-Technology Management Team	产品线技术管理团队
R	RR	Raw Requirement	原始需求
	RAT	Requirement Analysis Team	需求分析团队
	RDP	Roadmap Development Process	路标开发流程
	RDT	Roadmap Development Team	产品路标开发团队
	RME	Requirement Management Engineer	需求管理工程师，是产品包需求跟踪的责任主体
	RMT	Requirement Management Team	需求管理团队
	ROI	Return on Investment	投资回报率，投资回报率=（税前年利润/投资总额）×100%

（续）

类别	名称	英文全称	中文全称及解释
R	RORC	Return on Risk Capital	风险资本回报率，用来衡量研发投入的效率指标。RORC= 下一期销售毛利 / 本期研发费用；产业特点不同用法不同，面向消费者的产品一般用当年的 RORC，面向 B 端客户的产品一般用 3~5 年的 RORC
	RR-OE	Risk Reduction and/or Opportunity Enablement	降低风险 / 获取机会的价值
S	SE	System Engineer	系统工程师
	SF	System Feature	系统特性
	SP	Strategy Plan	战略规划
	SR	System Requirement	系统需求
	ST	Staff Team	业务管理团队，主要是各部门主管组织进行日常业务协调与决策的平台，通过集体议事集思广益，避免或弥补主管个人管理的风险性和片面性
	SAM	Serviceable Addressable Market or Served Available Market	可参与空间或可见空间，已经有产品或渠道或组织可以参与的空间，未来的方向考验产品与市场能力。3 年内有机会进入或有产品规划的可以认为是 SAM
	SLF	Strategic Leadership Forum	战略领导力论坛
	SPDT	Super Product Development Team	超级产品开发团队
	SPAN	Strategy Positioning Analysis	战略定位分析
	S&OP	Sales & Operations Planning	销售与运营计划
T	TM	Target Market	目标市场空间，牵引销售目标和支撑制订营销战略与目标
	TR	Technical Review	技术评审

（续）

类别	名称	英文全称	中文全称及解释
T	TAM	Total Addressable Market, or Total Available Market	整体空间，宏观方向指标，原则上所有厂家看到的都一样，是从外部来看的，用来支撑公司的产业选择
	TCO	Total Cost of Ownership	总体拥有成本
	TDT	Technology Development Team	技术开发团队
	TMT	Technology Management Team	技术管理团队
	TTM	Time to Market	上市时间，从概念产生到产品销售的时间
V	VOC	Voice of the Customer	客户声音
	VDBD	Value Driven Business Design	基于价值转移驱动的业务设计